国家出版基金项目
NATIONAL PUBLICATION FOUNDATION
国家“十二五”重点图书出版规划项目
NATIONAL TWELFTH-FIVE-YEAR-PLAN KEY BOOK PUBLISHING PROJECT

融合教育背景下
中国特殊教育体系发展研究

邓 猛 著

南京师范大学出版社
NANJING NORMAL UNIVERSITY PRESS

图书在版编目(CIP)数据

融合教育背景下中国特殊教育体系发展研究 / 邓猛著. —南京：南京师范大学出版社，2016.12
ISBN 978-7-5651-3066-3

Ⅰ. ①融… Ⅱ. ①邓… Ⅲ. ①特殊教育—教育体系—研究—中国 Ⅳ. ①G769.2

中国版本图书馆CIP数据核字(2016)第311005号

书　　名	融合教育背景下中国特殊教育体系发展研究
作　　者	邓　猛
责任编辑	彭　茜
出版发行	南京师范大学出版社
地　　址	江苏省南京市宁海路122号(邮编:210097)
电　　话	(025)83598919(总编办)　83598412(营销部)　83598297(邮购部)
网　　址	http://www.njnup.com
电子信箱	nspzbb@163.com
照　　排	南京理工大学资产经营有限公司
印　　刷	虎彩印艺股份有限公司
开　　本	710毫米×1000毫米　1/16
印　　张	19
字　　数	345千
版　　次	2016年12月第1版　2016年12月第1次印刷
书　　号	ISBN 978-7-5651-3066-3
定　　价	80.00元

出 版 人　彭志斌

前 言

Foreword

在中国文化的根基里，有不畏强权之精神，有礼义仁爱之传统，有扶助弱小之情怀。然而，我们也不得不承认，等级与阶层观念同样深入人心，传统的理想社会就是君臣父子各安其位，三教九流安居乐业。因此，有些错误的观念始终存在：残疾人，作为弱势群体中最困难的群体，似乎就应该居于社会的最底层，接受主流社会的同情与救济，而非平等参与社会生活。这种观念渗透弥漫于社会结构最基础的部分，至今影响着人们对残疾人的基本态度以及与其交往的方式。即使党和政府颁布了大量的残疾人权益保护法律法规，残疾人生存状态的现实仍然很“骨感”。从根本上来看，社会的观念与意识决定了人们以何种方式对待残疾人以及为他们提供何种服务，社会文化传统的改造与公众观念的改变，永远是残疾人接受公平教育和平等参与社会生活的重要前提。

融合教育就是改变人们基本教育范式与行为的理论，是对传统精英主义教育与等级制教育体系的颠覆。融合教育是一种信念，是基于近代社会发展起来的“平等”“自由”“多元”等基本价值观而生发出的教育理想；是对“人皆有潜能”，“人皆有权平等接受高质量教育”等信条的执着追求；是在自然、正常的教育环境中满足学生多样化学习需求的教育理论；是促进弱势群体回归主流学校与社会、平等共享社会物质文明成果的教育和社会实践。融合教育蕴含了人类社会发展到今天以来的诸多美好的价值追求与理想，许多口号式的表达——每一个儿童都有受教育的基本权利，每一个儿童都有独一无二的个人特点、兴趣、能力和学习需要，有特殊教育需要者必须有机会进入普通学校学习等，无不体现其完美、崇高的教育理想，使其成为教育领域中的“乌托邦”。

这些动人的词汇并非仅仅停留在口头层面。从本质上讲，融合教育理论远远超出了教育的范畴，成为与社会上所有公民相关的事情，它也是挑战不公正与歧视的利器。今天，即使在最为贫穷、资源最为缺乏的国家，融合教育也至少成为使许多处境不利儿童享有学校教育机会的政治宣示或者现实举措。同时，各民族或国家具有独特的社会文化体系，对融合教育的理论与实践有着独特的影响，这也使得融合教育在各个国家的本土化成为可能。

我们习惯于仅仅从人口中极少数的残疾人本身来看特殊教育，所以很容易将残疾人教育与残疾人事业置于非常次要的位置。事实并非如此，残疾人生存状态直接体现了一个国家的文明程度、对人的基本权利的尊重程度，以及社会福利保障所达到的水平。我国特殊教育的发展严重滞后于社会经济的发展，削弱了我国作为世界大国的国际地位与文化影响力。我国特殊教育的发展直接关系到我国的国际形象和软实力的提升，是我国进入小康社会发展阶段的必然诉求；是社会主义核心价值观的直接体现，是展现我国文明发展水平的必然要求；是提高整个民族素质不可缺少的一环，是实现教育公平与社会正义的基本举措。因此，应从整个国家发展战略的角度看待特殊教育，进行布局与谋划，构建符合我国国情与国际发展趋势的特殊教育发展体系。

民族的复兴必然是文明的复兴。中华民族从来没有像今天这样接近民族复兴这一伟大目标。在实现这一伟大目标的过程中，特殊教育必然会作为文明进步的标志，借盛世之历史洪流，乘风破浪，志存高远。

本书基于笔者2010年获批的“教育部新世纪优秀人才支持计划”项目成果，希望能够通过对现行中国特殊教育层次结构、安置模式等进行实证研究，对构建符合中国社会文化特征的特殊教育发展体系进行理论探索与思考，来促进我国特殊教育的改革与发展。入选“新世纪优秀人才支持计划”之时，笔者尚在华中师范大学任教；完成该项目之时，却已经是北京师范大学特殊教育系教师了。虽然时空变化令人不胜唏嘘，但潜心学问之志却从未更改。这一过程中得到华中师范大学诸位领导与同事的理解与支持，不胜感激，铭记于心！南京师范大学出版社徐蕾女士对于特殊教育的情怀与执着，更是此书能够面世的直接动因，特此表示感激与钦佩。

诸位同学不离不弃，投身特教，则更是激励我前行的动力。

参与本书研究与撰写工作的还有景时、颜廷睿、赵梅菊、刘慧丽、关文军、赵勇帅、高凯健等。其中，景时为辽宁师范大学特殊教育系讲师；颜廷睿、赵梅菊为北京师范大学特殊教育系博士生；刘慧丽为赤峰学院特殊教育系教授；关文军为新疆师范大学特殊教育系讲师；赵勇帅为湖北师范大学特殊教育系讲师；高凯健为广东省佛山市南海区星辉学校校长。

书中难免存在诸多疏漏与不当之处，敬请各位同行批评指正！

邓 猛

2016 年 10 月 4 日于北京师范大学英东楼

目 录

Contents

前 言……………………………………………………………………………… 001

第一章 绪 论………………………………………………………………… 001

第一节 研究背景………………………………………………………… 001

第二节 研究目的与研究内容…………………………………………… 019

第三节 研究意义………………………………………………………… 023

第四节 研究思路与方法设计…………………………………………… 024

第二章 西方特殊教育体系的发展与分析…………………………………… 029

第一节 西方特殊教育层次结构………………………………………… 029

第二节 西方特殊教育安置体系的分析………………………………… 050

第三节 西方特殊教育体系发展的结论………………………………… 078

第三章 我国的特殊教育层次结构…………………………………………… 081

第一节 我国特殊教育层次结构概述…………………………………… 081

第二节 我国特殊教育层次结构的特点分析…………………………… 084

第三节 我国特殊教育层次结构调查…………………………………… 102

第四节 关于我国特殊教育层次结构的讨论与建议…………………… 130

第四章 残疾儿童教育安置模式的实证调查研究…………………………… 143

第一节 研究背景………………………………………………………… 143

第二节 研究方法设计…………………………………………………… 144

第三节 残疾学生安置模式的问卷调查与研究………………………… 153

第四节　资源教师安置模式态度的访谈与研究…… 176

第五节　残疾儿童教育安置模式建议…… 183

第五章　残疾儿童教育安置模式的个案调查研究…… 189

第一节　研究背景…… 189

第二节　研究方法设计…… 193

第三节　研究结果…… 196

第四节　残疾儿童教育安置模式效率的思考…… 214

第六章　残疾儿童融合教育的案例研究…… 222

第一节　研究背景…… 222

第二节　研究方法设计…… 223

第三节　研究结果…… 226

第四节　残疾儿童融合教育的反思…… 236

第七章　普特融合之特殊教育模式的地区性探索…… 240

第一节　研究背景…… 240

第二节　“三结合”特殊教育模式的地区性探索…… 242

第三节　特教班教育模式的地区性探索…… 250

主要参考文献…… 261

附录　调查问卷与访谈提纲…… 270

第一章　绪　论

特殊教育理论的发展总是建立在特定社会的政治、经济、文化基础之上的，当某一社会对残疾、平等及个性自由等的态度和观念发生变化时，特殊教育的基本理论与教育服务形式也会随之变化。[①] 自 20 世纪 60 年代以来，特殊教育领域一系列重要的新思想、新概念，如源于斯堪的纳维亚国家的"正常化"教育原则、在此基础上发展出来的回归主流（Mainstreaming）或一体化教育（Integration），以及融合教育（Inclusive education，也被翻译成全纳教育）等，在全世界范围内产生了巨大的影响。[②] 1994 年在西班牙召开的世界特殊教育会议上达成的《萨拉曼卡宣言》，确定了融合教育的基本理念与原则。[③]

融合教育支持者认为，所有儿童都能在普通教室里接受适合他们需要的教育，都能在自己所在的社区里接受优质的支持与服务；应彻底消灭残疾儿童与正常儿童的差别以及特殊教育与普通教育的职业分别；要建立平等、接纳、合作的社区与学校。融合教育思想使传统的对残疾人进行隔离的教育体系受到公开的怀疑与挑战，不仅在全球范围内使残疾儿童进入各级各类普通学校学习的趋势得到加强，也使更多人关注特殊教育体系的研究。本书的目标就是，通过实证研究的方式调查当前我国特殊教育体系的特点及其有效性，探索其应遵循的模式及开展实施的策略。在此基础上审视融合教育在我国发展的方向、方式，明确我国特殊教育体系发展与完善的宏观战略与具体举措。

第一节　研究背景

一、中西方特殊教育发展历程概况

（一）西方特殊教育发展历程

随着现代社会政治、经济的发展与文化、文明的进步，科学地认识残疾现象，正

① Berdine, W. H., Blackhurst, W. E.. An introduction to special education (2nd ed.)[M]. New York: HarperCollins Publishers, 1985: 12.

② 邓猛，潘剑芳. 关于全纳教育思想的几点理论回顾及其对我们的启示[J]. 中国特殊教育，2003(4): 1-7.

③ Deng, M., Poon-McBrayer, K. F.. Inclusive education in China: Conceptualization and realization[J]. Asia-Pacific Journal of Education, 2004, 24 (2): 143-157.

确地对待和帮助残疾人回归主流社会已成为全社会的共识。据联合国有关资料显示，世界上约有六亿五千万的残疾人。无论他们生活在世界上的什么地方，他们的生活常常由于身体上的或社会上的障碍而受到限制。他们是世界上最大的少数群体，他们中间的80%生活在发展中国家。在平均寿命超过70岁的国家中，平均每人有8年，也就是生命中11.5%的时间是在残疾中度过的，因此，每一个人在生活中都有可能成为"残疾人"。社会中每一个人都可能因为疾病、意外、老化而残疾，残疾不再是少数人的问题，身心残疾成为所有人都可能经历的生命体验之一。然而，残疾人常常由于众人的偏见和无知而遭到歧视，而且往往难以获得基本的生活设施。这不仅影响到残疾人自己和他们的家庭，而且影响到整个社会的发展，因为在这样的社会中，人类潜能的一个重要的资源库被忽视了。残疾是人类社会文明发展必然要付出的代价，它和健全共生共存；残疾人同其他社会成员一样，是人类的组成部分，是人存在的多样性和差异性的一种表现，是人类多元化的特征。人类社会负有厚待残疾人的不可推卸的责任。①

总的来看，当我们从全球的范围审视特殊教育发展的历史以及推动其发展的动力时，我们很容易发现人类在如何对待残疾人这个问题上经历了从杀戮、遗弃、忽视、怜悯与过度保护，进而发展到逐渐接纳，并尽最大可能地促进残疾人融入主流社会的发展过程。② 在西方古罗马与古希腊时期，对于残疾的遗弃、绝育、杀戮仍然是很常见的。③ 中世纪时期，宗教的慈悲、怜悯导致对残疾人的收容与救济和宿命论下的原罪观、鬼神报应纠缠在一起。残疾人往往被视为"魔鬼缠身""上帝的惩罚"，是邪恶精神的体现，他们处在社会的最底层，受到歧视与不公正的待遇。据不完全统计，在中世纪的欧洲，有超过30万残疾人因为被认为"魔鬼缠身"需要驱邪而被处死。④

14世纪以来开始于欧洲的文艺复兴运动所倡导的人文主义精神导致了宗教改革、科技革命、理性时代的来临以及人性与自由精神的张扬。⑤ 一方面，基督教

---

① 徐白仑. 发展中国家实现2015目标面临的挑战. 金钥匙中心内部文件，2005.

② Kirk, S. A., Gallagher, J. J., Anastasiow, N. J.. Educating exceptional children (7th ed.) [M]. Boston: Houghton Mifflin Co., 1993: 22.

③ Yang, H. L., Wang, H. B.. Special education in China [J]. The Journal of Special Education, 1994, 28 (1): 93-105.

④ Telford, C. W., Sawrey, J. M.. The exceptional individual (2nd ed.) [M]. Englewood Cliffs, N. J.: Prentice-Hall, 1972: 12.

⑤ [美]弗罗斯特. 西方教育的历史和哲学基础[M]. 吴元训，等译. 北京：华夏版社，1987：176.

视残疾人为“魔鬼缠身”“上帝的惩罚”，是邪恶精神的体现，因而对于残疾人充满敬畏。另一方面，在基督教宣扬的仁慈、博爱精神的影响下，许多残疾人士得到人道主义的收容与关怀，被收进医院治疗或收容所抚养。科学的进步与理性的张扬，使人类能够重新审视残疾的本质。例如16世纪瑞士的巴拉萨尔沙士(Paracelsus)发现痴呆是一种疾病的结果而非“魔鬼附体”；法国医生皮内尔(Pinel)则明确指出白痴、精神病、智力落后之间的不同。① 残疾儿童不是不可救药的邪恶精神，相反，他们和正常人之间的共性远远超过差异，同样具有可塑性。② 爱尔维修(Helvétius)曾言：所有人接受教育的能力是一样的，因为人生来都有同样的精神能力。狄德罗(Denis Diderot)还写下了著名的《盲人书简》，认为盲人有足够的智慧和能力接受教育并和正常人一样过体面的生活。③ 伊塔德(Itard)对“狼孩”维克多(Victor)的试验就说明了智力落后人士可以通过教育得到改变。这些乐观的信念不仅反映了文艺复兴以来带有浪漫色彩的人道主义精神，也为心理学、医学等学科的发展所证明。④

经历了文艺复兴、工业革命，以及法国启蒙思想运动与大革命洗礼的18世纪的欧洲被称为“启蒙时代”或“理性时代”。人类的理性成功地战胜了“神授”的意志，人们相信普通人也有能力建设一个更美好的世界；科学就是引导人类认识事物的钥匙，理性则是判断真理与正义的标准。⑤ 哲学家狄德罗在《盲人书简》里写道：

> 一个天生的盲人是怎样形成各种图形的观念的？我认为是他的身体的各种运动，他的手在若干地点的相继存在，一个他的手指之间通过的物体的连续不断的感觉，使得他得到方向的概念。如果他把手指顺着一根绷得很紧的线摸过去，他就得到一条直线的概念；如果他顺着一根松弛的线摸过去，他就得到一条曲线的概念。说得更一般一点，他是凭着那些反复取得的触觉经验，得到对于那些在不同的点上感觉到的感觉的记忆的。他善于组合这些感觉或点，并从而形成图形。⑥

---

① 刘全礼．特殊教育导论[M]．北京：教育科学出版社，2003：49．

② 刘全礼．特殊教育导论[M]．北京：教育科学出版社，2003：11．

③ Winzer, M. A.. The history of special education: From isolation to integration[M]. Washington, D. C.: Gallaudet University Press, 1993:167.

④ 邓猛，肖非．特殊教育学科体系探析[J]．中国特殊教育，2009(6)：25－30．

⑤ [美]弗罗斯特．西方教育的历史和哲学基础[M]．吴元训，等译．北京：华夏出版社，1987：176．

⑥ 周甲禄，邓猛，袁朝．中国残疾儿童教育纪实[M]．武汉：湖北少年儿童出版社，1997：8．

就是在这样一个时代里，一大批启蒙思想家、哲学家、政治家如法国的卢梭(Jean Jacques Rousseau)、伏尔泰(Voltaire)、狄德罗(Denis Diderot)，英国的洛克(John Locke)，美国的杰斐森(Thomas Jefferson)等倡导独立、自由、平等的精神，确立了西方20世纪所共享的基本价值观：在法律面前人人平等、天赋人权、人为自然立法、平等、博爱，等等。[①] 美国开国之初的《独立宣言》与宪法所确定的民主、平等与自由的原则保证了公民的个性自由，这些都改变了社会文化氛围，为特殊教育的发展奠定了基础。[②] 因此，理性之光照耀下的科学、进步与博爱、平等的思想被认为是特殊教育产生的直接思想基础。[③]

1770年，法国的一个天主教神父莱佩(de l' Epee)在巴黎创办了世界上第一所聋人学校，开启了近代聋人正式教育的先河；阿羽伊(Valentin Hauy)于1874年在巴黎创办了第一所盲童学校，后来还远赴德、俄等国协助建立盲人学校[④]；1837年，法国精神科医生谢根(Suguin)在巴黎创立了弱智者训练学校[⑤]。产生于欧洲的早期特殊教育学校都是封闭的、养护性质的机构，多为医务或神职人员所创办，教育对象残疾程度也较重，教学方法则注重"生理学的方法"[⑥]。欧洲的这种残疾人养护性教育机构以及特别的教学方法迅速扩展到美洲，例如，谢根(Suguin)1848年移民到美国，并将法国的寄宿制智力落后训练学校的理念与方法介绍到美国，对美国智力落后教育的产生与发展做出了巨大的贡献。美国聋人教育的先驱加劳德特(Gallaudet)于1815年开始他的欧洲之旅，"去学习教育聋哑人的知识"。豪(Samel Gridley Howe)也到巴黎、爱丁堡、柏林参观，去掌握欧洲特殊教育机构的运作模式，并从巴黎与爱丁堡请来两名教师协助他办学。

从19世纪一直到20世纪中叶，隔离式的特殊教育学校与特殊班在西方，尤其在美国一直呈增长态势。更重要的是，隔离的、自足式的特殊教育班越来越成为教

---

① Winzer, M. A.. The history of special education: From isolation to integration [M]. Washington, D.C.: Gallaudet University Press, 1993: 109.

② Gerber, S. D.. To secure these rights: The declaration of independence and constitutional interpretation [M]. New York: New York University Press, 1995: 67.

③ 刘全礼.个别教育计划的理论与实践[M].北京:中国妇女出版社,1999:21.

④ 朴永馨.特殊教育辞典[M].北京:华夏出版社,1996:240.

⑤ Ashman, A., Elkins, J.. Educating children with special needs [M]. New York: Prentice Hall, 1994: 95.

⑥ 刘全礼.个别教育计划的理论与实践[M].北京:中国妇女出版社,1999:22.

育者们愿意接受的残疾儿童教育服务模式，并于20世纪50—60年代达到顶峰。① 总的来说，这些隔离的特殊教育机构具有以下特点：

(1) 环境封闭，与世隔绝；

(2) 具有慈善养护性质，教育者多为医护人员；

(3) 对象多为残疾程度较重的盲、聋、智障人士；

(4) 教育手段与方法不完备，生理—医学训练多于教育。

到20世纪中叶，公立学校里的特殊班成为多数残疾儿童的教育安置模式，而一些寄宿制的特殊教育机构和特殊教育公立走读学校仍然是教育盲、聋以及肢体残疾儿童的常见场所，社会主流观念仍然认为残疾儿童不能够在普通学校与社区学习、生活。公立特殊学校与特殊班在欧洲与美国的迅速发展使特殊教育与普通教育真正成为两个互不相干、平行发展、独立的职业体系与研究领域。②

追寻这些早期特殊教育探索者的脚步，我们可以读到"特殊教育之父"——法国医生伊塔德(Itard)与"狼孩"维克多的事迹③，体会到沙利文(Ann Sullivan)与海伦·凯勒(Helen Keller)的奋斗与艰辛，还有比内(Binet)关于智力概念的描述、布莱尔(Braile)的盲文点字系统、蒙台梭利(Montessori)的教学实践、加劳德特(Gallaudet)与贝尔(Bell)的不平凡经历等，他们对今天的特殊教育发展仍然有着重要的意义。美国20世纪50年代以来声势浩大的民权运动(Civil Rights)为特殊教育的发展提供了新的动力。西方特殊教育领域的理论与实践发生了深刻的变化。一系列与残疾人教育与服务相关的新思想或概念，如著名的回归主流(Mainstreaming)与融合教育(Inclusive Education)思想等对全球特殊教育的理论与实践产生了巨大的影响。④

(二) 中国特殊教育发展历程

据我国卫生部门统计，我国每年新生缺陷儿38万，按每年出生2 000万新生儿计算，出生缺陷率为19‰，这还不包括出生以后逐渐显露出残疾的儿童。据专家估算，仅从1987年到1993年，中国就有近300万身体上或精神上有残疾的婴儿

---

① Wood, J. W., Lazzari, A. M.. Exceeding the boundaries: Understanding exceptional lives[M]. New York: Harcourt Brace & Com, 1997:287.

② 邓猛，肖非. 特殊教育学科体系探析[J]. 中国特殊教育，2009(6):25-30.

③ Poon-McBrayer, K. F., Lian, M. J. Special needs education: Children with exceptionalities[M]. Hong Kong: The Chinese University Press, 2002:121.

④ 邓猛，肖非. 隔离与融合：特殊教育范式的变迁与分析[J]. 华中师范大学学报(人文社会科学版)，2009(4):134-140.

诞生。1987 年全国残疾人抽样调查显示，我国残疾人约有 5 164 万，大约每 5 户就有 1 个残疾人或残疾人家庭。其中，0—14 岁的残疾儿童约有 800 多万，占儿童总数的 2.66%，相当于匈牙利、古巴或沙特阿拉伯全国的人口。① 2006 年 4 月全国第二次残疾人抽样调查显示，中国各类残疾人总数增加到 8 296 万。

中华民族自古以来就有“尊老、慈幼、扶弱、助残”的优秀传统，早在 2000 多年以前，当欧洲人（如斯巴达人）还在遗弃或杀戮残疾人时，中国一些先贤就倡导公众应该关心残疾人。② 古代典籍《礼记・礼运》就有“人不独亲其亲，不独子其子；使老有所终，壮有所用，幼有所长，鳏寡孤独废疾者皆有所养”的叙述。人人有生存的权利，社会应关心残疾人，古老的思想中包含着浓浓的人道主义精神。长期以儒家思想为文化主体的中华民族，形成了一种以孔子所提倡的“积善成德、仁者爱人”为核心的道德伦理观。另一位思想家墨子所提出的“兼相爱”的博爱思想中明确地指出“天下之人皆相爱，强不执弱，众不劫寡，富不侮贫，贵不敖贱，诈不欺愚，凡天下祸篡怨恨，可使毋起”，该思想尽管有很大的理想主义成分，但是，这种博爱的胸怀与悲天悯人的恻隐之心则在中华文化的土壤中种植了善良和宽厚的高尚品德。朴永馨认为这种对残疾人的“有所养”远比古代欧洲对残疾人的“灭绝”态度要进步得多。③

遗憾的是，中国早期的仁爱思想被后来的封建专制统治淹没，残疾人又坠入了命运的深渊。漫长的封建社会是将人分成若干等级，而且不尊重人的基本权利的社会。在这个社会里，特殊教育不可能随着中国上古时期那些闪光的思想而诞生。受儒家思想的影响，中国 2000 多年的封建社会是建立在等级森严的礼教制度基础上的，“平等”的思想没有得到广泛的认同与传播。儒家的教育目的是要培养修身、齐家、治国、平天下的精英，残疾人只属于底层的小民，是君子同情与修己践德的对象。④ 因此，教育只是培养士大夫的工具，是少数人享有的特权；儒家虽然对残疾人有同情与仁爱之心，但实际上将他们排斥在教育之外。⑤ 儒家典籍中对于残疾的解释虽然有一定的科学性，却并不完整，且没有被社会大众广泛接受。对残疾迷

---

① 徐云，施毓英，汪文鋆，等. 弱智儿童教育经验精选[M]. 杭州：浙江教育出版社，1990.

② Yang, H. L., Wang, H. B.. Special education in China[J]. The Journal of Special Education, 1994, 28(1):93-105.

③ 朴永馨. 聋童教育概论[M]. 合肥：安徽教育出版社，1992:8.

④ 侯晶晶. 论人性观的嬗变对特殊教育的影响[J]. 现代特殊教育，2001(4):14-15.

⑤ Lin, B., Fan, L.. Education in mainland China: Review and evaluation [M]. Taipei: Institute of International Relations, Chengchi University, 1990: 68.

信与宿命论的解释一直很流行，有的人认为残疾人具有某些神奇的能力，能够预测吉凶；有的人认为残疾是前世造孽，是鬼神惩罚，是应得的报应。这两种信念经常掺杂在一起，一直到今天我们都能看到它们的影响。尤其是在经济文化比较落后的一些农村地区，对残疾人同情与养育的社会态度与宿命论的信念仍然广泛存在。

因此，虽然中国儒家思想极其重视教育，提倡"建国君民，教学为先""有教无类"等思想[①]，但针对残疾人的、系统的学校教育在几千年的漫长封建社会里一直没有诞生，残疾人长期生活在封建等级制度金字塔的最底层，直到19世纪末鸦片战争后，由于西方传教士的直接参与，特殊教育学校、机构才得以出现。[②] 1874年，英国传教士威廉·穆恩(William Murry)在北京开办我国第一所特殊学校"瞽叟通文馆"(即今天的北京盲校)，标志着中国系统的特殊教育学校教育的开始。从此对于残疾人不再仅停留在收养救济的层面上，教育开始介入其中。[③] 1887年，美国传教士梅尔斯(C. R. Mills)夫妇在山东登州建立第一所聋人学校，开始了我国系统的聋人学校教育。在鸦片战争以后一百多年的半封建半殖民地时期，由于社会动荡不安、经济发展缓慢，特殊教育发展非常迟缓。到1949年，全国有盲聋学校42所，在校生仅2 380人，且绝大多数学校为宗教与慈善机构主办。[④]

新中国成立以后，残疾人事业有了巨大的发展。周恩来总理于1951年10月签发了中央人民政府《关于改革教育体制的决定》，规定："各级人民政府并应设立聋哑、盲目等特殊学校，对生理上有缺陷的儿童、青年和成人，施以教育。"到1955年，特殊学校与在校学生分别增至57所与5 312人；到1960年则分别剧增至479所与26 701人。特别是改革开放以来，特殊教育受到前所未有的社会关注与政府重视。我国宪法明确规定国家和社会帮助安抚盲、聋、哑和其他有残疾的公民的劳动、生活和教育。1986年通过的《中华人民共和国义务教育法》规定，"地方和各级人民政府应为盲、聋哑和弱智的儿童、少年举办特教学校(班)"。到1988年，全国共有577所特殊教育学校，599个特殊班，在校生达57 600人。[⑤]

1987年，在西方回归主流思想的影响下，曾经历过失明痛苦的徐白仑先生在江苏、河北、黑龙江、北京房山县这三省一县进行了盲童在本村就近进入普通小学

① 王炳照，郭齐家，刘德华. 简明中国教育史[M]. 北京：北京师范大学出版社，1990：23-26.
② 朴永馨. 特殊教育学[M]. 福州：福建教育出版社，1995：38-41.
③ 朴永馨. 特殊教育学(第二版)[M]. 福州：福建教育出版社，2007：40.
④ 张福娟，马红英，杜晓新. 特殊教育史[M]. 上海：华东师范大学出版社，2000：212.
⑤ 顾定倩. 试论我国特殊教育义务教育立法的发展[J]. 特殊教育研究，1993(4)：1-9.

随班就读的"金钥匙"工程，开始了探索符合中国国情的特殊教育新模式的试验。[①] 1988年11月，新中国成立后首次全国特殊教育工作会议在北京召开，会议交流了各地开展特殊教育的经验，提出适合中国具体情况的发展特殊教育的途径，即：逐步形成以一定数量的特殊学校为骨干，以大量设置在普通学校的特殊教育班和吸收能够跟班学习的残疾儿童随班就读的班级与学校为主体的残疾儿童少年教育的格局。[②]

从此，随班就读成为我国普及残疾儿童少年义务教育的主要策略，尤其在经济落后、人口居住分散、交通不便，且残疾儿童数量较多(80%以上的残疾儿童)的农村地区，随班就读成为发展特殊教育、提高残疾儿童少年入学率的主要途径。[③④] 这一新的发展模式在20世纪80年代以来几乎所有的特殊教育相关法律、法规中都得到确认与强调。随班就读试验在普及特殊儿童义务教育、转变社会观念、促进特教与普教融合等方面取得了丰硕的成果。[⑤] 越来越多的普通学校招收了残疾儿童，从而使普通班内学生的学习能力、特点与需要趋于多样化。[⑥] 1949年新中国刚成立时，全国有盲聋学校42所，在校生仅2 380人，且绝大多数学校为宗教与慈善机构主办；1988年，全国有57 600各残疾学生就读于特殊学校或随班就读；1992年，在校残疾学生数增加到129 400，是新中国成立初期残疾学生总数的40倍[⑦]；2003年，在校残疾学生数达364 700人[⑧]。全国三类残疾儿童(智力落后、听力与视力残疾儿童)入学率从1987年的不足6%增加到1996年的60%，到2000年入学率超过了80%。[⑨] 1992年，28%的在校残疾学生在普通教室随班就读，2003年随班就读生占入学残疾学生总数的70%左右。[⑩]

但是，总的来看，我国残疾人事业基础还比较薄弱，残疾人社会保障政策措施

---

① 王炳照，郭齐家，刘德华. 简明中国教育史[M]. 北京：北京师范大学出版社，1990：23－26.

② 朴永馨. 特殊教育辞典[M]. 北京：华夏出版社，1996：36.

③ 邓猛. 随班就读的利与弊探讨[J]. 特殊教育研究，1992(3)：5－7.

④ 朴永馨. 聋童教育概论[M]. 合肥：安徽教育出版社，1992：8.

⑤ 邓猛. 关于全纳教育学校课程调整的思考[J]. 中国特殊教育，2004(3)：1－7.

⑥ Deng, M., Manset, G.. Analysis of the "Learning in Regular Classrooms" movement in China [J]. Mental Retardation, 2000, 38 (2): 124－130.

⑦ 顾定倩. 试论我国特殊教育义务教育立法的发展[J]. 特殊教育研究，1993(4)：1－9.

⑧ 教育部. 2003年全国教育事业发展统计公报[EB/OL]. [2004－05－27]. http://www.edu.cn/20040527/3106677.shtml.

⑨ Deng, M.. Focus on inclusive policy [J]. Newsletter of EENET, 2003: 6－7.

⑩ 邓猛. 孤独症儿童融合教育的挑战与对策[EB/OL]. [2015－05－12]. http://www.cdpf.org.cn/ztzl/2015zt/2015d25czcr/25czcrzjzx/201505/t20150510_486828.html.

还不够完善，残疾人在基本生活、医疗卫生、康复、教育、就业、社会参与等方面还存在许多困难，总体生活状况与社会平均水平存在较大差距。在这种背景下，我国的特殊教育事业呈现出如下特征：特殊教育与普通教育之间差距较大、城乡以及不同残疾类别残疾人受教育程度不均衡、残疾人受教育程度低的现状仍然没有得到根本的改变。残疾儿童少年教育仍然是普及初等教育中最薄弱的环节。已经进入普通学校就学的残疾儿童由于师资与教学资源的缺乏而出现"随班混读"的现象。教育资源尤其是资金与教学材料、教具学具等不能得到保证，许多地方的特殊教育工作者靠"东借西讨"发展事业。由于没有法律的切实保障，特殊教育的发展时冷时热，过度依赖于领导的意志、行政管理方式的变迁，"八五"期间发展较快，"九五"与"十五"期间发展相对缓慢都是因为这个原因。

学校与社会的衔接，特别是残疾儿童的职业教育以及毕业后就业与生活的适应方面缺乏明确的保障。多数残疾人仍然没有得到必要的康复与医疗保障；社会上对于残疾人的歧视与偏见仍然不同程度地存在着；残疾人参与公共生活存在着环境上的障碍；残疾人事业仍然滞后于社会经济发展水平。残疾人仍然是社会中一个特殊的困难弱势群体，他们多数仍然生活在社会的最底层，离平等参与社会生活、共享人类文明成果的目标还甚远。①

二、融合教育的发展及其主要观点

早期的特殊教育是 14 世纪以来欧洲文艺复兴运动引发的科技革命与理性觉醒的产物。理性之光照耀下的科学、进步与博爱、平等的思想也是系统的特殊教育产生的直接思想基础，也奠定了 18 世纪特殊教育诞生以来的基本理论假设与实践模式。②

"二战"后随着西方人本主义思潮、激进结构主义、新马克思主义、建构主义哲学等的兴起与发展，人们开始对西方现有文化、价值、规范等意识形态体系进行系统的反思与批判，对于残疾本质的认识也随之发生变化。Sleeter(1986)认为，残疾是一个"社会建构"(social construct)的过程，即残疾是由于社会的不平等与社会机

① 邓猛，周宏宇. 关于制定《特殊教育法》的倡议[J]. 中国特殊教育，2005(7)：3－6.

② 邓猛，肖非. 隔离与融合：特殊教育范式的变迁与分析[J]. 华中师范大学学报(人文社会科学版)，2009(4)：134－140.

制的缺陷导致的。① Ballard(1997)指出,对于残疾的研究与认识以"心理—医学模式"为框架是不够的,应该着重于残疾的社会与政治环境,即残疾并非某种身体器官或功能损伤(impairment)的结果,而是社会、政治等因素导致的歧视所致。② 因此,残疾是一个演变中的概念,残疾是伤残者和阻碍他们平等、充分和切实地参与社会的各种态度和环境障碍相互作用所产生的结果。③

美国 20 世纪 50 年代以来声势浩大的民权运动为特殊教育的发展提供了新的动力。由美国黑人发起的反种族歧视、反隔离的民权运动遍及全美,民权运动者要求黑人在政治、教育及社会生活上享受平等权利,这也鼓舞了其他少数族群包括残疾人士争取平等的努力。④ 在这一阶段,许多与残疾相关的著名法庭裁决与辩论(例如,1954 年的布朗告托皮卡市教育局案、1972 年的宾夕法尼亚智力落后协会告宾夕法尼亚州政府案与米尔斯告华盛顿州教育局案等)以及专业人士与家长组织等民间团体的倡议运动,对特殊教育的发展产生了深远的影响。这些运动以西方所谓的追求个人自由、社会平等等价值为社会文化基础,为有特殊需要的人士平等、有尊严地参与社会生活以及新的特殊教育理念的诞生提供了动力。⑤ 在此背景下,西方特殊教育领域的理论与实践发生了深刻的变化。一系列与残疾人教育与服务相关的新思想或概念,如"正常化"(Normalization)原则、"去机构化"(Deinstitutionalization)运动以及著名的"回归主流"(Mainstreaming)、融合教育(Inclusive Education)思想等,都对全球特殊教育的理论与实践产生了巨大的影响。⑥

融合教育思想自 20 世纪 80 年代中期提出以来就成为特殊教育领域讨论最热烈的话题。融合教育的思想是基于西方多元化与机会均等的社会基础与自由主义的哲学思想传统之上的。许多国家都将融合教育作为其特殊教育发展的理想或终

---

① Sleeter, C. E.. Learning disabilities: The social construction of a special education category[J]. Exceptional Children, 1986, 53(1):46 - 54.

② Ballard, K.. Researching into disability and inclusive education: Participation, construction and interpretation [J]. International Journal of Inclusive Education, 1997, 1 (3):243 - 256.

③ 联合国大会.残疾人权利国际公约[EB/OL].[2006 - 12 - 13]. http://www.un.org/chinese/disabilities/convention/facts.html.

④ Winzer, M. A.. The history of special education: From isolation to integration[M]. Washington, D.C.: Gallaudet University Press,1993.

⑤ 邓猛,潘剑芳.关于全纳教育思想的几点理论回顾及其对我们的启示[J].中国特殊教育,2003(4):1 - 8.

⑥ Lowe,K.. Users and involvement[A]. In W. Fraser, D. Sines, M. Kerr. Hallas' the care of people with intellectual disabilities[M]. Oxford:Butterworth-Heinemann,1998:9 - 17.

极目标，以及相关政策制定的理论依据。越来越多的残疾人离开隔离的、寄宿制的社会福利、教育或康复机构，重返正常的社区环境接受相关的支持与服务。①

20 世纪 80 年代以来全纳教育的理念自 W. Stainback 和 S. Stainback(1984)明确提出后迅速成为各国发展特殊教育的基本目标。② Falvey 等指出："融合教育是指全部接纳，通过一切手段为社区内每位儿童或民众提供接纳的权利与机会……融合学校的基本信念包括'ABC'，即接纳(Acceptance)、归属(Belongs)和社区感(Community)。融合强调如何支持每个儿童特别的禀赋和需要，努力使社区内的每个学生都感到被欢迎、安全及成功。"③

1994 年，联合国教科文组织在西班牙召开的全球特殊教育会议上呼吁各国在平等的基础上发展融合学校，并通过家长、学校和社区的共同努力以保障特殊儿童接受高质量的教育。融合教育的倡导者们呼吁特殊教育与普通教育重新组合、融为一体，并倾向于让学生在普通教室而非抽出(pull-out)在普通教室外接受教育与服务。④ 融合教育思想呼吁彻底告别隔离的、等级制教育体系的影响，倡导残疾儿童在普通学校平等接受教育、全面参与社区生活。融合教育的目的就是要使所有儿童在普通教室里接受平等、高质量的教育。

因此，融合包含两层含义：其一是残疾儿童在正常的环境(即普通学校)接受平等的、适当的教育；其二是残疾人对社区生活的平等、全面的参与，即社区融合。⑤

融合教育思想不仅导致了支持者与反对者的分野，还在其自身的支持者中制造了分裂，即出现了部分融合(partial inclusion)与完全融合(full inclusion)的争论。⑥ 随着融合教育影响的扩大，融合教育反对者的声音已微乎其微了，人们将更多的关注放在"如何融合"上，即关注进行部分融合(partial inclusion) 还是完全融合(full inclusion)。换言之，人们对于"融合"进行的争论主要围绕着其理念和目标

---

① Lian, M-G. J.. Assessment of children with disabilities for educational programming [G]. Normal, IL: University Communications, Illinois State University, 2000: 56.

② 邓猛，潘剑芳. 关于全纳教育思想的几点理论回顾及其对我们的启示[J]. 中国特殊教育，2003(4)：1 - 8.

③ Falvey, M. A., Givner, C. C., Kimm, C.. What is an inclusive school[A]. In R. A. Villa, J. S. Thousand, Creating an inclusive school[M]. US: Association for Supervision and Curriculum Development, 1995: 1 - 13.

④ Stainback, W., Stainback, S.. A rationale for the merger of special and regular education[J]. Exceptional Children, 1984, 51(2): 102 - 111.

⑤ Duvdevany, I., Ben-Zur, H., Ambar, A.. Self-determination and mental retardation: Is there an association with living arrangement and lifestyle satisfaction? [J]. Mental Retardation, 2002, 40 (5): 379 - 389.

⑥ Skrtic, T. M.. Behind special education: A critical analysis of professional culture and school organization [M]. Denver, Colo.: Love Pub. Co., 1991: 78 - 79.

能否在普通教室里实现，即采用单一的普通教室安置形式还是根据“瀑布式特殊教育服务体系”对残疾儿童进行安置。“瀑布式特殊教育服务体系”是美国实施特殊教育服务的一个等级森严的特殊教育安置体系，它根据学生的不同残疾与教育需要提供从最少限制的环境（即普通班）到最多限制的环境（即不具备教育性的医院或其他养护性机构）的多种选择，整个结构形同瀑布，上下贯通。一般认为这一体系主要包括：普通班、巡回教师辅导制（农村较多使用）、资源教室、特殊班、特殊学校、家庭或医院等教养机构。环境限制的程度根据儿童残疾情况决定，尽量帮助学生由更多限制向较少限制的环境过渡。①

完全融合派认为所有儿童都能在普通教室里接受适合他们需要的教育；要彻底消灭残疾与正常儿童的差别以及特殊教育与普通教育的职业分别；要建立平等、接纳、合作的社区与学校。② 部分融合派认为完全融合是乌托邦式的理想，虽然在道德上高高在上，实践中却很难取得实质性效果③；应该允许特殊儿童在必要时到资源教室接受一段时间的教育与服务。从完全融合的支持者与反对者们的主要观点来看，他们的争论并不在于融合教育的基本理念和目标，而是主要围绕着这些理念和目标能否在普通教室里实现。④ 尽管完全融合与部分融合教育的支持者们观点不尽相同，但他们都承认融合教育不仅仅是物理空间的融合，即特殊儿童身体上被普通教室接受，融合更意味着教育观念、社会文化的根本变化。⑤

三、特殊教育服务体系的研究

（一）教育安置形式的研究

回归主流与融合教育的发展不仅使特殊儿童进入普通学校这一趋势在全球范围内得到加强，而且使特殊教育领域讨论的焦点从过去的“教什么”和“怎么教”转移到“哪里教”即教育环境上面来，因为不同的教育环境（即教育安置）会提供不同

---

① 朴永馨.特殊教育辞典[M].北京：华夏出版社，1996：36.

② Zionts, P.. Inclusion strategies for students with learning and behavior problems: Perspectives, experiences, and best practices[M]. Austin, Tex.: Pro-Ed, 1997: 102.

③ Croll, P., Moses, D.. Ideologies and utopias: Education professionals' views of inclusion[J]. European Journal of Special Needs Education, 2000, 15 (1): 1-12.

④ Nelson, J., Ferrante, C., Martella, R.. Children's evaluations of the effectiveness of in-class and pull-out service delivery models[J]. International Journal of Special Education. 1999, 14 (2): 77-91.

⑤ Tilton, L.. Inclusion: A fresh look: Practical strategies to help all students succeed[M]. Shorewood, Minn: Covington Cove Publications, 1996: 59.

形式的课程内容以及教学效果。① 同时，随着各种针对残疾儿童的学前教育以及高中、大学教育计划的开展与实施，各级各类、不同层次的特殊教育结构也得以发展，并构成完整的特殊教育服务体系。

特殊教育体系主要指特殊儿童接受特殊教育服务的形式，即在何种环境下为他们提供何种教育与服务，包括各级各类特殊教育机构内部的结构及其相互关系与衔接。特殊教育体系主要包括层次结构与安置体系两个方面：层次结构指从学前教育、义务教育、高级中等教育到高等教育的残疾人特殊教育结构；安置体系指根据残疾儿童需要选择隔离的特殊教育机构（班）、资源教室或者普通学校。层次结构与安置体系之间相互交叉、相互联系。

融合教育思想的发展使传统的对残疾人进行隔离的教育体系受到公开的怀疑与挑战，不仅使残疾人进入各级各类普通学校的趋势在全球范围内得到加强，也使更多人关注特殊教育服务体系的研究。部分融合与完全融合的争论转化为对不同安置模式的效率的研究，并从中获得支持自己主张的依据。

如 Pijl 与 Meijer(1991)②指出融合可以有六个不同的水平。

(1) 物理空间的融合：特殊儿童与正常儿童在共同的物理空间学习、交流。

(2) 名称的融合：不再使用具有歧视性的标签。

(3) 管理的融合：特殊教育立法、学籍管理、支持与服务不再独立于普通教育之外。

(4) 社会性融合：特殊儿童平等参与学校与社区活动、生活。

(5) 课程的融合：特殊儿童与正常儿童在同一教室使用同样的(并不排除必要的调整)课程，并取得学业上的成功。

(6) 心理融合：普通教师与学生接纳个别差异，认为有不同的需要是正常的事情。

多数的特殊教育专家，如 Booth 和 Ainscow(1998)③认为这六个水平可以简化为三个层次：物理空间的融合、社会性的融合以及课程的融合，而课程的融合成为

① Zigmond, N., Baker, J. M.. Concluding comments: Current and future practices in inclusive schooling[J]. The Journal of Special Education, 1995,29(2):245-250.

② Pijl S. J., Meijer, C. J. W.. Does integration count for much? An analysis of the practices of integration in eight countries[J]. European Journal of Special Needs Education, 1991, 6 (2):100-112.

③ Booth, T., Ainscow, M.. From them to us: An international study of inclusion in education[M]. London: Routledge, 1998.

融合教育最高也是最难的目标。西方对融合教育效率的研究也恰恰集中于学生在融合学校是否能在社会发展与学业两个方面取得足够的进步。①

Baker 和 Zigmond(1995)对 5 例个案展开研究,以深入探讨融合安置对学习障碍学生的影响。这些个案来自美国 5 个不同州的小学,包括一所城市学校、两所郊区学校和两所乡村学校。每所学校都是运用自己的模式进行融合教育,在诸如领导者、提供重构服务的动机、参与的教职员工的选择、学习障碍儿童在普通教室的分布、特殊服务的提供等方面都存在差异。他们发现,虽然融合教育为学生提供良好的享受普通教育资源的机会,但这些残疾学生并没有得到特殊设计的指导以满足他们的学习需求。② Marston(1996)使用基于课程的评价模式对融合教育以及其他教育模式下的残疾学生的学术影响进行比较,结果表明:在综合的服务模式(融合与特殊结合)下残疾学生的阅读表现比单一模式(融合或特殊)下有显著提高。③ Manset 和 Semmel(1997)对不同安置模式下残疾学生学业进步情况的文献进行比较,认为:尽管研究表明融合教育对部分轻度残疾学生而言是一种有效的手段,但也清楚表明目前并不存在一种优于传统特殊教育服务模式的大规模融合教育项目。④ 因此,尽管少数研究证明了融合教育对于残疾学生有积极的效果,多数研究则表明并不存在这种乐观的学习进步。多数融合教育的支持者辩解:融合教育是一种无需实证研究证明的道德追求,而反对融合教育者则往往利用融合教育不能提供明确的学业成效来证明融合教育的无效。

融合教育的发展使越来越多的残疾学生重返普通学校与社区接受相关教育与服务,使残疾儿童有更多的与正常人交往、互动的机会。除了学习成绩方面的影响,还有许多研究者关注在融合环境下接受教育的残疾学生在社交和自我概念方面的表现。多数研究认为正常学习环境有利于残疾儿童在相互合作与交往过程中加强友谊、发展社会技能以及提高学业成就。⑤ 许多研究通过对残疾儿童与正常

---

① Salend, S. J., Duhaney, G.. The impact of inclusion on students with and without disabilities and their teachers[J]. Remedial and special education, 1999, 20 (2):114 - 126.

② Baker, J., Zigmond, N.. Are regular education classes equipped to accommodate students with learning disabilities? [J]. Exceptional Children, 1990,56 (6):515 - 526.

③ Marston, D.. A comparison of inclusion only, pull-out only, and combined service models for students with mild disabilities[J]. The Journal of Special Education, 1996,30 (2):121 - 132.

④ Manset, G., Semmel, M. I.. Are inclusive programs for students with mild disabilities effective: A comparative review of model programs[J]. The Journal of Special Education, 1997, 31(2):155 - 180.

⑤ Zigmond, N., Baker, J. M.. Concluding comments: Current and future practices in inclusive schooling[J]. The Journal of Special Education,1995, 29(2):245 - 250.

儿童的交往、同伴辅导、合作学习等进行研究来提高残疾儿童的社会接纳与学业发展①，认为残疾学生学业发展与同伴的社会接纳高度相关，攻击与破坏行为与同伴的社会拒绝高度相关②。合作学习成为融合教育环境下促进残疾学生与正常学生在认知、情感、态度、学业与社会等多方面相互接纳与融合最为常用的教学策略，残健学生通过形成学习小组分享学习过程、建立友谊关系、获得成功体验。③ 正常青少年在与残疾青少年交往过程中学业与社会方面获得更大的进步，他们对残疾的接纳与理解、对个体差异的宽容度，以及处理问题的能力都获得了提高(Hollowood, et al., 1994④; Saint-Laurent, et al., 1998⑤)。

可见，多数研究都认为特殊儿童在融合学校里社会发展与自信方面进步明显⑥⑦，而在学业进步即课程融合方面的结果并不能令人满意。Daniel 和 King (1997)指出："融合教室里有特殊教育需要的学生可持续的学业增长并没有出现……考虑到课程融合是融合教育的首要目标，这一目标看来很难实现。"⑧正因为如此，许多研究者都认为对融合教育的结论是"没有结论"⑨。King-Sears (1997)⑩指出，几乎没有特殊教育工作者会认为特殊儿童只能待在普通教室里接受教育。融合教育并不意味着"安置于普通教室"这唯一选择，多数融合教育的支持者都认为有特殊教育需要的学生在必要的时候可以离开普通教室接受相关的支

① Sale, P., Carey, D. M.. The sociometric status of students with disabilities in a full-inclusion school[J]. Exceptional Children, 1995,62(1):6-19.

② Stangvik, G.. Beyond schooling: Integration in a policy perspective[A]. In S. J. Pijl, C. J. W. Meijer, S. Hegarty. Inclusive education: A global agenda[M]. London: Routledge,1997:32-50.

③ Jekins, J. R., O'Connor, R. E.. Cooperative learning for students with learning disabilities: Evidence from experiments, observations, and interviews[A]. In S. Graham, K. Harris, L. Swanson. Handbook of Learning Disabilities[M]. New York: Guilford,2003.

④ Hollowood, T. M., Salisbury, C. L., Rainforth, B., Palombaro, M. M.. Use of instructional time in classrooms serving students with and without severe disabilities[J]. Exceptional Children, 1994. 61(3):242-253.

⑤ Saint-Laurent, L., Dionne, J., Giasson, J.. Academic achievement effects of an in-class service model on students with and without disabilities[J]. Exceptional Children, 1998,64(2):239-253.

⑥ Barnett, C., Monda-Amaya, L. E.. Principals' knowledge and attitudes toward inclusion[J]. Remedial and Special Education, 1998,19 (3):181-192.

⑦ Sale, P., Carey, D. M.. The sociometric status of students with disabilities in a full-inclusion school[J]. Exceptional Children, 1995,62(1):6-19.

⑧ Daniel, L. G., King, D. A.. Impact of inclusive education on academic achievement, student behavior and self-esteem, and parental attitudes[J]. The Journal of Educational Research, 1997, 91 (2):67-80.

⑨ Duhaney, L.. A content analysis of state education agencies' policies/position statements on inclusion[J]. Remedial and Special Education, 1999, 20 (6):367-378.

⑩ King-Sears, M. E.. Best academic practices for inclusive classrooms[J]. Focus on Exceptional Children, 1997,29(7): 1-23.

持与服务。[①] 因此，融合教育是一种新的教育形式，更是一个从隔离逐步走向融合的过程，它可以有不同的程度。一般而言，多数的特殊教育专业人士都倾向于认为完全融合的观点过于极端、理想化，大多支持当特殊儿童在普通教室的教学与服务不能满足其需要时应离开普通教室一段时间接受抽出的教育与服务。[②] 多数的特殊教育工作者在追求教育平等、反对教育中存在的等级制、反对武断的诊断与标签等基本原则与理想方面与完全融合派并无区别，但在实际的教学中更多地采用部分融合派的观点。更多的情况是在理念、原则上支持完全融合教育的理想，但在实际的教学实践中却采取部分融合即"回归主流"运动的做法。[③]

综上所述，西方多数研究认为普通学校设置资源教室的效果优于隔离式特殊学校（班）和全日制的普通班。然而，这些研究发现并未对实践产生足够的影响，西方各国传统的隔离式特殊教育机构体系已经崩溃，融合教育，即在普通教室教育残疾儿童似乎逐步成为各国特殊教育的主要选择。这对于特殊教育体系的层次结构与安置体系产生了颠覆性的影响。

尽管融合教育模式的效果还没有被研究有效地证明，它却成功地导致了对传统的隔离式特殊教育体系的完全否定。在几十年的时间里，特殊教育的教育形式发生了巨大改变，很多之前还普遍存在的为特殊学生提供服务的全日制特殊学校和特殊班级逐渐淡出了人们的视线，取而代之的是融合的教育形式。事实上，西方各国特殊教育实践表明，传统的隔离式特殊教育学校体系基本上已经崩溃，隔离的特殊学校（班）已经或正在消失。[④] 例如，全纳教育在英国的发展已经导致特殊学校急剧减少或关闭；在 1990 年，只有 1.3％的特殊儿童在特殊学校就读。澳大利亚统计局从 1989 年就已停止统计特殊学校（班）的学生人数。在意大利，99％的特殊儿童都在普通教室里就读，真正实现了融合。法国、比利时、丹麦等国的特殊教育学校则转变功能，成为融合教育的资源中心。[⑤] 融合教育也越来越成为我国特殊教育领域的热门话题，日渐对我国特殊教育理论与实践产

---

① Friend, M., Bursuck, W.. Including students with special needs: A practical guide for classroom teachers (2nd ed.)[M]. Boston: Allyn and Bacon, 1999.

② Smith, T. C., Polloway, E. A., Patton, J. R.. Teaching students with special needs in inclusive settings (3rd ed.)[M]. Boston: Allyn and Bacon, 2001.

③ 邓猛. 融合教育与随班就读：理想与现实之间[M]. 武汉：华中师范大学出版社，2009：61.

④ 邓猛. 双流向多层次教育安置体系、全纳教育以及我国特殊教育发展格局的探讨[J]. 中国特殊教育，2004(4)：1-7.

⑤ Daunt, P.. Special Education in Western Europe[A]. In P. Mittler, R. Brouillette, D. Harris. World yearbook of education 1993: Special needs education[M]. London: Kogan Page, 1993: 89-100.

生深刻的影响。

（二）特殊教育层次结构的研究

特殊教育层次结构特指从学前教育、义务教育、高中教育到高等教育的纵向层次，以及一般性质的特殊教育和职业教育之间的横向组合共同组成的层次结构体系。从200多年前世界上建立第一所特殊儿童学校开始，特殊教育的发展随着社会的进步与人们教育观念的改变而发生了巨大的变化。特殊教育由原来私立性质的养育机构发展成为包括学前教育、义务教育、高中教育、职业教育和高等教育在内的完整的特殊教育体系，还将文化教育和职业技术教育二者结合在一起。特殊教育已经在世界各国形成了各具特色、相互衔接、不同层次的特殊教育体系。

由于各国的政治、经济、文化发展的不平衡，其特殊教育体系也有着不同的特点，但都重视普及并提高义务教育的质量，促进向学前教育和高等教育两个方向的延伸，加强普通教育与职业技术教育的结合等。同时，随着融合教育的发展，近年以来，各个国家不断倡导特殊教育与普通教育在各级教育层次上不同程度地交叉、渗透与重合。[①]

例如，美国1975年颁布的《所有残疾儿童教育法》要求各州为所有3—21岁残疾儿童和青少年提供免费的教育和相关服务。1990年该法案重新修订后明确规定为婴幼儿服务，具体是为0—3岁残障儿童或发展迟缓儿童建立广泛的、多学科的、跨机构的、合作的服务系统和为3—5岁学龄前儿童提供服务，还提出增加转衔服务内容。在义务教育阶段，美国的特殊教育体系是建构在普通学校体系之上的，并且随着学校功能与特殊教育技术的不断改进，美国特殊教育的融合程度会越来越高。据统计，1978年，美国各级各类高等学校在校生中只有2.6%的残疾学生；1994年剧增至9.2%，在1 450万大学生中，超过140万的学生有一类或者一类以上的残疾；1996年以后高校以及各类成人继续教育机构里残疾学生则一直稳稳超过学生总人数的19%。美国目前实施的是2004年12月重新审定通过的《残疾人教育法案》，新法案规定："'转衔服务'术语是指为残疾儿童开展的一系列有目的的协调性活动，活动过程的重点是提高残疾儿童的学术和功能两项能力，以帮助其顺利地从学校生活过渡到学校后的社会活动，这些学校后的社会活动包括学校后教

① 邓猛，王麟. 特殊儿童教育[M]. 北京：中国广播电视大学出版社，2011.

育、职业教育、完整的职业(包括支持性就业)、继续教育与成人教育、成年服务、独立生活、参与社区活动等。”①

俄罗斯认为,将有特殊需要的儿童分类越准确,越可以考虑到不同类型儿童的心理和发展特点,在教学中才可以根据不同的特点使每一个儿童得到补偿,从而使他们得到全面发展,更好地适应未来的生活。俄罗斯的特殊教育分为四个阶段:学前阶段、义务教育阶段、普通中等和职业教育阶段、专业及高等教育阶段。每个阶段又有各种特殊教育机构。②

目前,我国基本建立了从学前教育、义务教育、高等教育到成人教育,从普通教育到职业教育的特殊教育体系,特殊教育已成为中国特色社会主义教育事业和残疾人事业的重要组成部分。我国也正在从残疾人口大国向特殊教育大国迈进,从以义务教育为主向学前和义务后教育两端延伸。③

我国举办了以聋儿的听力语言训练为主体的聋儿学前教育,并且还举办了以教育训练智力落后和孤独症儿童为主体的早期教育机构。我国还设置了包括盲、聋、培智学校在内的九年一贯制的实施特殊教育的学校,这是目前我国特殊教育的最主要的形式。此外,我国还开设了包括高中阶段和大学阶段的特殊学校或大学的专门系科,如专门招收残疾人的特殊教育学院。从受教育儿童的类别来看,虽然不是所有有特殊教育需要的儿童都受到关注,但有关法规中的残疾儿童的类别基本上都成了教育的对象。目前在校的学生既有盲、聋、智力落后儿童,也有肢体残疾、言语残疾以及精神残疾等儿童,还有各种类型的超常儿童。④

我国残疾人的特殊教育经过100多年的探索,特别是改革开放以来的迅速发展,已初步形成了由社会多个系统采用多种形式举办的各类残疾幼儿教育到义务教育,再到盲、聋、肢残等残疾青年高等教育、成人教育的体系,并以义务教育为重点,逐步扩展到学前教育、高级中等教育、职业技术教育以及高等教育领域,初步形成了完整的特殊教育层次结构。⑤

① 刘贤伟.美国残疾学生转换服务法规与转换模式的研究——美国保证残疾中学生向学校后过渡对我国的启示[J].比较教育研究,2008(2):17-21.

② 陈琳.发展变革中的俄罗斯特殊教育[J].中国特殊教育,2004(4):87-91.

③ 孟万金.辉煌特教六十年——为新中国六十华诞献礼[J].中国特殊教育,2009(9):3-7.

④ 刘全礼,毛伟.中国的基础特殊教育[J].教师博览,2007(12):39-41.

⑤④ 朴永馨.科学发展,与时俱进——学习第四次全国特殊教育工作会议文件及国办发〔2009〕41号文件[J].中国特殊教育,2009(6):12-16.

第二节 研究目的与研究内容

一、研究问题的提出

20 世纪 80 年代以来，在党和政府的重视下，我国特殊教育发展迅速。首先，特殊教育在受教育者残疾类型、受教育年限、受教育层次和与普通教育融合上均得到发展。1979 年，上海在全国率先建立了智力落后儿童辅读班，开启了我国智力落后儿童系统学校教育的先河，从此，培智教育成为我国特殊教育中发展最快、规模最大的一个领域。① 因此，特殊教育的对象由仅有盲、聋两种，盲、聋、弱智三种逐渐向孤独症儿童、肢体残疾儿童、语言障碍儿童、多重和重度残疾儿童等各类残疾儿童扩展，朝"全民教育"的目标不断迈进。④残疾儿童受教育年限由原来的普及初等教育发展到平等接受九年义务教育。1991 年颁布的《中华人民共和国残疾人保障法》规定我国特殊教育发展的方针是："实行普及与提高相结合，以普及为重点的方针，着重发展义务教育和职业教育，积极开展学前教育，逐步发展高级中等以上的教育。"⑤受回归主流与融合教育思想的直接影响，我国特殊教育改变了 100 多年来以建立特殊学校为唯一发展途径的做法，大力推进随班就读模式，形成了以大量的特教班和随班就读为主体，以一定数量的特殊教育学校为骨干的多种办学形式。⑥⑦ 我国 20 世纪 80 年代以来形成的"以特殊学校为骨干、大量附设班与随班就读为主体的特殊教育发展格局"是对我国特殊教育实践的总结，也是国际全纳教育发展趋势下的中国式回应与探索。特殊学校（班）与随班就读成为我国特殊教育的主要安置体系，资源教室也逐步在一些大城市得到发展。

近年来，我国的特殊教育除了在普及残疾儿童少年义务教育方面取得巨大成就之外，还提出向学前、高中教育两个方向延伸。1992 年，南京聋校和青岛盲校分别创办了我国第一个正式的聋人高中和盲人高中，其毕业生于 1995 年全部升入相关高校学习。滨州医学院、长春大学、天津理工学院以及北京联合大学特教学院等

---

① 肖非，刘全礼. 智力落后教育的理论与实践[M]. 北京：华夏出版社，1993：21.

⑤ 国家教育委员会基础教育司、中国残疾人联合会教育部. 特殊教育文件选编 1990—1995[M]. 北京：华夏出版社，1995：37.

⑥ 邓猛. 从隔离到全纳：对美国特殊教育发展模式变迁的思考[J]. 教育研究与实验，1999(4)：41-45.

⑦ 徐白仑. 金钥匙计划的回顾与展望[J]. 特殊教育研究，1992(2)：1-8.

学校面向全国招收残疾人大学生。2005年，重庆师范大学特殊教育学院开始招收残疾人大学生，成为西南地区第一所招收残疾人大学生的院校。这些院校对残疾学生的接收极大地促进了特殊教育事业的发展。[①] 各地兴办的成人教育、电视大学、高等教育自学考试均为残疾人接受高等教育提供了机会。为奖励考上大学的残疾学生，鼓励更多的残疾学生拼搏进取，部分省市设立了奖励基金，或负担残疾学生在校期间的全部学费。这个时期我国还发展了聋、盲人中等职业教育，在教育、残联等系统建立了多种形式的中等职业教育机构，有计划、有组织地举办了残疾人高等教育。

残疾人的特殊教育已初步形成了从各类残疾幼儿教育到义务教育，到盲、聋、肢残等残疾青年高等教育、成人教育的体系。虽然还是以普及义务教育为主要目标，但已经扩展到学前教育、高级中等教育、职业技术教育以及高等教育领域，初步形成了完整的特殊教育层次结构。中国的这种特殊教育体系包括独立的特殊教育与普通教育两种方式平行发展，共同为残疾儿童提供高质量的教育服务。这两种方式是相互结合、相辅相成的，两个系统可以双向交流，构成了特殊教育与普通教育密切融合又相对独立、共同包含在国家大教育体系中的小特殊教育体系。[②]

进入21世纪后，残疾人教育事业发展进入新的历史阶段。我国要建设社会主义和谐社会，其内涵包括民主法治、公平正义、诚信友爱、充满活力、安定有序、人与自然和谐相处等。残疾人事业的发展，正是和谐社会、公平社会、文明社会的体现。党的十七大首次将特殊教育写进了党的代表大会报告，将特殊教育作为改善民生、促进社会和谐发展的重要内容。2008年3月，《中共中央国务院关于促进残疾人事业发展的意见》要求：健全残疾人社会保障制度，加强残疾人服务体系建设，使残疾人同全国人民一道向着更高水平的小康社会迈进。2009年5月，国务院办公厅转发了教育部、民政部等八部门制定的《关于进一步加快特殊教育事业发展的意见》，在我国建设和谐社会新形势下对保障残疾人公平享受教育权益进行了重大部署。这些法律与政策文件对于推动我国特殊教育事业的发展起到了重要的作用。我国残疾人教育事业取得了巨大成就，残疾人参与社会生活的环境和条件明显改善，生活水平和质量不断提高。随着20世纪80年代中期以来残疾儿童随班就读

---

① 牟映雪. 中国特殊教育演进历程及启示[J]. 中国特殊教育，2006(5)：37－41.

② 朴永馨. 科学发展，与时俱进——学习第四次全国特殊教育工作会议文件及国办发〔2009〕41号文件[J]. 中国特殊教育，2009(6)：12－16.

试验的大规模推广，残疾儿童的入学率得到了很大的提高。随着国家四个“残疾人事业五年计划”的实施，残疾人康复服务受益面迅速扩大，适应我国国情的残疾人康复工作模式进一步形成，确立了“残疾人社会保障体系与服务体系”(两个体系)的建设目标，残疾人工作被纳入经济社会发展大局，残疾人康复工作体系、服务网络、业务格局更加完善。①

在世界各国都在对特殊学校、资源教室、融合教育等模式进行重新思考以求为特殊儿童提供更高质量教育之时，我国特殊教育也发展到由追求数量向追求质量转变的时期。《国家中长期教育改革和发展规划纲要(2010—2020年)》提出“完善特殊教育体系”的目标，“到2020年，基本实现地市和30万人口以上、残疾儿童较多的县都有一所特殊教育学校……不断扩大随班就读和普通学校特教班规模。全面提高残疾儿童少年义务教育普及水平，加快发展残疾人高中阶段教育，重视职业教育，加快推进残疾人高等教育发展。因地制宜发展残疾儿童学前教育。大力开展面向成年残疾人的职业培训”。

在我国现有文化背景下，特殊学校(班)、资源教室或随班就读究竟哪一个更能促进残疾儿童发展？应采取哪些措施促进从学前到高等特殊教育层次结构的合理衔接与有效实施？我国教育格局似乎一蹴而就，近20年来很少有对我国特殊教育发展格局进行思考与探讨的声音，相关研究还比较缺乏。事实上，我国特殊教育发展格局与体系随着时代的要求与特殊教育理念的变化正在发生深刻的转变，其中也出现了很多问题。我们应该结合国际特殊教育发展的趋势，尤其是吸取全纳教育的发展经验与教训，对我国特殊教育格局进行不间断的、立足于我国实际情况的分析与探索。② 本书的主要内容围绕以下一系列重要的问题进行：目前我国从学前到高等特殊教育的层次结构体系有何特点与问题，是否有效？阻碍其有效实施的因素有哪些？其结构层次如何完善与相互衔接？我国现有特殊教育安置体系特点及其有效性如何？我国特殊学校(班)应继续保持增加的态势还是像西方一样逐步萎缩？其示范作用该如何发挥？资源教室的做法是否符合我国的国情，特别是在农村地区资源教室的做法是否行得通？随班就读的质量到底该如何提高？特殊学校(班)、资源教室、随班就读究竟应该以何种比例发展与布局？在融合教育思想

① 中国残联，教育部，等.关于加快推进残疾人社会保障体系和服务体系建设的指导意见[EB/OL].[2010-03-12].http://www.gov.cn/zwgk/2010-03/12/content_1554425.htm.

② 邓猛.双流向多层次教育安置模式、全纳教育以及我国特殊教育发展格局的探讨[J].中国特殊教育，2004(4):1-7.

影响下我国特殊教育体系应如何有效调整与布局？我国特殊教育体系如何结合我国当前和谐社会的建构和教育改革的要求来完善与发展？从西方研究文献来看，特殊教育体系是否有效取决于两个关键因素：一是能否促进残疾儿童在学业成就与社会技能两个方面的有效发展；二是有否根据现有的社会经济条件、人口学、教育投资效益与均衡发展需求等进行合理布局。因此，应该从以上这几个方面进行实证研究，判定何种特殊教育体系结构更适合我国特殊儿童的教育需求，探索我国特殊教育体系发展的方向与规律，而不是像西方一样，在实证研究结果并不乐观的情况下，大力倡导激进的全纳教育模式。研究这些问题的解决方法不仅具有较高的学术价值，也具备较高的实践价值。

二、本书的研究目的和研究内容

1. 研究目的

本书的研究目的是通过实证研究的方式检测当前中国特殊教育体系的有效性，并探索其应遵循的主要模式及实施策略，在此基础上审视融合教育在中国发展的方向与方式以及特殊学校在这一过程中应扮演何种角色。

2. 研究内容

(1) 我国现有特殊教育体系特点及有效性如何？

通过对我国现有特殊教育体系的理论与实证研究，检测我国从学前到高等教育的特殊教育层次结构的特点、其有效性与关键影响因素；探明特殊学校(班)与随班就读两种不同安置体系的特点、优劣、教育质量与布局效益。据此总结我国现有特殊教育体系的特点与问题，判断其是否有利于残疾儿童接受公平的、高质量的教育，是否有效地推动特殊教育的发展并有利于促进义务教育均衡发展，为完善我国特殊教育体系的构建提供重要依据。

(2) 和谐社会背景下的中国特殊教育体系应遵循何种发展模式？

通过实证调查以及对相关文献的检索与分析，从我国特定的历史、文化与教育背景出发，结合我国当前建构和谐社会的要求和国家中长期教育改革与发展规划纲要的精神，比较中国相较于西方特殊教育发展的特点与规律，探索我国特殊教育体系应该遵循的发展模式及其内外部要素之间的联系。

(3) 我国特殊教育体系与融合教育之间的关系如何？

从分析融合教育与我国特殊教育发展的关系出发，探索本土化的融合教育模式与理论，就我国融合教育发展应如何结合中国特定的文化与教育实际，以及我国特殊教育体系应如何体现融合教育的精神进行思考，从而构建符合我国国情的特殊教育体系发展模式。

(4) 我国特殊教育发展体系应采取哪些具体实施策略以实现进一步完善与发展?

从多学科角度分析当前的教育改革与特殊教育之间的关系，回顾与研究目前特殊教育政策与管理的优势与不足，探讨完善我国特殊教育体系的政策与管理举措。并通过试验的方式探索合理实施特殊教育体系布局的有效策略，通过策略的调整，有效地促进义务教育资源的优化组合，促进我国教育均衡发展与教育公平目标的实现。

第三节 研究意义

改革开放以来我国残疾人事业取得了举世瞩目的成就，初步形成了具有中国特色的特殊教育体系，一系列与特殊教育相关的法律法规得到颁布与实施。然而，目前我国特殊教育发展过程中还存在着各种各样的问题。我国残疾人事业基础还比较薄弱，残疾人社会保障政策措施还不够完善，残疾人在基本生活、医疗卫生、康复、教育、就业、社会参与等方面还存在许多困难，总体生活状况与社会平均水平存在较大差距。特殊教育与普通教育之间差距较大、城乡以及不同类别残疾人受教育程度不均衡。残疾人受教育程度低的现状仍然没有得到根本的改变。残疾儿童少年教育仍然是普及初等教育最薄弱的环节。已经进入普通学校就学的残疾儿童由于师资与教学资源的缺乏而出现“随班混读”的现象。教育资源尤其是资金与教学材料、教具学具等不能得到保证，许多地方的特殊教育工作者靠“东借西讨”发展事业。由于没有法律的切实保障，特殊教育的发展时冷时热，过度依赖于领导的意志、行政管理方式的变迁。残疾人仍然是社会中一个特殊困难的弱势群体，他们多数仍然生活在社会的最底层，离平等参与社会生活、共享人类文明成果的目标还甚远。[①]

我国特殊教育发展过程中的诸多问题，都与特殊教育体系尚不够健全、特殊教

① 邓猛，周洪宇. 关于制定《特殊教育法》的倡议[J]. 中国特殊教育，2005(7)：3－6.

育规模以及特殊教育体系中各环节的搭配与衔接不尽合理等有直接的关系。这就迫切需要我们对我国特殊教育应遵循的格局进行系统的研究，逐步形成更加科学的、完整的、有中国特色的特殊教育体系以及有效的执行机制，推动我国残疾人事业的发展。因此，本书有着多方面的实践意义与理论价值。

（一）本书的理论创新

1. 有利于构建具有中国特色的特殊教育体系

我国对于特殊教育体系发展的实证研究不多，尤其从多学科角度探讨其发展模式及实施策略的研究极少。本书立足于我国文化与教育实际，探索特殊教育体系及其内在要素的关系，构建我国特殊教育体系及发展模式。

2. 有利于探索中国特殊教育发展规律

本书通过对我国特殊教育体系及其特征的研究，对我国特殊教育发展方向与基本规律进行思考，为我国特殊教育未来发展提供理论依据与思路。

（二）本书的实践创新

1. 为完善我国特殊教育体系提供政策措施的参考

本书就特殊教育体系及其结构与布局特点、实施策略以及融合教育本土化进行探索，为我国特殊教育发展提供具体的策略与政策参考。

2. 有利于推动我国特殊教育继续向前发展

本书通过对特殊教育体系发展进行实证研究与理论思考，构建符合我国国情的特殊教育发展体系，确立相关的政策目标与措施，促进我国特殊教育发展，提高我国特殊教育的质量。

第四节　研究思路与方法设计

一、本书的理论框架与思路

1. 本书的理论框架

一个特定研究课题的理论框架是从方法论层面对事实或现象的宏观处理方式，是依据一定的理论体系或逻辑体系，对相关研究对象进行有目的的解构和建构的思维方式。理论框架往往为特定的研究提供完整的分析视角，即由某一门学科本身所固有的某些特定的基本范畴和规范构成整理和建构研究资料的基本范式或图式。通过这些范式和图式，各种散乱的现象能够具有一定的意义，并呈现出一定学科的特点。

本书从融合教育理论的角度研究与透视我国特殊教育体系的各种问题。融合包含两层含义：其一是残疾儿童在正常的环境(即普通学校)接受平等的、适当的教育；其二是残疾人对社区生活的平等、全面地参与，即社区融合(Duvdevany, Ben-Zur, & Ambar, 2002)。残疾人对社区生活在身体与心理上的全面参与是实现社会公正理想的有效途径。融合需要全社会以及社会中各种机构与体制进行相应的调整；社会中现存的与隔绝、歧视相关的价值观、政策等都需要进行相应的变革。社会融合与社会排斥对立而统一，融合的过程是排除歧视与偏见，减少社会文化、社会结构以及政策中的不合理成分，提高残疾人社会参与程度的冲突与博弈的过程。

此外，从前述文献分析可以看出，特殊教育的理论是建立在特定社会的政治、经济、文化基础之上的，当某一社会对残疾、平等的观念发生变化时，残疾人的社会服务模式也会随之变化。① 残疾人与社会之间是一个复杂的互动过程。社会对于残疾人观念上的排斥，是残疾人参与社会和获得平等权益的最大障碍，是其他各种社会排斥的根源。随着现代社会政治、经济的发展与文化、文明的进步，科学地认识残疾现象，正确地对待和帮助残疾人回归主流社会已成为全社会的共识。改革开放以来，我国对残疾和残疾人的认识不断趋于全面、科学，党和国家从人权保障和人类解放的高度上阐明了残疾人事业的意义，为认识和解决残疾人问题提供了理论指南。残疾人相关法律与法规都明确倡导：使残疾人成为社会平等的一员，在事实上享有与健全人一样全面参与社会生活的权利；履行社会义务，并共同分享物质、文化成果；让残疾人回归社会生活的主流。党的十七大首次将特殊教育写进了党的代表大会报告，将特殊教育作为改善民生、促进社会和谐发展的重要内容。

我国现在所要建设的社会主义和谐社会的目标与举措对于残疾人的社区参与和融合是有利的。和谐社会的目标就是要建立民主法治、公平正义、诚信友爱、充满活力、安定有序、人与自然和谐相处的社会。和谐社会一个很重要的特征就是对弱势群体的关注，而残疾人事业的发展，正是和谐社会、公平社会、文明社会的体现。和谐社会呼唤理解、尊重、关心、帮助残疾人；和谐社会追求公平正义的理想与

① Berdine, W. H., Blackhurst, W. E.. An introduction to special education (2nd ed.)[M]. New York: HarperCollins Publishers, 1985: 19.

价值观。以社会主义人道主义与公平正义为核心价值观的和谐社会氛围为残疾人有尊严地参与社会生活、与正常人平等交往创造了有利的条件，为他们实现平等共享的目标和生活质量的提升奠定了坚实的基础。因此，构建和谐社会的时代背景与现实需求是本书的宏观社会文化视角与历史背景。中国特殊教育发展的理论与实践都需要在这一特定的历史文化背景下得到阐释与发展。

2. 本书的基本思路

本书借助多学科的研究范式，应用多学科理论和方法，以特殊教育学相关理论为主要出发点，结合运用社会学、心理学、政策学、管理学、文化适应理论等多学科的视野分析中国特殊教育体系相关问题。

本书结合使用理论研究与实证研究两种研究取向，对特殊教育体系各方面进行实证研究，获得足够的第一手材料与数据，再进行理论的提炼与概括。同时，本书对中国特殊教育发展及体系的特点、规律、理论模式等方面进行系统的、批判性的逻辑思考与反思，从文献的比较与概念间的演绎与推理获得新的理论发现。

本书结合使用质与量的方法，以量的方法为主、质的方法为辅。通过量的方法广泛了解我国特殊教育层次结构特征、安置模式的现状与特点、影响特殊教育发展体系的关键要素等。通过质的方法进一步深入探究我国特殊教育体系发展的基本规律、运行环境以及关键要素之间的理论联系，并寻求适合我国社会文化特点的政策、对策等。

具体来说，质的方法主要以个案的方式来进行，个案研究通过围绕抽取的残疾学生个案，对他们以及他们的家长、教师、同学进行观察、深度访谈，对学生的档案进行分析，了解他们在不同特殊教育模式下的学业与社会发展情况，判定不同特殊教育模式的有效性，并提出改进的建议。量的方法主要采用问卷调查的方式。问卷调查主要针对教师和家长进行，了解他们对不同模式的看法，探寻影响模式发展的不同因素及它们之间的关系。

技术线路遵循文献收集与分析、工具设计、抽样、预调查、正式调查、分析数据、撰写报告的线路进行。本书对获得的观察与访谈记录、文本信息等质的数据进行归纳性归类，即直接从数据中获得类属与概念联系。对于量的数据，采用 SPSS 统计软件进行分析，使用一般线性回归模型、因素分析、聚类分析对特殊教育模式相关的因素进行归类，探明它们之间的相关性与显著性，并进行相应的预测。

本书数据采集上遵循静态与动态数据相结合的方式进行。静态数据包括各类文献与政策文本、统计数据、工作总结等文档材料，动态数据指通过田野考察获得的各类个案、访谈、问卷调查等数据，这些都是通过研究者和被研究者在实际的场景中互动获得的。二者构成我国特殊教育体系发展问题的完整描述与评价，并据此进行解读与理论反思。

本书始终以“特殊教育体系”这一问题为主线，统领整个研究的设计、数据的收集与分析、理论的归纳以及对策的提出，围绕特殊教育体系发展所需要克服的关键现状、存在的实际问题以及为解决这些问题而提出的对策来进行。

二、本书的研究方法设计

本书将选取我国城乡的相关特殊教育学校、随班就读学校、各级各类残疾人机构等作为样本进行实证研究。研究者将结合使用质与量的研究方法，探索我国特殊教育发展体系的规律及推进特殊教育发展的有效策略。

（一）收集数据的方法

1. 质的研究方法

课题小组选取 15 名左右的特殊教育研究者、管理者以及各级各类特殊教育机构的相关负责人进行调查，具体策略包括以下几种。

（1）文本分析。对国家以及地方立法机关与政府制定的残疾人康复及福利政策进行内容分析，对涉及特殊教育发展方针、政策、体系、格局等方面的文件、法律法规、档案记录等进行收集与分析。

（2）访谈则包括开放式与半结构式访谈。访谈对象主要包括各级特殊教育机构的负责人、特殊教育研究者、管理者等。开放式访谈通过个别访谈或集体座谈的形式进行，访谈对象自由发表意见，这使研究者能够掌握必要的背景信息，确定重要的主题或需要进一步挖掘的问题，在此基础上确定半结构式访谈的问题与对象，进行更加深入的个别访谈。

2. 量的研究方法

采取问卷调查的方法。通过大样本的问卷调查，对各种不同安置模式的态度与选择等方面进行调查，并对所获得的数据进行统计分析。

（二）分析数据的方法

本书对质与量的数据使用不同的方法进行分析。质的数据分析过程是一个通过归类(coding)将数据进行重组、归纳与抽象以获得一般性的联系的过程。[①] 本书对获得的访谈记录、文本信息进行归纳性归类，即直接从数据中获得类属与概念联系，通过对照研究问题与理论框架，从数据中找出有意义的词、句子或段落，然后使用一个合适的，更抽象、更具总结性的代码来称呼一组相近的内容，这就是一个概念性的联系或类属，据此发现并建立类属之间的理论联系。[②] 对于量的数据，采用SPSS.10统计软件进行分析，主要使用方差分析、一般线性回归模型、因子分析对特殊教育安置模式的各因素进行归类，探明它们之间的相关关系、显著性差异并进行相应的预测分析。

---

① Marshall, C., Rossman, G. B.. Designing Qualitative Research (3rd edition)[M] Newbury Park, CA: Sage, 1999.

② Johnson, B., Christensen, L. B.. Educational research: quantitative and qualitative approaches[M]. Boston: Allyn and Bacon, 2000.

第二章　西方特殊教育体系的发展与分析

第一节　西方特殊教育层次结构

特殊教育体系是一个较复杂的结构。从管理体制来看，各个国家的政府无不承担着特殊教育的主要职责，创办特殊学校、特殊班等多种形式的特殊教育机构为残疾儿童服务；同时，许多民间热心公益与慈善事业的人士和机构团体也捐资办学或者直接从事特殊教育。从特殊教育的水平与层次来看，又可以划分为基础教育和高等教育。由于各国的政治、经济、文化发展不平衡，其特殊教育体系也有着不同的特点。鉴于美国与俄罗斯在全球特殊教育发展中的地位与独特影响力，课题小组在这里主要讨论这两个国家的特殊教育层次结构。

一、俄罗斯的特殊教育发展及层次结构

（一）俄罗斯特殊教育的历史沿革

20世纪20年代初，卢那察尔斯基、克鲁普斯卡娅等无产阶级教育家就苏联残疾人教育事业的发展进行了深入的探讨，将各类发展异常儿童区分开来进行矫正教学，这成为苏联特殊教育的一个基本原则。他们认为，将有特殊需要的儿童分类越准确，越可以考虑到不同类型儿童的心理和发展特点，在教学中才可以根据不同特点而使每一个儿童得到补偿，从而使他们得到全面发展，更好地适应未来的生活。[①] 俄罗斯人认为决定残疾人社会生活成功与否的最主要因素是，有否通过补偿性的教育让残疾人为以后同普通人一起生活做好准备。因此，教育过程就必须尽可能适合残疾儿童的需要。他们认为特殊学校因其特有的优势最有利于残疾儿童的学习，是保障残疾儿童实现社会融合的基本途径，而融合教育只是培养儿童适应未来社会的重要手段之一，只适合一部分特殊儿童，将教学过程一体化作为普遍、标准的方法是有害的。因此，俄罗斯的特殊教育的组织形式是按照残疾类型严

① 石学云.俄罗斯特殊教育与中国特殊教育若干问题的比较研究[J].中国特殊教育，1998(3)：42－44.

格分类的隔离式教育体系。

然而,20世纪90年代以来的政治社会改革促使俄罗斯开始了对特殊教育新的思考。人们转变了原有的态度,开始有了让儿童参与社会、融入社会的意识,社会参与也同补偿教育一样,受到了极大的重视。1992年俄罗斯《教育法》的出台被认为是俄罗斯教育史上最重要的事件之一。在此后的4年里,该法律被进一步补充修订,最终于1996年1月生效。这部教育法强调保障残疾人享受免费及适当的公立教育。① 另一部标志俄罗斯特殊教育现代化阶段的法律是1996年1月1日颁布的《残疾人的社会关怀》,其中的第10条对残疾儿童抚养和教育问题进行了明确的规定。根据这部法律,各教育机构、社会机构和卫生机构必须根据残疾儿童的个别化康复项目,为特殊儿童提供从学前至中学阶段的校内外各项服务。并且,无论是在主流学校还是在特殊教育机构中,教育都应是免费的。②

国家杜马教育委员会副主席、全俄盲人协会副会长奥列格·斯莫林在2008年年末的一次会议中指出,残疾儿童应该有权进入普通学校学习,俄罗斯应该推行融合教育。斯莫林提出,残疾儿童有权进入特殊学校学习,同时也有权进入正规的普通学校学习,但是普通学校要为其创建一些特殊条件。斯莫林认为,每一个父母都希望他们的子女接受综合教育,或者用现在时髦的说法,是处于融合的环境中,这种权利应该是理所当然的。国家有义务创造条件,无论是对特殊教育还是对融合教育都是如此。③ 据《俄罗斯报》报道,俄罗斯教育科学部日前表示,至2015年年底国家将为残疾儿童开设10 000所环境舒适的全日制学校。在国家杜马教育委员会举办的听证会上有消息称,目前能同时容纳健全和残疾儿童舒适学习的、硬件设施完备的学校只有300所。政府强调要在2012年年底前,再开办750所。此类新建学校的设计标准要求与融合教育接轨,全面考虑残疾儿童行动和学习的特殊需求,比如应有宽敞的教室和大门,所有台阶旁要有斜坡道,方便轮椅推行。除此之外,还要为脑瘫、智障等不具有独立学习能力的孩子配备专职辅导员。另据消息,俄罗斯联邦财政部将在2015年前拨款90亿卢布,用于促进融合教育的发展。④

---

① Thomson, K.. Differentiating integration: special education in the Russian Federation[J]. European Journal of Special Needs Education, 2002,17 (1):33-47.

② Korkunov, V. V., Nigayev, A. S., Reynolds, L. D., Lerner, J. W.. Special education in Russia: history, reality, and prospects[J]. Journal of Learning Disabilities, 1998, 31 (2): 186-192.

③ 牛永红.俄罗斯积极推行全纳教育[J].比较教育研究,2009(3):91-92.

④ 顾恒.俄罗斯巨额拨款促进全纳教育[N].东方教育时报(新闻综合周刊),2016-06-15.

（二）俄罗斯的特殊教育层次结构[①]

1. 早期与学前阶段(0—7 岁)

在婴幼儿阶段(从出生到 3 岁)，不同孩子在不同环境中接受抚育和训练。普通孩子在家庭环境或婴儿机构中，孤儿在“儿童之家”中接受抚养和训练，有发展问题的儿童被安置于早教中心、康复中心、特殊团体或“医疗—心理—教学”咨询中心。20 世纪 50 年代，苏联就在全国建立专门负责诊断和安置残疾儿童的机构——医学—心理—教育委员会，国家为它制定详尽的工作条例。委员会成员包括心理学、医学、特殊教育等方面的专家及教育、卫生、社会保障机构的代表，他们按规定的程序、内容、方法对儿童进行全面诊断，并据此决定儿童的教育安置形式。[②] 俄罗斯重视缺陷的早期发现，儿童在成长过程中有 4 次接受综合诊断的机会：产后出院的第 2 天、1 岁、3 岁和 6 岁入学时。俄罗斯运用诊断性的“教学实验”来考察儿童智力发展水平，测查中不仅注意儿童智力活动的结果，更注重智力活动的过程。他们认为，这样才能了解儿童智力发展的真实水平和潜力。测查时家长在场，在情况比较复杂、一时难以下结论时，会把儿童送到特殊学校的诊断班，在教育教学过程中作更细致的考察，时间不超过 1 年。[③]

在学前阶段(3—7 岁)，俄罗斯现有 16 种为听力、视力、言语、智力障碍儿童和心理发展迟滞儿童、精神病儿童、病弱儿童服务的学前教育机构。这些机构采用标准建筑，常在一个区内统一编号，仅招收某一类儿童，编班较小，使用国家为各类有特殊需要儿童制订的专门的学前教学计划和教学大纲。这种机构有寄宿和日托制两种，由地方的医学教育委员会检查、鉴定并予以安排和介绍。在 20 世纪 70 年代后，普通幼儿园中设立了特殊幼儿班，特殊学校中也专为视力障碍、听力障碍、情绪障碍和精神障碍的儿童设立了学前班。它们都起到特殊儿童学前教育的作用。其任务旨在更准确地诊断儿童的发展缺陷；实施全面发展的教育，矫正第一缺陷，预防第二缺陷；帮助残疾儿童做好入学准备。除了以上机构，学前儿童还可以在儿童教育之家和特殊康复中心接受教育。

20 世纪 90 年代以后，俄罗斯注重发展学前融合教育，越来越多的儿童能够在普通托儿所或幼儿园中接受教育。根据 2003 年的研究数据，俄罗斯有 352 900 名

---

① 罗亦超. 今日俄罗斯的特殊教育[J]. 教育研究与实验，1999(1)：31 - 35.

② 朴永馨. 特殊教育学(第二版)[M]. 福州：福建教育出版社，2007：49 - 52.

③ 石学云. 俄罗斯特殊教育与中国特殊教育若干问题的比较研究[J]. 中国特殊教育，1998(3)：42 - 44.

儿童接受学前特殊教育，其中有 63.6%的儿童拥有在融合的环境中与普通儿童一起学习的机会。2009 年，俄罗斯有 16.4%的学前教育机构是混合型的幼儿园，同时招收特殊儿童与普通儿童，与此对应的有 3.7%的学前教育机构专门招收特殊儿童。虽然这些混合型幼儿园增加了在融合教育环境中接受服务的幼儿的人数，但是融合的程度是参差不齐的，并且不同残疾类型的幼儿在融合环境中的比例也不尽相同。例如，聋儿有 25%在混合型托儿所，37.5%在混合型幼儿园；肢残儿童有 60%在混合型托儿所，有 50%在混合型幼儿园。① 学前教育机构会为每一个特殊幼儿制订个别学习计划(individual educational plans)，并每年对这些儿童进行心理—教育—医学评估以决定这些儿童下一年的安置形式。那些发展程度比较接近正常幼儿的特殊儿童可以在正常班级中学习并偶尔接受抽出式的特殊教育服务。一个混合型的特殊幼儿园可以有不同种类的抽出式服务小组对各种特殊儿童进行服务。可以说，相对于其他教育阶段，俄罗斯的学前融合教育发展最为迅速。②

2. 义务教育阶段(7—16 岁)

21 世纪初俄罗斯大约有 160 万需要接受特殊教育的儿童，占全国适龄儿童的 4.5%。在义务教育阶段，俄罗斯有 277 700 名儿童在特殊学校中接受教育；有 203 000人在普通学校的特殊班中接受教育；有 34 000 人在家中接受教育；有 2 500 人在普通教室中接受教育；有 2 500 人在养护机构中接受教育。如果将特殊班也算作一体化的教育安置形式的话，也只有 38%的残疾儿童在相对融合的环境中接受教育。③ 俄罗斯特殊教育的主要形式仍然是隔离式的专门特殊学校。俄罗斯沿袭苏联的传统，对特殊儿童进行了严格的分类。20 世纪 50 年代以来，苏联在盲校、聋校、智力落后儿童学校的基础上，建立专门的重听、晚聋(掌握语言后失聪)儿童学校和弱视儿童学校，同一时期还开办脊髓灰质炎后遗症儿童学校。20 世纪 60 年代，建立了脊髓灰质炎后遗症与脑瘫儿童学校和严重言语障碍儿童学校。20 世纪 80 年代，苏联又将心理发展迟滞儿童从智力落后儿童中区分出来，新建了心理发展迟滞儿童学校。在特殊学校内部通过进一步区分，苏联最后形成了 8 类特殊学校：聋、重听、盲、弱视、严重的言语语言障碍、情绪障碍、学习障碍、智力落后。

---

① Maria Oreshkina. Education of children with disabilities in Russia: On the way to integration and inclusion[J]. International Journal of Special Education, 2009,24(3):110－120.

② 陈琳. 发展变革中的俄罗斯特殊教育[J]. 中国特殊教育，2004(4):87－91.

③ Maria Oreshkina. Education of children with disabilities in Russia: On the way to integration and inclusion [J]. International Journal of Special Education, 2009,24(3):110－120.

1992 年，俄罗斯共有特殊学校1 821所，有 275 429 人在特殊学校中接受特殊教育，如果加上在普通学校特殊班中上学的特殊儿童一共有 394 800 人接受特殊教育。① 国家为每种类型的儿童都制订专门的教学计划、大纲，编印专门的课本。各类学校对招生对象有严格规定，例如智力落后儿童学校，就只招收身体健康没有其他残疾的轻度智障儿童，兼有其他残疾的送往相应学校的辅助班；中重度智障、盲聋、病弱和患有精神疾病的儿童在社会保障系统、卫生系统的特殊教育机构中接受教育。俄罗斯还为没有受过特殊学前教育，或者受过特殊学前教育但没有做好入学准备的儿童设置预备年级。心理发展迟滞儿童学校在小学阶段设有两种机构，分别接受来自普通学校的儿童和没有上过学的儿童。近几年俄罗斯的特殊教育机构网络得到进一步完善，对原有的八种特殊教育机构进行补充，又设立了针对有精神失常行为表现的儿童、重度智力落后儿童和其他综合性发展障碍儿童的学校、特殊班，并且每类特殊学校不直接以残疾名称命名，而是用罗马数字排列顺序。这种做法表现了对残疾儿童的人道主义关怀，同时也体现了整个社会对残疾人的尊重。

虽然越来越多的特殊儿童有机会进入主流学校的特殊班中接受特殊教育，但是，仍有大量有特殊需要的儿童由于学校拒绝而不能享受特殊教育服务。在 160 万的特殊儿童中，只有 872 600 人能够接受特殊教育，另外的 45.5%的儿童没有接受任何形式的特殊教育。可能的原因是俄罗斯特殊教育哲学那种补偿教育的思想，认为通过补偿可以使特殊儿童达到普通儿童的程度，而那些过于严重的儿童则被认为是不可教育的。另有 2000 年统计数据表明，俄罗斯有 554 867 名严重残疾的儿童，其中只有 236 000 人接受了特殊教育，大约一半没有接受任何形式的教育。另外，俄罗斯特殊教育学校分布不均匀，一些北方地区及郊县不具有门类齐全的特殊学校。只有不到 1/4 的地方联邦有门类齐全的特殊学校，许多残疾学生为了能够上学只好远离家乡，或者转到那些没有良好特殊教育服务的临近学校。②

3. 中等教育与职业教育阶段（15—18 岁，盲、聋及肢体残疾至 21 岁）

这一阶段是为青少年进入社会参加劳动做准备。主要包括四种类型：有职业教育的普通中等学校、普通的专业学校（如某些有特殊需要的青少年可以进入音乐、美术学校）、中等专业或中等技术学校、在残疾人组织领导和管理下的边学

① Malofeev, Nikolai N.. Special education in Russia: Historical aspects[J]. Journal of Learning Disabilities, 1998, 31(2): 181-184.

② Maria Oreshkina. Education of children with disabilities in Russia: On the way to integration and inclusion [J]. International Journal of Special Education, 2009, 24(3): 110-120.

习边生产的教学生产车间。经过这个阶段的学习，学生可以参加社会生产劳动，有部分人可以升入高一级的教育机构继续学习。在这一阶段既可以学习特殊专业，也可以学习普通专业。为了解决一部分毕业生就业困难问题，教育机构中设置了康复车间、副业车间，让学生能够自食其力。但总的看来，即使是社会康复情况很好的学生在劳动力市场上仍是没有竞争力的，只有13%—15%的残疾人能够有机会就业。

另外，发展障碍的个体在下列机构可以同时接受普通教育和职业教育：特殊学校、特殊工厂、社会劳动康复中心、特殊职业学校。苏联的特殊成人教育机构包括专门为残疾人设置的中等专业技术学校、职业学校，在普通中专、职业学校设置的特殊班，对残疾人实施普通中等教育的夜校、函授学校等。

4. 高等教育阶段

这一阶段的教育机构分成两大类，一类是与普通人在一个学校内学习，如夜校、函授大学和普通高校，根据具体情况把有特殊教学需要的学生单独编班或编组；另一类是由俄罗斯盲人或聋人协会领导的对盲人或聋人实施大专层次的高等职业教育的教学生产企业。这类企业中有生产部门和教学部门，先分班上课再一对一地个别教学，毕业后由聋(盲)人协会安排工作。学生除学习和生产外还参加各种活动(美术、摄影、体育等)以促进残疾的康复。要想进入普通高校，残疾青年需要和健全人一起参加大学入学考试。绝大多数残疾青年和普通学生一起学习，个别的学校为残疾人设置了专门机构。例如，俄罗斯莫斯科鲍曼国立技术大学(BMSTU)在1934年成立了聋人中心。目前BMSTU聋人中心每年招收40多名聋生，其中50%以上的学生来自于特殊教育学校，接近40%的学生来自于普通学校的特殊班级。①

在俄罗斯，大学文凭对于就业来说是至关重要的，对于残疾人来说也是如此。在所有获得就业机会的残疾人中有60%获得了高等教育毕业证书。俄罗斯的残疾人中进入高等教育阶段学习的人数正呈上升的趋势。2001年，全俄罗斯有5 400名残疾人接受高等教育，到了2003年这一数字增加到了145 000人。全俄罗斯有335所高等教育机构，其中229所接收残疾人。尽管如此，接受高等教育的残疾人

---

① 童欣，曹宏阁，康顺利. 分析借鉴美、俄聋人高等全纳教育经验——以美国国家聋人工学院和俄罗斯鲍曼技术大学聋人中心为例[J]. 中国特殊教育，2009(4)：30-35.

的比例还是很小的，高等教育系统中的残疾大学生只占大学生总数的 0.4%。①

二、美国的特殊教育发展及层次结构

（一）美国特殊教育概况

20 世纪 70 年代，美国约有 800 万残疾儿童，其中有一半以上的儿童接受不恰当的教育或者完全被排斥于公立学校系统之外。② 在美国民权运动的压力之下，这种情况亟待改变。1975 年 10 月 29 日，福特总统签署了一部具有里程碑意义的联邦法律——《所有障碍儿童教育法案》（*Education for All Handicapped Children Act*），也就是通常所说的 94—142 公法。该法律将众多关于残疾儿童教育的法律集合到一部全面的法律中，为所有残障儿童接受平等的教育提供了保障。该法案确立了保障残疾儿童及其家长权益的 6 条基本原则：零拒绝（zero rcjcct）、无歧视性评估（nondiscriminatory evaluation）、个别化教育（individualized education）、最少限制的环境（least restrictive environment）、合法的程序（procedural due process）、家长的参与（parental participation）。94—142 公法自 1975 年颁布以来，虽然经过了多次修订，但这 6 条基本原则一直保持了下来，不断在新的法律中得到了重新授权，并在内容和细节上有了更为精进的发展。③

《所有障碍儿童教育法案》后来进行了若干次修订。1986 年的 99—457 公法，该法案鼓励各州为残疾和高危的婴儿制订早期干预计划。1990 年的 101—476 公法，即《残障者教育法修正案》（*The Education of the Handicapped Act Amendment of* 1990），该法将《所有残疾儿童教育法》改名为《残疾人教育法》，即 IDEA。这次修订在障碍类别上增加了孤独症和外伤性脑伤两类新的残疾类别；接受特殊教育服务的对象在年龄上也发生了变化，开始向两端延伸，涵盖了 0—21 岁的残障者；特殊儿童的教育计划不仅包括 0—2 岁特殊婴幼儿的个别化家庭服务计划（IFSP），而且包括 3—15 岁学龄儿童的个别化教育计划（IEP）以及 16—21 岁残障青年的个别化转衔计划（ITP）。1997 年，美国重新修订了该法，即 IDEA－97，修订后的

---

① Maria Oreshkina. Education of children with disabilities in Russia: On the way to integration and inclusion [J]. International Journal of Special Education, 2009, 24(3): 110－120.

② Pulliam, J. D., Van Patten, J. J.. History of education in America (9th ed.) [M]. Upper Saddle River, NJ: Pearson Education, 2006.

③ 于松梅，侯冬梅. 美国《障碍者教育法》的演进及其特殊教育理念[J]. 辽宁师范大学学报（社会科学版），2008(4): 78－80.

IDEA－97对美国特殊教育的对象、目的、范围、方法方式等一系列基本问题做了重新的界定。2004年12月3日，美国总统布什签署颁布了《残疾人教育促进法》（*Individuals with Disabilities Education Improvement Act of 2004*），对1997年的IDEA进行了重新修订，进一步完善了美国特殊教育中的语言和文化差异、学生的非歧视性评估原则等内容。[①] 另外，该法案对特殊教育教师的资格有了更为严格的规定；对避免过度鉴定（overidentification）引入了新的方法；同时法案要求各州对残疾儿童必须有可供测量的年度目标。该法案还取消了各州及地方当局在识别学习障碍学生时所使用的差异标准（在能力和学业成就之间存在明显差异），而代之以学生对干预教学的反应（response to instruction）作为评价程序的一部分，以此来监测学生的学业进步状况。[②] 除了IDEA法案，21世纪初，在乔治·W.布什总统政府的领导下，《不让一个孩子掉队法案》（*No Child Left Behind Act*，简称NCLB）成为包括特殊教育在内的公立教育领域的一个主要关注点。《不让一个孩子掉队法案》是为提高包括残疾学生在内的所有学生学业成绩所进行的一个尝试。实际上，《残疾人教育法案》和《不让一个孩子掉队法案》是希望所有残疾学生都能接受标准化学业成就测验，并达到和非残疾学生相同的水平。

根据美国教育部提供的数据，从1976年IDEA法案开始实施到1990年第一次法案的修改，这期间，美国接受特殊教育服务的人数增加了23%。可以说，法律的实施效果是很明显的。[③] 从表2－1可以看出，从1980—1981学年到2004—2005学年，3—21岁接受特殊教育服务的学生人数显著增加，并且接受特殊教育学生占公共学校学生总数的比例也显著增加。而从2005—2006学年到2009—2010学年，3—21岁接受特殊教育服务的学生占公共学校学生总数的比例则在小幅度下降，逐渐回归13%的比例。在1980—1981学年，大约有410万3—21岁的学生接受特殊教育服务；到了2004—2005学年，这一数字达到了大约670万，大约占到学生总数的14%；到了2009—2010学年，接受特殊教育服务的人数下降到了约650万，大约占学生总数的13%。[④]

---

① 李继刚.美国特殊教育立法及对我国的启示[J].中国特殊教育，2008(8)：11－14.

② Salvia，Ysseldyke，Bolt. Assessment in Special and Inclusive Education[M]. Boston：Houghton Mifflin Company，2007：50－58.

③ Yell，M. L.，Shriner，J. G.. The IDEA amendments of 1997：Implications for special and general education teachers，administrators，and teacher trainers[J]. Focus on Exceptional Children，1997，30(1)：1－19.

④ 数据来源于美国国家教育统计中心（The National Center for Education Statistics，NCES），http://nces.ed.gov/programs/coe/tables/table－cwd－1.asp。

表 2-1　1980—1981 学年到 2009—2010 学年

3—21 岁接受特殊教育服务的儿童与青少年人数及所占百分比

学年	1980—1981	1990—1991	2000—2001	2004—2005	2005—2006	2006—2007	2007—2008	2008—2009	2009—2010
人数	414 万	471 万	630 万	672 万	671 万	668 万	660 万	648 万	648 万
百分比(%)	10.1	11.4	13.3	13.8	13.7	13.6	13.4	13.2	13.1

按照类别来分，接受特殊教育服务的 3—21 岁儿童和青年，其中占最大比例的是学习障碍(Specific Learning Disabilities)学生，其次是言语语言障碍(Speech or Language Impairments)和健康障碍(Other Health Impairments)学生。

2009—2010 学年，在 IDEA 法律框架下，有资格接受特殊教育服务的 3—21 岁的儿童和青少年，其残疾类型的百分比分布如下：

学习障碍(Specific Learning Disabilities)	38%
言语语言障碍(Speech or Language Impairments)	22%
其他健康障碍(Other Health Impairments)	11%
智力障碍(Intellectual Disability)	7%
情绪障碍(Emotional Disturbance)	6%
自闭症(Autism)	6%
发展迟缓(Developmental Delay)	6%
多重障碍(Multiple Disabilities)	2%
听觉障碍(Hearing Impairments)	1%
肢体障碍(Orthopedic Impairments)	1%

美国残疾类型一共有 13 种，这里只列出了 10 种，这是因为脑损伤(Traumatic Brain Injury)、视觉障碍(Visual Impairments)、盲聋双重障碍(Deaf-blindness)均不足 1%，所以未列出，也未加入以上百分比计算。①

在美国，现今有 95%以上的 6—21 岁儿童与青少年在普通学校中接受教育。在 1990—1991 学年，在普通学校中接受教育的学生有 94.5%，与 2009—2010 学年

① 数据来源于美国国家教育统计中心(The National Center for Education Statistics, NCES), http://nces.ed.gov /programs/coe/figures/figure-cwd-1.asp。

的95.8%相差无几，但是其在普通教室中的融合程度却有很大差别。2009—2010学年有59%的学生大部分时间在普通教室中学习，而在1990—1991学年，这一数字只有33%，见表2-2。可以说，美国的特殊教育体系是建构在普通学校体系之上的，并且随着学校功能与特殊教育技术的不断改进，美国特殊教育的融合程度会越来越高。

表2-2 1995—1996学年到2008—2009学年

6—21岁儿童和青少年在不同环境中的教育安置比例①

学年	在普通学校、普通教室中的时间比例(%)			
	80%的时间以上在普通教室	40%—79%的时间在普通教室	40%以下的时间在普通教室	隔离环境中接受教育
1995—1996	45.7	28.5	21.5	4.3
1996—1997	46.1	28.3	21.4	4.2
1997—1998	46.8	28.8	20.4	4.0
1998—1999	46.0	29.9	20.0	4.1
1999—2000	45.9	29.8	20.3	4.1
2000—2001	46.5	29.8	19.5	4.2
2001—2002	48.2	28.5	19.2	4.1
2002—2003	48.2	28.7	19.0	4.1
2003—2004	49.9	27.7	18.5	4.0
2004—2005	51.5	26.5	17.9	4.0
2005—2006	54.2	25.1	16.7	4.0
2006—2007	54.8	23.8	16.4	4.1
2007—2008	56.8	22.4	15.4	4.3
2008—2009	58.5	21.4	14.9	4.2

（二）美国特殊教育层次结构

1. 学前教育阶段

美国1975年颁布的《所有残疾儿童教育法》要求各州为所有3—21岁残疾儿

① 数据来源于美国国家教育统计中心(The National Center for Education Statistics, NCES)，http://nces.ed.gov/programs/coe/tables/table-cwd-2.asp。

童和青少年提供免费的教育和相关服务，1986年颁布的《所有残疾儿童教育法修正案》从根本上加强了"学前拨款计划"，将其从鼓励性条款上升为强制性条款，并明确规定任何申请"学前拨款计划"的州都必须从1991—1992学年起为所有3—5岁残疾幼儿提供适当和免费的学前教育，并要求对从出生至3岁的婴幼儿实施"个别化家庭服务计划"(IFSP)。至1992年，美国所有的州都开始全面实施3—5岁残疾幼儿的公费学前教育。[①] 1990年的法案则明确提出为婴幼儿服务，具体是为0—3岁残障儿童或发展迟缓儿童建立广泛的、多学科的、跨机构的、合作的服务系统，为3—5岁学龄前儿童提供服务，还提出增加转衔服务内容。1997年的《残疾人教育法修正案》规定州政府必须办理3—5岁阶段的学前特殊教育，国会授权联邦政府拨款辅助各州政府办理出生至3岁阶段身心障碍婴儿与幼儿的早期干预方案。[②] 到了2000—2001学年，0—2岁接受早期教育干预的婴幼儿人数约为23万人(见表2-3)，3—5岁接受特殊教育服务的学前儿童人数约为60万人(见表2-4)。[③]

表2-3 0—2岁婴幼儿接受IDEA PartC的人数及所占百分比[④]

年 份	接受服务人数	总数	百分比(%)
1994	165 351	11 714 659	1.4
1995	177 281	11 552 698	1.5
1996	186 527	11 424 715	1.6
1997	196 337	11 362 331	1.7
1998	187 355	11 350 630	1.6
1999	206 108	11 417 776	1.8
2000	232 810	11 482 486	2.0
2001	245 775	11 698 804	2.1
2002	268 735	11 897 408	2.2
2003	272 454	12 048 310	2.2

① 余强.美国学前阶段特殊教育全纳安置模式述评[J].外国教育研究，2008(8)：44-48.

② 汪斯斯，闫燕，雷江华，等.美国学前特殊教育政策法规的发展及启示[J].现代特殊教育，2010(10).41-43.

③ 佟月华.美国全纳教育的发展、实施策略及问题[J].中国特殊教育，2006(8)：1-8.

④ U.S. Department of Education. 27th annual report to congress on the implementation of the individuals with disabilities education act[R]. Washington，D.C.，2007.

表 2-4　3—5 岁儿童接受 IDEA PartC 的人数及所占百分比①

年　份	接受服务人数	总数	百分比(%)
1993	491 663	11 681 140	4.2
1994	522 699	11 985 741	4.3
1995	548 588	12 169 742	4.5
1996	557 063	12 119 821	4.6
1997	570 312	11 995 704	4.7
1998	573 640	11 858 822	4.8
1999	589 122	11 742 075	5.0
2000	600 573	11 680 993	5.1
2001	619 751	11 597 663	5.3
2002	647 984	11 524 709	5.5
2003	680 142	11 588 824	5.8

2. 义务教育阶段

美国义务教育体制包括一年的学前班以及从小学到高中共 13 年的免费公立教育。1975 年之前，美国各类残疾儿童基本上被安置在隔离的特殊班环境中，即使是轻度残疾学生，也很少能够进入正常的学校。1975 年 94—142 公法及后来的修订版都规定要保证残疾儿童在"最少受限制的教育环境"中接受适当的免费教育，要最大限度地让残疾儿童和正常儿童在一起接受教育。有关这一法案的实施条例进一步规定，要提供一系列可供选择的安置环境，以适应每个残疾儿童的个别需要，主要包括以下形式。②

普通班级：特殊学生在普通班级里或普通班级外分开接受特殊教育和相关服务的时间少于教学日的 21%。

资源教室：特殊学生在普通班级之外接受特殊教育和相关服务的时间占教学日的 21%至 60%，包括安置在资源教室但部分时间参与普通班

① U. S. Department of Education. 27th annual report to congress on the implementation of the individuals with disabilities education act[R]. Washington, D. C. , 2007.

② 余强. 美国中小学阶段特殊教育安置的趋势分析[J]. 中国特殊教育，2007(4)：42-45.

级活动的学生。

特殊班级：特殊学生在普通班级之外接受特殊教育和相关服务的时间占教学日时间的60%以上，包括安置在特殊班级但部分时间参与普通班级教学活动的学生，也包括全部时间都待在特殊班级但在普通学校的校园里的特殊学生。

特殊学校：特殊学生在特殊学校里接受特殊教育和相关服务的时间占教学日时间的50%以上。

看护机构：特殊学生在看护机构里接受教育和相关服务的时间占教学日时间的50%以上。

居家/医院：学生在家里或医院里接受特殊教育。

近年来，随着全纳教育的发展，美国残疾儿童安置在普通班级的人数从20%多提高到近50%。不过，这一上升主要表现在语言障碍、学习障碍、肢体障碍和其他健康受损的学生群体中。对于智力落后和重度感官障碍的学生群体来说，资源教室和特殊班级仍然是主要的安置方式。94—142公法以及后来的IDEA法案还明确规定，各州必须为每一个接受特殊教育的学生制订一份书面的个别化教育计划（IEP），通过IEP实施个别化教学。“法定的程序”使IEP置于联邦法律保护之下，其制订与实施成为学校与相关部门不可推卸的义务。①

2005—2006学年，那些接受过IDEA法案服务的14—21岁特殊学生，其中有56.5%成功从学校毕业并获得正式高中文凭，但也有26.2%的学生中途退学。1996—1997学年，这组数字分别是43%和45.9%，退学的人数比毕业的人数还要多。② 可见，美国的特殊教育服务质量有了明显的提高，但是高于1/4的退学率依然有改善的空间。

总的来说，94—142公法以及后来的IDEA法案秉持“零拒绝”的精神，首先保障所有残障儿童有权进入公立学校接受教育，获得平等的受教育机会；进而发展到在平等的受教育机会前提下，确保根据个人的特殊需要来实施个别化的教育；再到保障及早地在学前阶段实施有效的早期干预和服务，使残疾学生才能得到发挥，生

① 邓猛，郭玲. 西方个别化教育计划的理论反思及其对我国特殊教育发展的启示[J]. 中国特殊教育，2010(6)：3-7.

② U. S. Department of Education. 30th annual report to congress on the implementation of the individuals with disabilities education act，2008[R]. Washington，D. C.，2011：64.

活质量得到提高。特殊儿童的教育从隔离式教育发展到回归主流教育，关注的焦点是特殊儿童的安置环境上的变化。随着全纳教育理念的贯彻实施，特殊教育不仅仅是一种教育安置，更是一种支持和服务。全纳教育通过对整个学校体系的改革和重建，使全体学生得到平等的教育。融合的理念逐渐从政策走向一种文化和权利，融合也被看作是重建美国教育和社会的一种方式。①

3．职业教育

美国的残疾人职业教育并没有像德国、俄罗斯那样与普通教育泾渭分明，而是被包含在整个"免费适当公立教育"的范围内，通过为特殊学生制订"个别化转衔计划"来实现。美国政府1994年颁布了《从学校到工作机会法案》(*School to Work Opportunity Act*，简称STWOA)，并提供超过15亿美元的拨款来推动"从学校到工作"这项职业教育运动。"从学校到工作"的职业教育思想揭示了职业教育的核心问题，即职业教育就是要促进青年人从学校到工作岗位的有效过渡，提高就业率，降低失业率。实践已经证明，"从学校到工作"的理论与实践，对促进青年从学校到工作的过渡是有效的。② "个别化转衔计划"可以看成是"从学校到工作"理念在特殊职业教育领域的延伸，旨在帮助残疾学生从学校生活成功过渡到成人生活。

《所有障碍儿童教育法案》通过1983年修正案(*The* 1983 *Amendments to EHA*，PL 98—199)、1990年修正案(正式更名为IDEA)和1997年的再次修订(*The IDEA Amendments of* 1997，PL 105—17)对个别化教育计划进行了修订。修订内容包括：在制订"个别化教育计划"内容时，要增加对残疾个体的"转衔服务"(transition services)的安排。14岁以上符合条件的残疾学生的个别化教育计划要增加转衔计划，16岁必须开始实施转衔服务，帮助他们做好走向成年生活的准备。当残疾学生年满16岁时，必须考虑该学生离校后的衔接发展方向。对于某些16岁以上的特殊学生，如果他们在高中阶段就已经完全在职业机构工作，那么，"个别化转衔计划"(Individualized Transition Program，简称ITP) 就可以取代"个别化教育计划"。转衔服务的目标一般指向残疾人中学后教育、成年教育和培训、成年服务、独立生活、社区参与、工作岗位或者职业以及融合的社区生活，其目的在于确保有残疾的学生能够为就业、中学后教育和融入社区生活做好准备。③ 根据IDEA

① 于松梅，侯冬梅．美国《障碍者教育法》的演进及其特殊教育理念[J]．辽宁师范大学学报(社会科学版)，2008(4)：78-80.

② 甘昭良，方向阳．残疾人职业教育的问题与对策[J]．职业教育研究，2009(7)：16-17.

③ 牟晓宇，昝飞．美国残疾人职业康复[J]．社会福利，2011(3)：33-34.

法案，残疾学生有权利获得以下服务：(1) 兴趣、能力、特殊需要的评定，以及其他的特殊服务，帮助他们参与学校后的职业教育。(2) 职业评估、计划、训练、从学校到工作的转衔服务，帮助特殊学生在工作、继续训练与教育，以及社会生活的其他方面取得成功。(3) 从 14 岁开始在个别化教育计划中加入转衔计划的内容，说明学生应该承担哪些职业活动、谁应该提供这些相关的服务。法律规定教育机构在文件中应该写明两方面的内容：学业成就和转衔基准。转衔基准包括职业与独立生活两方面。ITP 的建立通过学生个人教育计划会议讨论获得，会议需要家长的出席，并需要学生与家长的共同参与。这一过程使得学生和家长有机会展望未来、提出自己的选择、表达自己的愿望，通过参与决策决定每个学生的未来。[①]

另外一项关键性的法案是《帕金斯职业教育法》(*The Carl D. Perkins Vocational Act*)，2006 年该法案被重新授权并更名为《帕金斯职业技术教育促进法》(*Carl D. Perkins Career and Technical Education Improvement Act of* 2006)。该法案旨在为那些不准备进入大学继续深造的学生提供职业技术训练。[②] 该法案要求学校为学生及家长提供职业教育的机会。学校要在学生九年级的开始或者在进入有职业教育内容年级的前一年，给学生提供接受职业教育的机会。该法案要求为特殊人群提供平等的接受职业教育的机会。在该法案下，公共机构包括职业教育、特殊教育和职业康复机构之间，需要相互协调以提供可行的职业教育计划(vocational educational planning)。对于残疾学生来说，法案规定的职业教育服务要与每个学生的个别化教育计划的目标相一致。

尽管有很多法案对残疾人职业教育进行了严格的规定，但这些职业教育服务并不一定能够促进特殊学生长期的职业发展。尽管美国总体的失业率只有 6%，但 40%—70%的残疾人一直处于失业状态，另外，还有 65%—75%的残疾人没有办法独立生活。[③] 根据 Blackorby 和 Wagner(1996)的研究，尽管近年来残疾青年的就业率有所上升，但是仍然远远低于同龄的正常青年，在继续接受教育、就业、每小时收入、独立居住方面的表现都不如正常青年。他们发现从高中毕业后 5 年，仅

---

① Sabbatino, E. D., Macrine, S. L.. Start on success: A model transition program for high school students with disabilities[J]. Preventing School Failure, 2007, 52(1):33-39.

② Levinson, E. M., Palmer, E. J.. Preparing students with disabilities for school-to-work transition and postschool life[J]. Principal Leadership: High School Edition, 2005,5(8): 11-15.

③ Sabbatino, E. D., Macrine, S. L.. Start on success: A model transition program for high school students with disabilities[J]. Preventing School Failure,2007, 52(1):33-39.

仅有37%的智力障碍青年获得了工作,70.8%的学习困难青年处于就业状态。根据调查,仅有63.5%的残疾青年在高中毕业后5年有工作可做。[①] 对于美国来说,这样的就业率是十分值得担忧的,美国与欧洲不同,它并不像欧洲传统的高福利国家,可以忍受高失业率。美国的国家文化强调的是平等机会下的竞争,对美国残疾人而言,不能获得工作意味着不能在整个竞争环境中取得胜利,因而被看成是失败者。美国职业教育暗示着让残疾人通过个别计划获得与普通人一样的竞争力,这对某些残疾类型或轻度残疾人士是可能的,但是实事求是地说,对于另一些残疾类型以及重度残疾人士来说是不切实际的,带有过多的美国梦的理想主义色彩。在这种文化之下,美国的职业教育要如何取得成功,是改变理念还是改进技术与加大投入,需要拭目以待。

4. 高等教育阶段

据美国相关统计,低于高中学历的残疾人中只有15.6%的人有效地参与社会劳动,而获得高中学历的残疾人就业的比例达到30.2%,是低于高中学历的残疾人就业率的两倍左右;接受了高中以上的教育培训的残疾人就业率是低于高中学历残疾人的3倍左右,达到45.1%;而接受了4年以上大学教育的残疾人就业率则超过50%。[②] 可见,高等教育是残疾人回归主流、有尊严地参与社会生活,并获得独立、幸福的生活质量以及实现个人潜能与价值的必由之路。

美国1973年颁布的《康复法案》第504项条款(*Section 504 of the Rehabilitation Act of 1973*)首次从立法的角度规定,联邦政府应确保残疾人享有接受高等教育的权利并提供资金保障,消除阻碍残疾人平等就业与教育的各种歧视。该法案规定:在联邦财政资助的项目或者活动中,“符合条件的残疾人”(qualified individuals with a disability)不应因其残疾被排除参与,被剥夺获益权利或受到歧视。无论是公立大学还是私立大学,只要是接受联邦资助的项目均受这一条款的约束。在此条款下,美国教育部设立的“人权办公室”对于高等教育机构平等接受并教育残疾大学生的责任进行了明确的、强制性的规定。

美国另一个重要的联邦法律,1975年颁布的94—142公法(后被多次修订,简称为IDEA),确定了残疾学生在正常环境中生活与教育的权利。美国的残疾人高

---

① Blackorby, J., Wagner, M.. Longitudinal postschool outcomes of youth with disabilities: Findings from the national longitudinal study[J]. Exceptional Children, 1996, 62(5): 399-413.

② National Center for Education Statistics. An institutional perspective on students with disabilities in postsecondary education[R]. 1999.

等教育也得益于此法案，它保证残疾学生在入学方面不受歧视。接受高等教育的残疾学生，有权向所在大学报告或不报告自己的残疾情况。学生在申明自己的残疾后，学院必须为他们提供合理的相应服务，保证他们平等参与的机会，而且这些服务必须根据每个学生的特殊需要落实到个人。这些服务包括：录制讲座、适当延长考试时间、提供手语翻译和笔录以及适当的课程替换等。① 该法案还规定：必须为残疾儿童（16 岁以前，重度智力落后与多重残疾儿童 14 岁以前）发展“个别转衔计划”，为他们的高等和继续教育、职业训练与指导、成人指导与服务、社区参与等提供支持与服务。这些条款为残疾学生进入大学、参与社会生活奠定了基础。② IDEA 为 0—21 岁的残障者提供了全面的教育服务保障，从婴儿的个别化家庭服务计划到学生的个别化教育计划，再到成年后的个别化转衔计划，涉及个体在家庭、学校、社区、工作、成人服务机构等不同生活环境的发展。对特殊教育成效目标不再只是关注接受特殊教育服务的数量，而是转向了特殊儿童接受教育后成年生活的质量。③

美国 1990 年颁布的《美国残疾人法案》（*Americans with Disabilities Act*，简称 ADA）反对针对残疾的各种环境障碍与社会歧视；规定任何拥有、租赁或运营公共设施（public accommodations）的人都不得因残疾歧视任何个人，应当使他们享受到充分而平等（full and equal）的商品、服务、设备、优惠、便利及食宿。对公共设施的定义包含教育场所，因此要求大学提供无障碍设施。该法案的第 309 条关于测试与课程的条款中对残疾人高等教育权利进行了规定：任何组织在提供与高中后学历文凭相关的测试和课程时，应当以适合残疾人的场所和方式提供该测试和课程，或者为该群体提供适用的替代性安排。因为高等教育机构同样属于公共服务体系，残疾人进入大学成为该法案的重要议题。同时，美国社会安全法律（Social Security Act）中确定了残疾人补助与保险等多方面的经济利益。进入 21 世纪以后，确保残疾人全面参与高等教育与就业（Ensure Access to and Full Participation in Postsecondary Education and Employment）成为美国教育与公共服务体系改革的重要挑战与任务。

随着三个法案的出台，美国进入高等院校环境学习的残疾人学生数不断上升。

---

① 崔凤鸣. 美国《残疾人教育法》与残疾人高等教育[J]. 比较教育研究，2006(10)：70 - 72.

② 邓猛. 关于全纳教育学校课程调整的思考[J]. 中国特殊教育，2004(3)：1 - 7.

③ 于松梅，侯冬梅. 美国《障碍者教育法》的演进及其特殊教育理念[J]. 辽宁师范大学(社会科学版)，2008(4)：78 - 80.

在高校校园环境和设施方面，美国政府规定：凡有残疾人在读的院校，必须设置无障碍的环境，为他们提供学习、生活便利，在最少限制的环境中向残疾人提供平等的机会。到21世纪初，全美国提供无障碍环境校园的大学已有100多所，在校听障学生4 500人。① 1978年在PL94—142公法刚开始执行时，根据总统的报告，只有2.6%的大学新生是残疾人。经过各方面的多年奋斗，到1995年美国招收的大学新生中已有9.2%是残疾人，与残疾人在同龄人中的比例接近。也就是说可能进入高等教育的残疾人基本上可以在不同的高等教育机构学习。根据美国国家学习障碍中心1999年的资料，在两年和四年制中学后教育机构学习的残疾人有428 000人，其中196 000人是学习障碍者。所有残疾大学生中有6%本科在读，读本科的残疾学生中有29%是学习障碍者。获得学士学位的残疾学生中有29.3%申请进入研究生院。②

由于美国大多数四年制学院和大学以及二年制的社区学院都接受联邦政府的资金支持，因此他们必须依法设置或统筹协调为残疾学生提供服务的机构，这些机构通常被命名为残疾人服务办公室（Disability Services Office）或者能力差异服务办公室（Office of Differing Ability Services）等。③ 依据美国残疾人高等教育协会（AHEAD）的出版物《残疾人高等教育与服务指南》（*Directory of College Facilities and Services for People With Disabilities*, Foreword by Phona C. Hartman, ORYX Press, 1996），进入高等教育机构的残疾学生种类有19种，④分别是：① 注意缺陷障碍（Attention Deficit Disorder，或称多动综合征）；② 孤独症（Autism，又称自闭症）；③ 盲或视觉损害（Blind or Visual Impairment）；④ 脑损伤（Brain Injury）；⑤ 慢性身体疾病（Chronnic Health Disorder）；⑥ 聋或听觉损害（Deaf or Hearing Impairment）；⑦ 发展性障碍（Developmental Disability）；⑧ 发育不全（Dwarfism，或称侏儒）；⑨ 学习障碍（Learning Disability，或称学习困难）；⑩ 行动/肢体损害（Mobility/Orthopedic Impairment）；⑪ 多重残疾（Multiple Disability Conditions）；⑫ 神经损害（Neurological Disorder）；⑬ 肥胖症（Obesity）；⑭ 身体损害（Physical Impairment）；⑮ 精神障碍（Psychiatric Disability）；⑯ 突发疾病（Seizure Disorder）；⑰ 言语/语言损害（Speech/Language Disorder）；⑱ 药物滥

---

① 马宇．美国残疾人高等教育支持体系的特点及其启示[J]．现代特殊教育，2012(6)：60－62．

② 朴永馨．残疾人高等特殊教育的产生和发展[J]．中国听力语言康复科学杂志，2004(7)：4－5．

③ 卢茜，雷江华．美国高校残疾人服务特点及对我国高校的启示[J]．中国特殊教育，2010(9)：27－32．

④ 朴永馨．残疾人高等特殊教育的产生和发展[J]．中国听力语言康复科学杂志，2004(3)：4－6．

用(Substance Abuse);⑲ 混杂的残疾(Miscellaneous Disabilities)。被高校录取的残疾学生必须先向残疾人服务办公室申请合适的项目支持,并提交能够证明自己残疾类型与水平的官方评估文件,以及个别化教育计划,残疾人服务办公室依据学生的能力水平及研究兴趣,为学生提供个性化的服务。①

美国有的大学有专门为残疾学生设置的学院,罗切斯特理工学院(Rochester Institute of Technology,简称 RIT)就是典型代表。RIT 是一所综合性私立大学,成立于 1829 年,作为罗切斯特理工学院的二级学院——美国国家聋人工学院(National Technical Institute for the Deaf,简称 NTID)已成立 30 余年,该院现有注册学生 1 700 余名,其中聋人大学生 1 300 余名。NTID 实施的是全纳教育,学校的 200 多个专业全部面向聋生,而不是 NTID 面对聋生独立开设若干个专业。在 RIT,聋生和健听学生一样有选择专业的机会,学习的专业不受 NTID 专业的限制。NTID 为聋生全纳学习提供了多种支持手段,保证学生顺利完成学业。如设有专门的就业指导中心,为学生提供就业信息和咨询服务,在学校专门的就业指导中心的帮助下,学生的就业率高达 92%。② 美国国家聋人工学院能够得到快速的发展得益于联邦与州政府对特殊教育的大量投入。20 世纪 70 年代,美国高等教育进入大众化阶段,对残疾人特殊教育的投入从 1976 年的 1 亿美元增加到 1985 年的 160 亿美元。《2004 年残疾人教育促进法》修订的主题,就是大幅度增加对残疾学生的资助。以美国国家聋人工学院为例,全年经费总支出的 78%来自于政府,2005 年总支出是 5 400 万美元,生均经费超过 5 万美元。③

根据美国政府责任办公室(United States Government Accountability Office,简称 GAO)的报告,2008 年大约有 1 920 万学生进入两年制或四年制的高等教育机构,其中大约有 210 万是残疾学生,占学生总数的 10.8%。④ 实际上这一比例可能会更高,因为有一些表面特征不明显的残疾学生可能会隐藏自己的残疾身份。⑤ 根据美国国家教育统计中心(National Center for Education Statistics,简称 NCES)

---

① 卢茜,雷江华.美国高校残疾人服务特点及对我国高校的启示[J].中国特殊教育,2010(9):27-32.

② 童欣,曹宏阁,康顺利.分析借鉴美、俄聋人高等全纳教育经验——以美国国家聋人工学院和俄罗斯鲍曼技术大学聋人中心为例[J].中国特殊教育,2009(4):30-35.

③ 马宇.美国残疾人高等教育支持体系的特点及其启示[J].现代特殊教育,2012(6):60-62.

④ United States Government Accountability Office. Higher education and disability: Education needs a coordinated approach to improve its assistance to schools in supporting students[R]. Washington, D. C.: US Government Accountability Office,2009.

⑤ Greenbaum, B., Graham, S., William, S.. Adults with learning disabilities: Educational and social experiences during college[J]. Exceptional Children, 1995,61(5):460-471.

和残疾人高等教育协会(Association on Higher Education And Disability,简称AHEAD)2011年的调查数据①,各类残疾人在高等教育机构中的分布情况如表2-5所示。

表2-5 各类残疾人在高等教育机构中的分布情况

残疾类型	残疾人高等教育协会	美国国家教育统计中心
学习障碍	28.16%	31%
注意力缺陷或注意力缺陷与多动障碍	20.21%	18%
心理障碍	15.59%	15%
健康缺陷	9.25%	11%
行动损害	6.20%	7%
聋或听觉困难	3.25%	4%
脑外伤	2.79%	2%
视力损伤	2.61%	3%
智力障碍	2.40%	3%
暂时性损伤	2.01%	N/A
孤独症	1.94%	2%
言语/语言损伤	0.72%	1%
聋—盲	0.09%	N/A
其他	4.79%	3%

虽然残疾大学生的入学率与毕业率近些年来有了显著的提高,但是情况依然是不容乐观的。与普通学生相比,残疾大学生并不能很好地适应大学生活。在四年制的高等教育机构中当前残疾学生仅有34.8%的毕业率,而普通学生则有51.2%的毕业率。在两年制高等教育机构中的残疾学生毕业率更低,只有29.4%。残疾职业技术高等教育中的残疾学生毕业率较高,有54.6%。可见只要安排得当,残疾学生一样可以在高等教育中取得成功。②

据统计,2008—2009年度,美国3—21岁残疾学生有650万,占入学总人数的

① AIM. Report of the advisory commission on accessible instructional materials in postsecondary education for students with disabilities[R]. 2011:15.

② AIM. Report of the advisory commission on accessible instructional materials in postsecondary education for students with disabilities[R]. 2011:16.

13%。1978 年，美国各类各级高等学校在校生中只有 2.6%的残疾学生，1994 年剧增至 9.2%，在 1 450 万大学生中，超过 140 万的学生有一类或者一类以上的残疾。1996 年以后高校以及各类成人继续教育机构里残疾学生则一直稳稳超过总学生人数的 19%。尽管如此，残疾人接受高等教育的比例仍然比正常学生低 50%以上。美国"国家特殊教育研究中心"2011 年最新报告显示：超过 60%的 21—25 岁已经高中毕业的残疾学生在毕业 8 年之内接受各种形式的高等教育。其中约 44%在社区大学接受 2 年的继续教育，32%在各类职业院校接受培训，19%在大学接受 4 年的本科教育，而且，他们中间超过 70%的学生接受的是全日制教育。可见，当今的美国高等教育正大步由大众化走向普及化，残疾人高等特殊教育方面已经开始迈入了高级阶段，向大众化快速迈进。残疾人的高等教育在美国有法律的保障，国家与社会为残疾人接受平等教育创造了必要的特殊条件，在所学专业、学历层次、生活条件、学习条件、权利保障等方面有一系列的规定和措施使残疾人平等的受高等教育权能够实现。

三、结论

从西方各国特殊教育发展的情况来看，高质量的、普及的特殊儿童义务教育已经实现，免费、公立的教育体系已经建立起来，保障了所有残疾儿童能够接受适当的、个别化的教育。学生的参与和教学调整通过最少受限制的环境、个别化教育计划以及各种支持环境与条件的创设得以实施。而且，残疾儿童少年通过全纳教育的方式回归主流学校与社会成为主要的发展趋势，这不仅改变了特殊教育发展的轨迹，也推动了普通教育质量的提高与学校变革，使学校更具有回应学生多样化需求的能力。

同时，西方特殊教育非常注重儿童的早期干预和教育，通过个别化家庭计划、家校合作等手段确保儿童早期干预和教育的质量。例如，美国在 1975 年的立法中就强调为 3—21 岁的残疾儿童提供特殊教育和服务，1990 年扩展到 0—21 岁。终身教育的观念通过法律的方式得以确定，接受特殊教育服务的对象在年龄上也发生了变化，开始向两端延伸，关注早期教育和高等教育的发展。20 世纪 80 年代以后，残疾人高等教育越来越受到重视，高等教育被认为是残疾人回归主流、有尊严地参与社会生活，并获得独立、幸福的生活质量以及实现个人潜能与价值的必由之路。残疾人平等接受高等教育成为高等教育大众化的一部分，保障残疾人平等接受高等教育成为21世纪特殊教育中最大的挑战与机遇。

完整的从学前、义务教育到高等与继续教育的特殊教育体系在西方不仅已经形成，而且还发展成比较完整、协调的结构。并且，学前教育阶段通过个别化家庭计划保证其质量，义务教育阶段通过个别化教育计划提供针对性的教育和支持，义务教育后的高等教育和社会生活则通过个别化转衔计划和个别化支持计划保证不同层次的学校以及学校与社会之间的衔接与协调服务，真正使残疾儿童的教育和社会相联系，为残疾儿童平等参与社会生活，提高生活质量奠定牢固的基础。

尤其值得指出的是：从残疾人没有受高等教育的权利到有受高等教育的权利，从个别精英能实际享受这种权利到更多人、完全平等地享受这种权利，是一个历史的发展过程，是一个从初级阶段到高级阶段的发展过程。当今的美国高等教育已由大众化走向普及化，残疾人的高等特殊教育已经迈入了高级阶段。

更重要的是，所有的教育安置和服务、层次结构的确定以及权利的保障都通过一系列的立法和政策强制实施，使得特殊教育的理论与实践的发展始终被置于法律保障之下。残疾人教育在先进的发达国家有明确的法律保障，与普通教育一样得到普及或趋向普及，已真正成为国民教育体系中不可或缺的重要部分。

第二节　西方特殊教育安置体系的分析

一、西方特殊教育安置体系的变迁

1. 传统的隔离制特殊教育发展及其特征

自14世纪以来陆续兴起于欧洲的文艺复兴、宗教改革、科技革命、法国启蒙运动与法国大革命等运动确立了西方20世纪所共享的个性独立、自由、平等等基本价值观。正是在西方启蒙时代理性主义与科学主义的影响下，残疾人系统的学校教育得以产生。1770年，法国的一个天主教神父莱佩(de l' Epee)在巴黎创办了世界上第一所聋人学校，开启了近代聋人正式教育的先河；阿羽伊(Valentin Hauy)于1874年在巴黎创办了第一所盲童学校，后来还远赴德、俄等国协助建立盲人学校；1837年，法国精神科医生谢根(Suguin)也在巴黎创立了弱智者训练学校。①

产生于欧洲的早期特殊教育学校都是封闭的、养护性质的机构，多为医务或神职人员所创办，教育对象残疾程度较重，教学方法则注重"生理学的方法"。欧洲的这种残疾人养护性教育机构以及特别的教学方法迅速扩展到美洲，在19世纪早期到20世纪20年代，大量的隔离的特殊教育养护机构在美国建立。特殊教育发展的中心也随之从欧洲转移到了美洲。②

从19世纪一直到20世纪中叶，先是隔离的特殊教育机构，然后是公立的特殊教育走读学校，在西方尤其在美国一直呈增长态势。随着20世纪的来临，多数的寄宿制特殊教育养护机构转变为公立的特殊教育日校(亦称走读学校)，新的特殊教育公立走读学校不断建立。更重要的是，隔离的、自足式的特殊教育班越来越成为教育者们愿意接受的残疾儿童教育服务模式，并于20世纪50—60年代达到顶峰。③ 到20世纪20年代，美国三分之二的州以及加拿大的许多地方都建立了大量的特殊班。与传统的寄宿制特殊教育机构或学校相比，特殊班虽然从养护模式转变为真正意义的教育模式，教学效果也有所改善，但隔离的本质并没有什么不同，只不过隔离的场所变了而已。到20世纪50—60年代，公立学校里的特殊班成为多数残疾儿童的教育安置模式，而一些寄宿制的特殊教育机构和特殊教育公立走读学校仍然是教育盲、聋以及肢体残疾儿童的常见场所，社会主流观念仍然认为残疾儿童不能在普通学校与社区学习、生活。④

可见，理性之光所照耀下的科学、进步与博爱、平等的思想是系统的特殊教育产生的直接思想基础，也奠定了18世纪特殊教育诞生以来的几个基本理论基础。

(1) 个别差异是普遍存在的。

个别差异是自古以来因材施教原则的基本依据，也是自19世纪以来现代心理学研究的一个重要课题。对个别差异的测验与测量不仅推动心理学研究与测量技术的发展，也奠定了残疾诊断与检测的基础。差异和共性是一个问题的两个方面，

---

① Ashman, A., Elkins, J.. Educating children with special needs[M]. New York: Prentice Hall, 1994.

② Winzer, M. A.. The history of special education: From isolation to integration[M]. Washington, D. C.: Gallaudet University Press, 1993: 99.

③ Wood, J. W., Lazzari, A. M.. Exceeding the boundaries: Understanding exceptional lives[M]. New York: Harcourt Brace & Com., 1997.

④ Stainback, W., Stainback, S.. A rationale for the merger of special and regular education[J]. Exceptional Children, 1984, 51(2): 102-111.

差异是共性之上的差异，共性是差异中的共性。[①]“残疾”是个别差异达到显著性的必然产物，残疾儿童与正常儿童相比并没有本质的区别。

（2）残疾儿童是可教育的。

科学的进步与理性的张扬，使人类能够重新审视残疾的本质。残疾儿童不是不可救药的邪恶精神，相反，他们和正常人之间的共性远远超过差异，同样具有可塑性。爱尔维修曾言：所有人的接受教育能力是一样的，因为人生来都有同样的精神能力。狄德罗还写下了著名的《盲人书简》，认为盲人有足够的智慧和能力接受教育，并和正常人一样过体面的生活。伊塔德对“狼孩”维克多的试验就说明了智力落后人士可以通过教育得到改变。这些乐观的信念不仅反映了文艺复兴以来带有浪漫色彩的人道主义精神，也为心理学、医学等学科的发展所证明。

（3）残疾儿童同样享有平等接受教育的权利。

在民主、自由、博爱等资产阶级思潮的影响下，近现代西方世界越来越多地把公平概念当作评价社会制度的一种道德标准，公平被看作社会制度的首要价值。教育机会均等被视为人权的一部分，成为实现社会公平与正义理想的利器。这种理念影响到西方各国义务教育制度的建立，让一般民众都有机会接受免费的公立教育。随着义务教育观念的深得人心与相关法律的颁布，到20世纪初，为盲、聋儿童提供免费的义务教育已成为人们的共识，公立学校被迫招收更多样化的儿童，包括有特殊教育需要的儿童。联合国1948年颁布的《人权宣言》在第26款规定，“每一个人都有受教育的权利”，而且，至少在初级（小学）教育阶段应该是强制性的、免费的。1989年联合国颁布《儿童权利公约》，规定儿童不受歧视的权利至关重要，所有儿童都有权接受教育，而不因其残疾、种族、宗教、语言、性别、能力等而受到歧视。[②]

（4）残疾儿童本身的残疾与缺陷是其学业、人生失败的主要根源。

从18世纪末特殊教育诞生以来，人类对于残疾的研究主要以“心理—医学”理论与方法为根本依据，关注残疾的病理学根源、行为特点以及矫正补偿的方法，即儿童“异常”的原因。（其基本假定是：残疾由个体生理、心理缺陷所致，例如，唐氏

---

① 刘全礼. 特殊教育导论[M]. 北京：教育科学出版社，2003：4.

② United Nations. Convention on the Rights of the Child[R]. New York：United Nations，1989.

综合征就有其特定的遗传学原因；应对残疾人进行医学的诊断、训练与缺陷补偿。[①])它将儿童的残疾假定为儿童失败的根本原因，而非学校本身条件或教学的不足，并为学校将处境不利儿童推向限制更多的环境（如特殊学校或康复医疗机构）找到了借口。[②] 这种范式强调揭示残疾及其背后的病理学依据之间的因果关系，对某一残疾类型的不同亚类型及其特征进行区分，并获得具有广泛推广意义的诊断结果与干预方法。

（5）隔离的特殊教育体系是有效的。

从19世纪一直到20世纪中叶，隔离式的特殊教育学校与特殊班在西方，尤其在美国一直呈增长态势。更重要的是，隔离的、自足式的特殊教育班越来越成为教育者们愿意接受的残疾儿童教育服务模式，并于20世纪50—60年代达到顶峰。隔离式特殊教育发展的原因主要有：第一，随着人类对于残疾病理学的研究以及检测技术的发展，人们习惯于对学生进行"正常/异常"的划分，并发展了针对"异常"的专门检测与治疗、补偿性教育的技术。第二，受社会达尔文主义以及高尔顿的优生学理论的影响，人们认为低能者不仅会导致社会问题，还会将他们有缺陷的基因传递给后代，妨碍人类社会的进化与发展，因此应对他们采取隔离教育与绝育的措施。可见，隔离的特殊教育机构的发展很大程度上来源于人们对于残疾的恐惧而非希望。第三，随着西方义务教育体制的确立，公立学校被迫招收更多样化的儿童，包括有特殊教育需要的儿童，在普通学校设立隔离的特殊班被广泛认为是训练、教育特殊儿童的有效模式。这是因为教师们一般都不愿意那些难驾驭的、有残疾的或者学习能力低下的儿童在普通班学习，教育官员们出于维持学校的秩序、纪律以及高水平的目的，也反对将这些儿童置于普通教室。[③]

总之，公立特殊学校与特殊班在欧洲与美国的迅速发展使特殊教育与普通教育真正成为两个互不相干、平行发展的、独立的职业体系与研究领域。[④]

2. 回归主流的发展使特殊教育与普通教育实现历史性交汇

"二战"以后随着西方社会、政治、经济、文化领域的深刻变化，特殊教育的理论

---

① Ballard, K.. Researching into disability and inclusive education: Participation, construction and interpretation [J]. International Journal of Inclusive Education, 1997, 1(3):243-256.

② Skrtic, T. M.. Behind special education: A critical analysis of professional culture and school organization [M]. Denver, Colo.: Love Pub. Co., 1991.

③ Winzer, M. A.. The history of special education: From isolation to integration[M]. Washington, D. C.: Gallaudet University Press, 1993.

④ Villa, R. A., Thousand, J. S.. Restructuring for caring and effective education: Piecing the puzzle together [M]. Baltimore, Md.: Paul H. Brooks Pub, 2000.

与实践方式也产生巨大的变革。一种全新的教育哲学——“回归主流”,于20世纪70年代在美国茁壮成长,在此基础上发展出来的融合教育(Inclusive Education)思想对全球特殊教育的理论范式与实践模式的变迁产生了重要的影响。总的来说可以从以下几个方面来分析。

第一,从特殊教育领域内部来看,无论是回归主流还是后来的融合教育,其根源都可以追溯到来自斯堪的纳维亚国家提倡的“正常化”(Normalization)教育原则。早在20世纪40年代,丹麦的班克·米尔克森(Bank-Milkkelsen N. E.)就提出了“正常化”的概念,不仅试图改变正规的学校教育,使学校接受各种处境不利的儿童,而且促进残疾人士在社区内经济与社会方面的融合,从而将融合教育扩展到社区。①

1959年,丹麦议会颁布了《智力落后法案》,这个法案后来被称为“正常化法案”。该法案确立了丹麦的残疾人政策与行动的“正常化”原则,即智力落后人士的生活应该能够尽可能地接近正常人的生活方式。“正常化”原则的基本起点是保障残疾人和其他公民平等的权利与义务。概而言之,“正常化”教育原则的基本观念是:残障人士在教育、居住、就业、社会生活、娱乐等方面都应该和正常人尽量相同。它主张改革原来教养院中隔离的封闭形式,将受教养者安置到正常社会环境中学习和生活。②

“正常化”教育原则导致了美国“去机构化运动”(Deinstitutionalization)的产生。“去机构化运动”就是在“正常化”教育原则的指引下,将残疾人从大型的、较为封闭的残疾人医疗养护、康复或教育机构里转向以社区为基础的、较小的、比较独立的生活环境。社区融合——即残疾人对正常的社区生活的平等、全面的参与——成为残疾人服务的主要目标。③ “正常化”教育原则还直接孕育了“最少受限制原则”“回归主流”“融合教育”等新的教育原则、观念与思想。④

第二,“二战”后随着西方人本主义思潮的兴起,激进结构主义、新马克思主义以及人类学、人种志方法随之发展。建构主义逐渐取代实证主义成为揭示社会现

① Daunt, P. Western Europe[A]. In P. Mittler, R. Brouillette, D. Harris. World yearbook of education 1993: Special needs education[M]. London: Kogan Page.,1993:89-100.

② Salend, S. J., Duhaney, G.. The impact of inclusion on students with and without disabilities and their teachers[J]. Remedial and special education,1999,20 (2):114-126.

③ Duvdevany, I., Ben-Zur, H., Ambar, A.. Self-determination and mental retardation: Is there an association with living arrangement and lifestyle satisfaction? [J]. Mental Retardation, 2002, 40 (5):379-389.

④ Poon-McBrayer, K. F., Lian, M. J.. Special needs education: Children with exceptionalities[M]. Hong Kong: Chinese University Press, 2002.

象、人类经验和客观事实的主要范式。① 它重视克服现有社会结构的限制，因为现有社会结构歪曲了人的意识，抑制人的发展与满足；重视对现有文化、价值、规范等意识形态结构的分析并关注它们对人的思想与行为的影响；也重视社会的物质结构与人的分类，如种族、性别、社会经济地位等的划分，因而重视法律、官僚体制、技术与经济等的结构。

建构主义者认为社会现实主要是通过社会互动主观建构与认知的，残疾的产生与境遇受到特定社会政治文化特点的影响。基于建构主义的特殊教育理论与实践主要遵循的是社会学学科范式，认为“特殊教育需要”源于社会分化与分层，是社会不公平现象在特定社会群体身上的复制；现行特殊教育体系是对儿童进行分级划类、区别对待的工具。因此，社会学范式从激进的人本主义理念出发，注重宏观社会的变革，希望通过社会政治、经济等的改革减少不公平现象，主张特殊儿童从特殊学校（班）逐渐回归主流学校与社会。

这些思想为特殊教育新理论的发展提供了宏观的认识论范式基础。Sleeter(1986)认为，残疾是一个“社会建构”，即残疾是由于社会的不平等与社会机制的缺陷导致的。② Ballard(1997)指出，对于残疾的研究与认识以“心理—医学模式”为特点是不够的，应该着重于残疾的社会与政治环境，即残疾并非某种身体器官或功能损伤的结果，而是社会、政治等因素导致的歧视所致。③

第三，回归主流以及后来的融合教育直接起源于美国 20 世纪 50 年代以来的民权运动(Civil Rights Movement)，更远则可以追溯到文艺复兴、法国启蒙运动时期西方追求平等、自由的一系列社会运动。这些社会运动孕育了西方所谓以个人自由、社会平等为价值目标的社会文化基础，也为有特殊需要的人士平等、尊严地参与社会生活以及新的特殊教育理念的诞生提供了动力。④

“二战”以后，美籍黑人的民权运动者提出了“分开就是不平等”的口号，要求不同种族平等参与社会生活。⑤ 美籍黑人争取在政治、教育以及社会生活上的平等

---

① Denzin, N. K. ,Lincoln, Y. S. . Hand-book of qualitative research[M]. Calif: Sage, 1994:11.

② Sleeter, C. E. . Learning disabilities:The social construction of a special education category [J]. Exceptional Children,1986, 53(1):46 - 54.

③ Ballard, K. Researching into disability and inclusive education: Participation, construction and interpretation [J]. International Journal o f Inclusive Education,1997,1(3):243 - 256.

④ Winzer, M. A. The history of special education: From isolation to integration[M]. Washington, D. C. : Gallaudet University Press, 1993.

⑤ Haring, N. G. , McCormick, L. , Haring, T. G. . Exceptional children and youth: An introduction to special education(6th ed.)[M]. New York:Merrill,1994.

权利的运动也鼓励了其他少数族群，残疾人士也加入了这一行列。1964 年因民权运动而通过的《民权法案》(*Civil Rights Acts of 1964*)对美籍黑人以及其他少数族群的公民权提供了保护。这一运动对特殊教育的发展产生了深远的影响：既然分开就是不平等，为什么要将特殊儿童与正常儿童分开教学呢？①

第四，尽管公立特殊学校与特殊班在 20 世纪五六十年代成为残疾儿童的主要教育安置模式，但来自其内部的批评与反对的声音越来越多。越来越多的专业人士认为隔离的特殊教育体系使普通教师能够挑选他们愿意接受的学生的范围与类型，这实际上强化了残疾、异常或者障碍儿童的存在；而特殊班内因教师缺乏培训、课堂内所提供的“打折扣”的课程以及低质量的教学使得学生备受歧视且“标签”更加明显。②

早在 1968 年，美国特殊教育专家 Lioyd Dunn 就发表了他的著名的研究成果：《残疾儿童的特殊教育：它被证明了多少?》(*Special education for the handicapped: is much of it justified?*)。在这个研究中，Dunn 发现：

(1) 没有有力证据显示智力落后学生在隔离的特殊班里的学习表现比在普通班里强；

(2) 特殊班的安置决定所依赖的鉴定程序与标签具有歧视性；

(3) 对智力测验过度依赖导致某些种族后裔，如非洲裔学生，更容易被安置在特殊班。③

Dunn 还抱怨现存的特殊教育体系使普通教育忽视“为那些跟不上普通班进度的学生承担责任”的必要。④ 既然特殊班的教学效果并不比普通班好，还有那么多的负作用，那么，让残疾儿童重返普通班也就理所当然了。Dunn 以及其他学者，例如，Wolfenberger 对“正常化”原则的理论与实践方法进行的推广与提倡，都极大地促进了美国“去机构化运动”(Deinstitutionalization)的产生，同时也孕育了“最少受限制原则”“融合教育”“回归主流”等新的教育原则、观念与思想。⑤

---

① 邓猛. 从隔离到全纳——对美国特殊教育发展模式变革的思考[J]. 教育研究与实验，1999，(4)：41-44，73.

② Winzer, M. A.. The history of special education: From isolation to integration[M]. Washington, D. C.: Gallaudet University Press, 1993.

③ Lipsky, D. K., Gartner, A.. Inclusion and school reform: Transforming America's classrooms[M]. Baltimore, Md: P. H. Brookes Pub. Co, 1997.

④ Crockett, J. B. Kauffman, J. M.. The least restrictive environment: Its origins and interpretations in special education[M]. Mahwah, N. J.; London: Erlbaum, 1999: 129.

⑤ Poon-McBrayer, K. F., Lian, M. J.. Special needs education: children with exceptionalities[M]. Hong Kong: Chinese University Press, 2002: 17.

第五，在民权运动的背景下，与残疾相关的法庭裁决与辩论、专业人士以及家长组织等民间团体的倡议运动促进了回归主流思想的诞生与发展。

美国最高法院于 1954 年对堪萨斯州的布朗告托皮卡市教育局(Brown Vs Board of Education of Topeka)一案进行了判决。这一判决根据美国宪法所规定的公民享有平等权利的精神，明确指出：现行的不同种族(如黑人和白人)“分开而且平等”(separate but equal)的教育是不平等的。法律不仅应该保护儿童受教育的权利，而且应该保证他们受到同等条件的、平等的教育。①

1972 年，宾夕法尼亚弱智人士协会(Pennsylvania Association for Retarded Citizens) 将宾夕法尼亚州政府(Commonwealth of Pennsylvania)告到法院，理由是州教育局没有为智力落后儿童提供教育。该案的胜诉确定了公立学校必须为学龄智力落后儿童提供免费的公立教育。同年，法庭对于米尔斯告哥伦比亚区教育委员会(Mills Vs Board of Education of District of Columbia)的判决为：应对所有残疾(从智力落后延伸到所有类型的残疾人群)儿童提供免费的公立教育，否则违背了美国第 14 次宪法修订案确定的平等保护的精神与按照法定程序进行的原则。这两个法庭案例的裁决事实上确定了“零拒绝”(Zero-reject，即全部接收)的原则，通过法律的手段要求教育当局与行政官员为所有残疾儿童提供免费的、适当的公立教育。②

随着民权运动的发展，更多的与残疾人士相关的联邦法律得以通过并对残疾人士的生活与教育、对全球特殊教育的发展都产生了重要的影响。其中，1973 年的《职业康复法案》(93—112 公法)第 504 条款与 1975 年通过的《所有残障儿童教育法案》(*Education for All Handicapped Children Act*，简称为 94—142 公法或 EHA)对残疾人的生活与教育影响最为重要。特别是 94—142 公法，它以法律的形式总结了 20 世纪 50 年代以来美国回归主流与去机构化运动的成果，成为“残障人士的权利清单”③。94—142 公法规定的个别化教育计划、非歧视性鉴定等五项

---

① McLaughlin, M. J., Fuchs, L., Hardman, M.. Individual rights to education and students with disabilities: Some lessons from U. S. policy[A]. In H. Daniels, P. Garner. Inclusive education: World yearbook of education 1999 [M]. London: Kogan Page, 1999: 24 - 35.

② McLaughlin, M. J., Henderson, K.. Defining U. S. special education into the twenty-first century[A]. In M. A. Winzer, K. Mazurek. Special education in the 21st century: Issues of inclusion and reform[M]. Washington, D. C: Gallaudet University Press, 2000: 41 - 61.

③ Meyen, E. L., Skrtic, T.. Exceptional children and youth (3rd ed.) [M]. Denver: Love Publishing Com., 1988: 23.

原则对残疾人的教育与生活产生了重大的影响。其中，特别重要的有两条：(1)“免费的、适当的、公立的教育”(FAPE)的原则，即学校应向社区所有儿童提供平等教育机会与高质量的教育（也就是零拒绝的原则）；(2) 最少受限制环境的原则（通过“倒金字塔体系”体现）。零拒绝（平等）的原则与最少受限制原则(LRE)以及相对应的多层次服务体系对各国特殊教育的理论与实践都产生了巨大的影响，其中，最少受限制的原则更是可以被直接解读为“回归主流”。[①]

第六，瀑布式特殊教育服务体系的确立。早期的美国特殊教育以隔离的特殊教育学校或机构（19 世纪末）与单独设立的特殊班（20 世纪五六十年代达到顶峰）为主。随着“二战”后民权运动与“去机构化”运动的发展，特殊儿童应尽可能地在正常环境中学习、生活逐渐成为社会的主流观念。1970 年，Deno 提出了一个等级森严的特殊教育安置体系[②]（见图 2－1）。这一体系根据学生的不同残疾与教育需要提供从最少限制的环境（即普通班）到最多限制的环境（即不具备教育性的医院或其他养护性机构）七个层次的安置形式，整个结构形同瀑布，上下贯通，被称为“瀑布式特殊教育服务体系”（以下简称“瀑布式体系”）。因此，最少

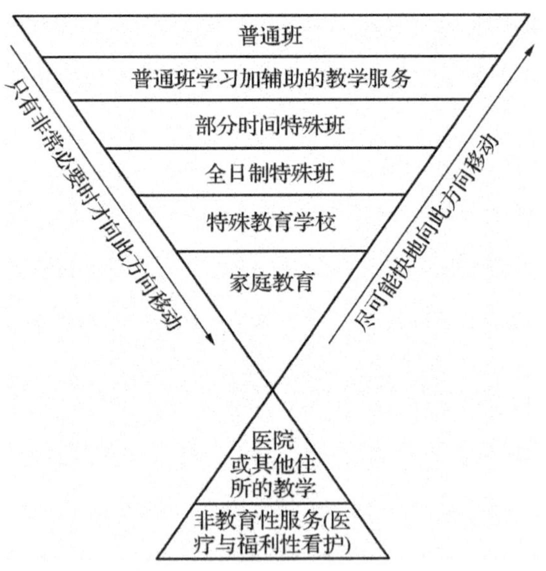

图 2－1　Deno 提出的特殊教育安置体系

---

① US Department of Education. Seventeenth annual report to congress on the implementation of the individuals with disabilities education act[R]. Washington, D. C. : U. S. Government Printing Office, 1995: 21.

② Wyne, M. , O'Connor, P. D. . Exceptional Children: A developmental view[M]. Lexington, Mass. : Heath, 1979: 181.

受限制环境的原则是确定残疾儿童教育安置形式的基本原则。[①] 朴永馨(1996)指出,最少受限制原则,核心是将限制残疾儿童接触健全学生与社会生活的环境因素降到最低程度。因此,残疾儿童的教育要尽可能地将他们安排在与健全学生在一起的环境中进行。确定教育安置形式和制订个别化教育计划时,均应根据教育对象的生理、心理条件,选择最适合其受教育的,并且与外界隔离程度相对最低的教育环境。[②]

1973 年,Dunn 将 Deno 的安置体系加以修改,提供了 8—11 种不同的安置选择,整个体系形状如同倒置的金字塔,这就是人们非常熟悉的"倒三角体系"或"倒金字塔体系"[③]。我国学者朴永馨在其主编的《特殊教育辞典》中以倒三角形的形式对安置体系加以描述[④](见图 2-2),刘全礼以梯形的图式对这一体系进行陈述[⑤](见图2-3)。

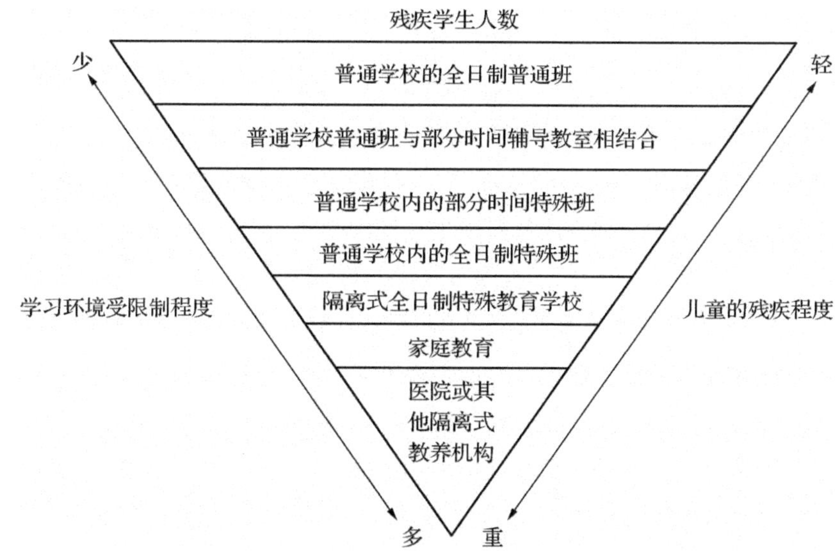

图 2-2　朴永馨提出的特殊教育安置体系

① 邓猛. 从隔离到全纳——对美国特殊教育发展模式变革的思考[J]. 教育研究与实验,1999(4):41-44,73.

② 朴永馨. 特殊教育辞典[M]. 北京:华夏出版社,1996:37-38.

③ Meyen, E. L., Skrtic, T. Exceptional children and youth(3rd ed.)[M]. Denver, Love Publishing Com., 1088.

④ 朴永馨. 特殊教育辞典[M]. 北京:华夏出版社,1996:36.

⑤ 刘全礼. 特殊教育导论[M]. 北京:教育科学出版社,2003:80.

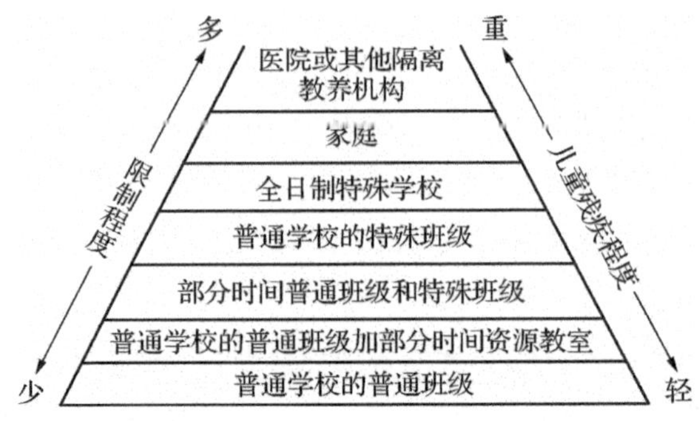

图 2-3　刘全礼提出的特殊教育安置体系

尽管表述各有不同，但一般认为这一体系主要包括：普通班、巡回教师辅导制（农村较多使用）、资源教室、特殊班、特殊学校、家庭或医院等教养机构。根据最少受限制环境的原则，"回归主流"的教育安置是一种具有弹性的层级结构。最少受限制原则因人因时会有所不同。比如，在同一时间对某些特殊儿童而言，其最少受限制的环境可能是特殊学校，对另外一些儿童而言则是资源教室；而在另外的某一时间，最少受限制环境则可能分别是在特殊班或者普通教室。①

根据美国教育部1995年的统计，72%的残疾学生被安置在普通教室里，95%在普通学校就读，而只有5%的残疾学生在特殊学校、寄宿学校或者医疗机构里接受教育服务。② "倒金字塔体系"及最少受限制环境的原则体现了当时"回归主流"的哲学思想，认为存在着普通教育与特殊教育两种不同的、平行的教育体系，应尽可能地使特殊教育需要儿童从塔的底端向顶端移动，即从隔离的环境向主流环境过渡，以实现教育平等、社会公正的理想，从而使特殊教育与普通教育实现交融。

综上所述，94—142公法所规定的"回归主流"的基本原则不仅要求特殊教育改变传统的理念与实践方式，也改变了普通教育对残疾儿童置之不理的状态。"回归主流"使得越来越多的普通学校、教师、管理者以及残疾儿童家长与相关人员参与到特殊教育中来，从而使特殊教育与普通教育实现了前所未有的历史性交汇。

3. 融合教育思想的发展

特殊教育理论是建立在特定社会的政治、经济、文化基础之上的，当某一社会

---

①③④　邓猛. 从隔离到全纳——对美国特殊教育发展模式变革的思考[J]. 教育研究与实验，1999(4)：41-44，73.

②　US Department of Education. Seventeenth annual report to congress on the implementation of the individuals with disabilities education act[R]. Washington, D. C.: U. S. Government Printing Office, 1995.

对残疾、平等等观念发生变化时，特殊教育的基本理论与教育形式也会随之变化。[①]“回归主流”的教育思想不仅使特殊儿童进入普通学校这一趋势在全球范围内得到加强，而且使特殊教育领域讨论的焦点从过去的“教什么”和“怎么教”转移到“哪里教”即教育环境上面来，因为不同的教育环境（即教育安置）会提供不同形式的课程内容以及教学效果。[②] 随着讨论与实践的深入，“融合教育”（Inclusive Education）等思想于20世纪80年代中后期在特殊教育领域兴起，并不断影响世界各国的教育哲学与实践。

虽然全纳教育思想是在“回归主流”的基础上发展起来的，同样倡导“零拒绝”的哲学，但全纳教育并非“回归主流”的自然延伸，相反，全纳教育是在批判、反思“回归主流”教学实践的基础上建立起来的。[③]

“回归主流”与94—142公法所规定的一系列原则不仅要求特殊教育改变传统的办学思想、组织管理与教学方法，也改变了普通教育对残疾儿童不闻不问的状态，使越来越多的普通学校、教师、儿童以及他们的家庭参与到特殊教育中来，从而实现了特殊教育与普通教育前所未有的交叉。[④] 特殊教育教师与普通学校教师共同鉴定孩子的残疾、讨论孩子的潜能与问题、确定孩子的教育安置与个别化教育计划，共同完成对孩子的教学与相关训练，不再是一个遥远的梦想，而成为活生生的现实。但显然，“回归主流”思想以及相对应的“瀑布式特殊教育服务体系”认为应尽可能地使特殊需要儿童从最多限制的环境（即不具备教育性的医院或其他养护性机构）逐步向最少限制的环境（即普通班）过渡，即从隔离的环境向主流环境过渡，使特殊教育与普通教育实现交融，并以实现教育平等、社会公正的理想。[⑤]“瀑布式特殊教育服务模式”本质上仍然是以特殊儿童应该在普通教室以外的、隔离的环境中受教育为前提，是一个等级制的安置体系。它要求特殊儿童必须达到某种预定的标准（鉴定结果）才能到普通教室就读，通过环境限制的分级以及建立相应

---

① Berdine, W. H., Blackhurt, W. E.. An introduction to special education(2nd ed.)[M]. New York: Harper Collins Publishers, 1985: 41.

② Zigmond, N., Baker, J. M.. Concluding comments: Current and future practices in inclusive schooling[J]. Journal of Special Education, 1995, 29(2): 245-250.

③ Skrtic, T. M.. Behind special education: A critical analysis of professional culture and school organization [M]. Denver, Colo.: Love Pub. Co., 1991.

④ Skitic, T. M.. Behind special education: A critical analysis of professional culture and school organization[M]. Denver, Colo.: Love Pub. Co., 1991: 15.

⑤ Berdine, W. H., Blackhurt, W. E.. An introduction to special education(2nd ed.)[M]. New York: Harper Collins Publishers, 1985: 41.

的分级标准将"隔离的环境"(如特殊学校、班)的存在合法化了。[1]

因此,"回归主流"尚未摆脱隔离式教育的束缚[2],特殊教育与普通教育的交汇并未打破二者之间的界限,特殊教育与普通教育体系仍然壁垒森严,各自沿着自己的轨迹发展。即使在同一普通教室里,隔离依然存在:普通教师与特殊教师各行一套,缺乏合作与沟通;普通教师不懂得特殊教育专业知识,遇到问题将学生推给特殊教师或者让其重返特殊班、资源教室甚至特殊学校了事。[3]

大量的研究文献指出,尽管"回归主流"的精神被广泛地接受,但"回归主流"实施的效果并不令人满意。"回归主流"没有能够彻底地改变现有的特殊教育体制,没有"减轻人们对于现有特殊教育体制的官僚、割裂、运转不良等的不满"。因此,94—142公法的颁布是"回归主流"的倡导者们赢得的一个巨大胜利,几乎没有人怀疑它所确定的基本原则与精神。然而,在胜利的气氛尚未消退之前,挫折感就笼罩了特殊教育界:传统特殊教育官僚的、低效率的结构仍然没有改变。[4] 具有讽刺意味的是,阻碍94—142公法得以很好执行的原因正是该法所规定的许多程序。[5] Skrtic(1991)指出:"特殊教育界赢得了立法的胜利,却输掉了实践法律的战役。"[6]

可见,"融合教育"的思想是在批判、反思"回归主流"教学实践的失败的基础上建立起来的。早期倡导"正常化教育发起运动"的比较著名的学者有 W. Stainback 和 S. Stainback (1984) 以及 M. Will (1986)。W. Stainback 和 S. Stainback (1984) 首先对现存的特殊教育与普通教育二者相互隔离、各自平行发展、缺乏合作的双轨制教育体系(dual system) 提出明确的批评,并首次明确叙述了融合的教育观。他们指出正常儿童与残疾儿童的二分法是武断的、不合理的,因而也是不应该存在的。而且没有足够的证据显示特殊教育需要使用或者已经使用与普通教育截然不同的教学方法,因此现存的特殊教育体系是多余的、低效率的,它限制了特

---

① Lipsky, D. K., Gartner, A.. Inclusion and school reform: Transforming America's classrooms[M]. Baltimore, Md: P. H. Brookes Pub. Co., 1997.

② 邓猛. 双流向多层次教育安置模式、全纳教育以及我国特殊教育发展格局的探讨[J]. 中国特殊教育,2004(6):3-8.

③ 邓猛. 从隔离到全纳——对美国特殊教育发展模式变革的思考[J]. 教育研究与实验,1999(4):41-44,73.

④ Daniel, L. G., King D. A.. Impact of inclusion education on academic achievement, student behavior and self-esteem, and parental attitudes[J]. Journal of Educational Research, 1997, 91(2): 67-80.

⑤ Gartner, A., Lipsky, D. K.. Beyond special education: Toward a quality system for all students[J]. Harvard Education Review, 1987, 57(4): 367-395.

⑥ Skrtic, T. M.. Behind special education: A critical analysis of professional culture and school organization [M]. Denver, Colo.: Love Pub. Co., 1991.

殊儿童对普通教室课程与教学的选择。所以特殊教育与普通教育应该“重新组合、建构、融合为一个统一的教育体系以满足所有儿童的学习需要”[①]。美国教育部前助理行政长官 M. Will 于 1986 年提出，现有的“回归主流”教育体系存在着四个方面的问题：① 不全面的鉴定与障碍类别的划分导致特殊教育计划的效率低下。② 双轨制导致特殊教育与普通教育的各自平行发展，二者不能很好地合作、协调以满足学生的特殊教育需要。③ 等级制服务体系中儿童仍然容易被隔离并受到歧视。④ 家长和学校教师经常对儿童的教育安置，即儿童应该在哪一等级中受教育，有着不同的见解，因而容易造成冲突。

融合教育的思想自 W. Stainback 和 S. Stainback (1984) 明确提出以来就成为特殊教育领域内讨论最热烈的焦点。1994 年联合国教科文组织在西班牙召开世界特殊教育会议，并发布行动纲领，呼吁各国在平等的基础上发展融合学校并通过家长、学校和社区的共同努力以保障特殊儿童接受高质量的、平等的教育，并号召所有政府“以法律或方针保证融合教育原则的采用，将所有儿童招收进普通学校……融合学校的基本原则是：在一切可能的情况下，全体儿童应该在一起学习，无论他们有何困难或差异。融合学校必须认识到和照顾到学生之间的不同需要，顺应不同的学习类型和学习速度，通过适宜的课程、组织安排、教学策略、资源利用及社区合作，确保面向全体学生的教育质量……在融合学校里，有特殊教育需要的儿童应该得到他们可能需要的各种额外支持，以保证对他们的教育效果”[②]。这一行动纲领不仅使融合教育成为一个全球讨论的议题，同时也为各个国家确立融合的教育目标、制定相关政策提供了依据与动力。[③]

尽管许多国家都将全纳作为其特殊教育发展的理想或终极目标，以及相关政策制定的理论依据，但实际上人们对于全纳教育是什么仍然存在着不同的观点。全纳是基于满足所有学生的多样化 (diverse)需要的信念，在具有接纳、归属和社区感文化氛围的邻近学校内的高质量、年龄适合的班级里为特殊儿童提供平等接受高效的教育与相关服务的机会。与其说融合教育是一个准确的教育学术语，倒不如说它是人们的一种美好的教育理想、价值追求，亦或是一种教育哲学思潮。

---

① Stainback, W., Stainback, S.. A rationale for the merger of special and regular education[J]. Exceptional Children, 1984, 51(2): 102-111.

② 国家教育委员会基础教育司. 特殊教育文件选编 1990—1995[M]. 北京：华夏出版社，1995：609-615.

③ Booth, T., Aniscow, M.. From them to us: An international study of inclusion in education[M]. London: Routledge, 1998: 13.

首先，融合即全部接纳，它基于满足所有学生多样化需要的信念，在普通学校适合儿童年龄特征的教育环境里教育所有的儿童①；所有学生，无论种族、语言能力、经济状况、性别、年龄、学习能力、学习方式、族群、文化背景、宗教、家庭背景以及性倾向有何不同，都应该在主流的教育体系中接受教育②。融合的核心价值观念就是平等、个别差异、多元等后现代主义哲学崇尚的基本价值观。

其次，融合教育者持激进的平等观，支持后现代主义对西方启蒙时代以来文化与科学激进的否定，对传统的以封闭、隔离与等级为特征的特殊教育服务模式持完全否定的态度，其目的就是要彻底告别隔离的、等级制教育体系的影响，使特殊教育与普通教育真正融合成为统一的教育体系③；认为基于心理—医学与行为主义科学的实证研究不能解释残疾，残疾只是可以被取消或解构的社会建构④；在学校接受教育的只有一个类别，那就是学生，用正常/异常二分法简单划分学生是不公平的，也是无效的。因此，融合教育者赞成异质平等的后现代观，承认学生的个别差异是普遍存在的，每一个儿童都有独一无二的个人特点、兴趣、能力和学习需要。⑤ 融合教育者希望解构传统的"金字塔"等级制特殊教育体系，认为根据残疾程度的不同决定教育环境、根据诊断儿童异常的程度来决定儿童生存环境受限制的程度（即隔离的程度），本身就违背了回归主流本身所追求的教育平等的理想与"零拒绝"的哲学，是不公平的等级制度。⑥ 融合教育就是要打破教育中存在的等级，改革官僚性质、从上而下的学校管理体制；消除特殊教育与普通教育相互隔离、缺乏合作的二元体制，通过学校改革与资源重组，建立整合的、公平的学校体制；特殊教育与普通教育应该"重新组合、建构、融合为一个统一的教育体系以满足所有儿童的学习需要"⑦。

---

① Bailey J，du Plessis D.. An investigation of school principal's attitudes toward inclusion [J]，Australasian Journal of Special Education，1998，22(1)：12-29.

② Sage D.，Burrello L. C.. Leadership in educational reform：An administrator's guide to changes in special education [M]. Baltimore，MD：Paul H. Brooders，1994：11-15.

③ Stainback，W.，Stainback，S.. A rationale for the merger of special and regular education[J]. Exceptional Children，1984，51(2)：102-111.

④ Kauffman，J. M.. Commentary：Today' s special education and its messages for tomorrow[J]. The Journal of Special Education，1999，32(4)：244-254.

⑤ Sage，D.，Burrello，L. C.. Leadership in educational reform：An administrator' s guide to changes in special education[M]. Baltimore，MD：Paul H. Brooders，1994：33.

⑥ 邓猛. 从隔离到全纳——对美国特殊教育发展模式变革的思考[J]. 教育研究与实验，1999(4)：41-44，73.

⑦ Stainback，W.，Stainback，S.. A rationale for the merger of special and regular education[J]. Exceptional Children，1984，51(2)：102-111.

最后,“尊重多元”是融合教育的核心观点。融合教育者认为:在现代理性与精英文化背景下,残疾是社会政治活动的产物,是文化压制的结果①;传统的特殊教育分类、诊断、教学等知识与技能体系即是这种文化与政治体制下的产物,残疾是由于学校没有能力应对学生多元化的结果,而非学生本身的不足②。学校应该尊重日趋多样的学生群体与学习需求,多元化带给学校的不应该是压力,而应该是资源。③ 因此,学校应达成所有的儿童都有学习能力与获得成功的权利的共识,学校应成为每一个儿童获得成功的地方,不能因为学生的残疾与差别而对他们进行排斥与歧视。④

总的来说,相对于传统的隔离制特殊教育而言,融合教育的思想使特殊教育的基本理论假设发生了根本性的变化。

(1) 认为个别差异是自然存在的,所有的儿童都有学习能力与获得成功的权利。⑤

(2) 特殊教育与普通教育体系应融合成为单一的、整合的系统,使普通学校能够为社区内所有儿童提供高质量的、适合儿童不同学习特点的、没有歧视的教育。⑥

(3) 特殊儿童本来就应该属于普通教室,他们有权在普通教室接受高质量的、适合他们自身特点的、平等的教育,他们应该在普通教室而非“抽出”(pull-out)接受必需的支持与服务。

(4) 对学生进行鉴定、划分类别的做法会导致对学生的歧视与不平等,反对导致歧视、隔离的标签的使用,认为用正常/异常的二分法标准划分儿童是武断的做法;应对学生进行弹性的、基于学生教育需要与实际表现的、个别化的鉴定与评估。

综上所述,西方(以美国为代表)的特殊教育发展经历了隔离式特殊教育机构、特殊班、“回归主流”(瀑布式教育服务体系)、全纳教育的范式的变换。这一过程是从拒绝到接受与安置、从隔离到“回归主流”、从普通与特殊教育双轨制到整合的教

---

① Sasso, G. M.. The retreat from inquiry and knowledge in special education[J]. Journal o f Special Education 2001,34(4):178-193.

② Sleeter, C. E.. Learning disabilities:The social construction of a special education category[J]. Exceptional Children, 1986,53(1):46-54.

③ Salend, S. J.. Effective mainstreaming:Creating inclusive classrooms(3rd ed.)[M]. New Jersey: Prentice-Hall, Inc, 1998:57-58.

④ Skrtic, T. M.. Behind special education: A critical analysis of professional culture and school organization[M]. Denver, Colo.: Love Pub. Co, 1991:78-79.

⑤ Stainback, W., Stainback, S.. A rationale for the merger of special and regular education[J]. Exceptional Children,1984,51(2):102-111.

⑥ Booth,T.,Aniscow,M.. From them to us:An international study of inclusion in education[M]. London: Routledge, 1998:32.

育安置体系，并逐渐走向全纳与融合的过程。① 因此，融合教育理论是建立在西方社会的政治、经济、文化基础之上的，有着深厚的文化和社会基础。融合教育是在隔离式教育发展到一定阶段，特殊儿童义务教育已得到实现的基础上发展起来的。从隔离教育到"去机构化"运动，再到"回归主流"、融合教育，每一个环节的发展都是建立在对前一运动的继承和批判的基础上的；其目的是保证特殊儿童与正常儿童一样平等地在普通学校接受"免费、适当"的教育。尽管融合教育的效果没有为实证研究所证明，它却成功地导致了对传统的隔离式特殊教育体系的完全否定，并顺理成章地占领了特殊教育领域的理论与伦理的制高点，成为全球特殊教育发展的主要趋势。②

二、西方特殊教育安置体系的争论

1. 关于"回归主流"的争论

从西方特殊教育发展历史过程我们可以看出，20 世纪 60 年代在美国兴起的"回归主流"运动主要受两个方面的因素的推动。

其一为社会政治的力量，即以民权运动为代表的西方社会价值观念的改变，使残疾人回归正常环境成为全社会的伦理与道德的诉求。许多学者在大众媒体上描述了智力落后与其他行为问题儿童在隔离机构中可怕的生活条件与待遇，引起了公众对于智力落后以及其他类型残疾人生活状况的极大关注，并最终导致"去机构化"运动的产生。③ 美式理想主义价值观如平等、个性自由、多元等奠定了"回归主流"的哲学与社会基础，机会均等与平等参与成为包括残疾人在内的所有公民不可剥夺的权利。

其二是人们对于特殊教育各种实践方式的效率的研究与认识。隔离式的特殊教育体制成为人们广泛批评的对象。Dunn 批评传统的特殊教育模式带有族群偏见，教学实践效果不佳，社会效益欠缺。④ 著名的加拿大籍特殊教育学者 Wolfensberger 通过在美国《智力落后》(*Mental Retardation*)杂志上发表的一系列

---

① Reynolds, M. C.. An historical perspective: The delivery of special education to mildly disabled and at-risk students[J]. Remedial and Special Education, 1989, 10(6): 7－11.

② 邓猛，肖非. 隔离与融合：特殊教育范式的变迁[J]. 华中师范大学学报：人文社会科学版，2009(4)：134－140.

③ Winzer, M. A.. The history of special education: From isolation to integration[M]. Washington, D. C.: Gallaudet University Press, 1993: 378.

④ Dunn, L. M.. Special education for the mildly retarded—Is much of it justifiable? [J]. Exceptional Children, 1968, 35(1): 5－22.

关于欧洲智力落后教育理论、方法的介绍，使“正常化”原则在美国特殊教育界得到广泛的传播。[①][②]还有许多学者通过他们的研究证明“回归主流”的积极效果与伦理上的合理性，并通过游说和呼吁推动“回归主流”运动的发展。Reynolds 倡导建议从“最少限制”(least restrictive)到“最多限制”(most restrictive)的特殊教育安置连续体(continuum)。Deno 于 1970 年提出最少受限制环境的概念，在 Reynolds 的基础上发展了“瀑布式特殊教育安置服务体系”[③]。从此，最少受限制环境的原则(LRE)成为“回归主流”的基本框架与政策指南，其合理性似乎是不证自明，很少受到人们的怀疑和批判。

只有少数的学者对“回归主流”进行反思与批判。Bronston 认为 LRE 及其相对应的“瀑布式特殊教育服务体系”是有缺陷的，它使人们关注的是“住所的安置”(housing continuum)而非“教育的安置”(program continuum)，残疾儿童的教学需求反而受到忽视。[④] Kauffman 指出，“回归主流”为残疾学生提供了与正常儿童交流的真实环境，但其教学有效性没有得到证明。[⑤] Jenkins 和 Heinen 对不同的特殊教育安置模式进行了实证调查研究，认为“回归主流”过多地关注环境的变化，对于残疾学生的教学调整、支持以及教师的培训等关键要素重视不够，因此使得普通教室内的教学更加复杂与脆弱。[⑥] Miller 等对过去“回归主流”的文献进行了检索与分析后发现，相关理论研究注重“回归主流”的合理性分析，对具体教学策略的研究有所忽略；实证研究主要针对教师态度和学生行为进行调查，对学生的学业进步缺乏深入研究。[⑦]

在 20 世纪 60 年代的历史背景下，“回归主流”的思想对于传统的社会价值观以及教育体系的挑战并不亚于今天全纳教育对现有体制的冲击。但是，“回归主

---

① Wolfensberger, W.. Some obserbations on European programs for the mentally retarded [J]. Mental Retardation, 1964(2): 280 - 285.

② Wolfensberger, W.. General obserbations on European programs[J]. Mental Retardation, 1965(3): 8 - 11.

③ Reynolds, M. C.. An historical perspective: The delivery of special education to mildly disabled and at-risk students[J]. Remedial and special education, 1989, 10(6): 7 - 11.

④ Bronston, W. Matters of design[A]. In T. Apoiioni, J. Cappuccilli, T. P. Cooke. Towards excellence: Achievements in residential services for persons with disabilities[M]. Baltimore: University Park Press, 1980: 1 - 17.

⑤ Kauffman, M. J., Gottlieb, J., Agard, T. A., Kukic, A.. Mainstreaming: Toward an explication of the construct[J]. Focus on Exceptional Children, 1975, 7(3): 1 - 13.

⑥ Jekins, J. R., Heinen, A.. Students' preferences for service delivery: Pull-out, in-class, or integrated models[J]. Exceptional Children, 1989, 55(6): 516 - 526.

⑦ Miller, K., Fullmer, S. L., Walls, R. T.. A dozen years of Mainstreaming literature: A content analysis [J]. Exceptionality, 2004, 6 (2): 99 - 109.

流”在特殊教育专业领域内的境遇比今天的全纳教育却要好得多。尽管“回归主流”也导致了支持与反对者的分野，其反对的声音却比全纳教育要微弱得多。这是因为“回归主流”主要是一个社会性质的运动，它为民权运动时代下特定的社会价值观念与政治运动所推动，并没有通过严密的科学/实证研究所证明并推广。其价值诉求多于对实践的改变，哲学信念多于实证研究的支撑。①

然而，哲学信念并非总能够以胜利的姿态转化为现实。“回归主流”的效率迄今为止没有得到明确的证明。普通班级与特殊班级对于残疾学生孰好孰坏，并没有明确的答案，有的只是各执一词。研究者并没有对“回归主流”可能存在的理论缺陷、伦理的挑战以及实践效果等方面存在的问题进行充分的实证调查与研究。人们对于“回归主流”的支持与倡导更多的是追求社会与伦理的综合效益，追求的是对社会歧视和排斥的摒弃，对平等权利的执着的追求。因此，“回归主流”更多的是一个解决问题的策略与实践方式，其理论框架与基础并不牢固。Skrtic 指出，“回归主流”的支持者并不怀疑现有的普通教育体系及其结构，他们只要求普通教育能够接纳残疾儿童入学，因此没有对普通教育体系的变革产生革命性的影响。②

2. 关于融合教育的争论

(1) 完全融合与部分融合的分野。

融合教育运动在特殊教育领域引起人们激烈的争论，并且将特殊教育领域分为相互对立的两个阵营，即融合教育的支持者与反对者。然而，随着融合教育在各种游说活动以及政治推动下的迅猛发展，融合教育的坚决反对者逐步退让，争论的焦点从原来的“特殊儿童能否被融合”转向“特殊儿童应该如何融合”：应该以比较激进的方式完全容纳进普通教室，即“完全融合”(full inclusion)，还是以比较缓和、渐进的方式进行有选择的融合，即“部分融合”(selective inclusion)？特殊教育专业人士和相关社会团体也因此被划分成为相互对立的两大派别。多数支持“回归主流”的专业人士很快就成为“完全融合教育”的发起者与拥护者，如著名的融合

① Winzer, M. A.. The history of special education: From isolation to integration[M]. Washington, D. C.: Gallaudet University Press, 1993: 384.

② Skrtic, T. M.. The crisis in special education knowledge: A perspective on perspective[J]. Focus on Exceptional Children, 1986, 18(7): 1-16.

教育发起者 S. Stainback 和 W. Stainback①,D. K. Lipsky 和 A. Gartner②,M. C. Reynolds③ 等。而多数反对 REI 的人后来则成为"部分融合教育"的倡导者,比较著名的有 J. M. Kauffman,D. Fuchs 和 L. S. Fuchs 等。他们的争论并不在于融合教育的基本理念和目标,而是主要围绕着这些理念和目标能否在普通教室里实现。④

完全融合是指对特殊儿童进行全日制的普通教室安置。它是一种单一的安置形式,认为不应该根据儿童的残疾、障碍程度来安排他们在普通教室学习的时间,而应该在普通教室里满足所有学生的学习需要,普通教师应该在特殊教育专业人士的支持下承担教育特殊儿童的主要责任。⑤ 综合起来看,完全融合教育的支持者们主要有以下观点。

① 将特殊儿童抽出进行教育及对他们使用标签 (label)的做法应该被取消,因为这些做法是低效率的,而且从本质上说是不公平的。⑥

② 所有的儿童都有学习和成功的能力,学校应为他们的成功提供足够的条件。⑦

③ 所有的儿童都应该在邻近学校内的高质量 (high quality)、年龄适合(age-appropriate)的普通班级里平等地接受教育。学校必须成为适应所有儿童多样化学习需要的场所。⑧

④ 应该让特殊儿童在具有接纳、归属、社区感的氛围中接受教育。⑨

---

① Stainback, S., Stainback, W.. Schools as inclusive communities[A]. In W. Stainback, S. Stainback. Controversial issues confronting special education: Divergent perspectives[M]. Boston: Allyn & Bacon,1992:29-44.

② Lipsky, D. K., Gartner, A.. Inclusion and school reform: Transforming America's classrooms[M]. Baltimore, Md: P. H. Brookes Pub. Co, 1997.

③ Reynolds, M. C.. An historical perspective: The delivery of special education to mildly disabled and at-risk students[J]. Remedial and special education, 1989,10 (6):7-11.

④ Nelson,J., Ferrante, C., Martella, R.. Children's evaluations of the effectiveness of in-class and pull-out service delivery models[J]. International Journal of Special Education,1999,14(2):77-91.

⑤ Zionts,P.. Inclusion strategies for students with learning and behavior problems: Perspectives, experiences, and best practices[M]. Austin,Tex:Pro-Ed,1997:16.

⑥ Nelson,J., Ferrante, C., Martella, R.. Children's evaluations of the effectiveness of in-class and pull-out service delivery models[J]. International Journal of Special Education,1999,14(2):77-91.

⑦ Villa,R. A., Thousand, J. S.. Creating an inclusive school[M]. U. S.: Association for supervision and curriculum development,2000:195.

⑧ Sage, D. D., Burrello, L. C.. Leadership in educational reform: An administrator's guide to changes in special education[M]. Baltimore,MD. Paul H. Brooders,1994:24.

⑨ Salend, S. J.. Effective mainstreaming: Creating inclusive classrooms(3rd ed.)[M]. New Jersey: Prentice-Hall, Inc. 1998:78.

⑤ 在普通教室里，特殊儿童通过教育工作者之间的合作教学、学生之间的伙伴学习以及所提供的各种相关服务而获益。[①]

在完全融合教育者的眼里，融合教育是不需经过任何经验或研究的实证的，它是一种崇高的道德、伦理上的追求。[②]

部分融合即让特殊儿童部分时间在普通教室学习，它假定普通教室安置并不适合所有的特殊儿童，完全融合只是一系列特殊教育服务形式中的一种选择。[③]因此，部分融合倡导者支持等级特殊教育服务体系（The Continuum of Special Education Services），尤其是资源教室的存在，提供从最多限制（隔离的学校或机构）到最少限制（普通教室）的多种教育安置选择。[④]

部分融合教育支持者对完全融合教育的批判集中于对完全融合教育最基本的假设，即所有的儿童都能在普通教室里接受最适合他们的教育。部分融合教育者认为这是一种"一刀切"，"用一个框框量所有儿童"（one size for all）的做法。[⑤] 他们认为在同一普通教室里，能力强的儿童可能会经常因内容简单而厌倦，而有特殊教育需要的学生却因赶不上教学的平均进度而焦虑。[⑥] 而且，完全融合教育者对特殊儿童社会适应方面的发展太过重视，很容易将他们的学业成绩作为次要的任务。部分融合教育者因此认同等级制特殊教育服务体系的作用，相信特殊儿童的安置选择应以儿童障碍的性质与严重程度为基础。Fuchs D. 和 Fuchs L. 指出普通教育没有具备以下两种能力：① 通过为学生提供成功的学习体验以适应儿童的多元需要；② 为学生提供所需的社会交往经验。[⑦] 在他们的论文《特殊教育有什么特殊》(*What's Special about Special Education*)中，Fuchs D. 和 Fuchs L. 指出，"特殊教育的

---

① Cook, B., Semmel, M., Gerber, M.. Attitudes of principals and special education teachers toward the inclusion of students with mild disabilities[J]. Remedial and special education, 1999,20(4):199-207.

② Lipsky, D. K., Gartner, A.. Inclusion and school reform: Transforming America's classrooms[M]. Baltimore, Md: P. H. Brookes Pub. Co, 1997.

③ Zionts, P.. Inclusion strategies for students with learning and behavior problems: Perspectives, experiences, and best practices[M]. Austin, Tex: Pro-Ed, 1997:16.

④ Smith, T. C., Polloway, E. A., Patton, J. R., Dowdy, C. A.. Teaching students with special needs in inclusive settings(3rd ed.)[M]. Boston: Allyn and Bacon, 2001.

⑤ Lewis, R. B., Doorlag, D. H.. Teaching special students in the mainstream(4th ed.)[M]. Englewood Cliffs, N. J.: Merrill. 1995:34.

⑥ Daniel, L. G., King, D. A.. Impact of inclusive education on academic achievement, student behavior and self-esteem and parental attitudes[J]. The Journal of Educational Research, 1997, 91(2):67-80.

⑦ Fuchs, D., Fuchs, L. S.. Inclusive schools movement and the radicalization of special education reform[J]. Exceptional Children, 1994, 60(4):294-309.

特殊性在许多方面都是有效的，它的许多独特性可能是普通教育永远都无法比拟的"[①]。

（2）融合教育的效率之争。

完全融合与部分融合的分野虽然导致了特殊教育理论、实践及专业人员之间的分裂，但是，这种分裂与争论推动了特殊教育各种安置模式效率的研究及相关讨论，为融合教育的理论基础与实践体系的构建奠定了基础。相关的研究与讨论主要集中在以下几个方面。

① 道德伦理的诉求。

绝大多数融合教育的倡导者认为融合教育是一种崇高的道德、伦理上的追求，它不需要经过任何经验或研究的实证证明。例如，W. Stainback 和 S. Stainback 首先对现存的特殊教育与普通教育二者相互隔离、各自平行发展、缺乏合作的双轨制教育体系（dual system）提出明确的批评，并首次明确论述了融合的教育观。他们指出正常儿童与残疾儿童的二分法是武断的、不合理的，因而也是不应该存在的，而且没有足够的证据显示特殊教育需要使用，或者已经使用与普通教育截然不同的教学方法，因此现存的特殊教育体系是多余的、低效率的，它限制了特殊儿童对普通教室课程与教学的选择。所以，特殊教育与普通教育应该"重新组合、建构、融合为一个统一的教育体系以满足所有儿童的学习需要"[②]。

美国教育部前助理行政长官，M. Will 于 1986 年提出，现有的"回归主流"教育体系存在着四个方面的问题。其一，不全面的鉴定与障碍类别的划分导致特殊教育计划的效率低下。其二，双轨制导致特殊教育与普通教育各自平行发展，二者不能很好地合作、协调以满足学生的特殊教育需要。其三，等级制服务体系中儿童仍然容易被隔离并受到歧视。其四，家长和学校教师经常对儿童的教育安置，即儿童应该在哪一等级中受教育，有着不同的见解，因而容易造成冲突。[③]

1994 年，联合国教科文组织在西班牙召开世界特殊教育会议，会上各国达成的《萨拉曼卡宣言》确定了全纳教育的基本理念与原则，体现了美式理想主义的特殊教育目标：每一个儿童都有受教育的基本权利；每一个儿童都有独一无二的个人特点、兴趣、能力和学习需要；有特殊教育需要者必须有机会进入普通学校……实

① Fuchs, D., Fuchs, L. S.. What's special about special education[J]. Phi Delta Kappan, 1995, 76(7): 522 - 530.

② Stainback, W., Stainback, S.. A rationale for the merger of special and regular education[J]. Exceptional Children, 1984, 51(2): 102 - 111.

③ Will, M. C.. Educating students with learning problems—A shared responsibility[R]. Washington, DC: Office of Special Education and Rehabilitative Services, US Department of Education, 1986.

施此种全纳性方针的普通学校，是反对歧视、创造欢迎残疾人的社区、建立全纳型社会和实现人人受教育的最有效途径。①

不难发现这些表述的特点是充满了绝对主义的语言，大量使用“每一个”“必须”“都有”等完美主义的陈述表达极端平等主义的道德诉求。理想主义思潮下的全纳教育充满修辞的夸张与伦理的制高点，与其说是一个准确的教育学术语，倒不如说是人们的一种美好的教育理想、价值追求；与其说是一种系统的教育理论或思潮，不如说是一种崇高的道德追求，其理想高渺而美好，近乎完美。全纳教育者将所有美好的愿望寄予全纳学校，然而，全纳学校是否能够提供如此美好的前景，怎样的学校才能算是全纳学校，这些问题还缺乏实证研究的有效证明。②

从各国融合教育实际的执行情况来看，理想多于现实、信念多于实践；很难为人们的特殊教育实践与教学提供准确的、具有操作性的指导。即使在那些融合教育起步较早的、较为发达的国家，对融合教育效果也缺乏有说服力的研究结果。多数的特殊教育专业人士都倾向于认为完全全纳的观点过于极端化、理想化。Thomas，Walker 和 Webb 指出融合教育的理念表达虽然辞藻华丽，非常吸引人，但缺乏实证研究的证明。③ 例如，Low 指出：“对全纳的追求是一种幻觉，它完全是一个乌托邦式的概念” ④；Croll 和 Moses 也认为“全纳作为一种教育理想在道德上高高在上，但是在日常的教育教学活动中却缺乏保障”⑤。

② 态度与信念。

融合教育首先是一种态度，一种价值和信仰系统，而不是一个或一系列行为。⑥ 融合教育最初、最根本的目标就是改变教育者的态度与观念。自融合教育的观念出现以来，各国特殊教育研究者做了大量的关于融合教育态度方面的研究。澳大利亚学者 Foreman 就认为：积极的态度加上适当的教学方法就等于全纳教育。⑦

Cook，Semmel 和 Gerber 表明校长的态度对于全纳教育政策的制定与实施有

---

① UNESCO. The Salamanca Statement and Framework for Action on Special Education. Adapted by the World Conference Special Needs Education Access and Quality，Salamanca，Spain，June，1994.

② 邓猛，肖非. 全纳教育的哲学基础：批判与反思[J]. 教育研究与实验，2008(5)：18－23.

③ Thomas，R. M.. Conducting educational research：A comparative view[M]. Westport，Conn.：Bergin&Garvey，1988：19.

④ Low，C.. Point of view：Is inclusivism possible? [J]. European Journal of Special Needs Education，1997，12 (1)：71－79.

⑤ Croll，P.，Moses，D.. Ideologies and utopias：Education professionals' views of inclusion[J]. European Journal of Special Needs Education，2000，15 (1)：1－12.

⑥ Villa，R. A.，Thousand，J. S.. Restructuring for caring and effective education：Piecing the puzzle together[M]. Baltimore，Md.：Paul H. Brooks Pub，2000.

⑦ Foreman，P.. Integration and inclusion in action[M]. Sydney：Harcourt Brace，1996：12.

着决定性的影响，他们积极的态度推动了近年以来全纳教育的发展。[①] Salend 和 Duhaney 指出教育者对于全纳教育的态度受到包括残疾类型与程度、获得的支持与资源、教学调整以及教学经验与培训等多种因素的影响。[②] 许多研究认为普通教师对全纳教育持消极态度。Coates 认为普通教师拒绝全纳教育项目，倾向于将残疾学生置于资源教室接受补救性质的教育与训练。[③] Idol 和 West 的研究表明，普通教师对于全纳教育的效果持怀疑态度，并对全纳教育政策实施的可能性信心不足。[④] Scruggs 和 Mastropieri 的调查结果发现，虽然被调查的普通教师中有 2/3 支持在普通课堂安置残疾学生，但只有 1/3 或更少的教师报告说他们有时间、专业学识、训练或者资源以便有效地实施融合教育。[⑤] 也有许多研究证明相关人士对于全纳教育持积极的态度。例如，Villa 等调查了 680 名普通教师和特殊教育教师，结果表明他们对于全纳教育持支持的态度。[⑥] Minke 等调查了美国一个郊区学区的 493 名教师，认为特殊教师与普通教师对于全纳教育的教学效果持满意态度。[⑦] 然而，相当多的研究表明，教育者对于全纳教育观念总体上持支持的态度，但对于其实效则非常谨慎。Semmel 等发现，普通教师都赞成残疾儿童有权在普通教室平等地接受教育，但大多数教师认为普通教室的教学并不能满足这些学生的需求。[⑧] Scott, Vitale 和 Masten 发现，普通教师对全纳环境下教学改革的需求与效果都表达了乐观的态度，但在他们实际教学中却很少针对残疾学生进行教学的调整，他们普遍缺乏相关的知识与训练。[⑨]

---

① Cook, B., Semmel, M., Gerber, M.. Attitudes of principals and special education teachers toward the inclusion of students with mild disabilities[J]. Remedial and special education, 1999, 20(4): 199 - 207.

② Salend, S. J., Duhaney, G.. The impact of inclusion on students with and without disabilities and their teachers[J]. Remedial and special education, 1999, 20 (2): 114 - 126.

③ Coates, R. D.. The regular education initiative and opinions of regular classroom teachers[J]. Journal of Learning Disabilities, 1989, 22(9), 532 - 536.

④ Idol, L., West, J. F.. Effective instruction of difficult-to-teach students: An in-service and pre-service professional development program for classroom, remedial and special education teachers[M]. Austin, Tex.: Pro-ed, 1993.

⑤ Scruggs, T. E., Mastropieri, M. A.. Teacher perceptions of mainstreaming/inclusion, 1958—1995: A research synthesis[J]. Exceptional children, 1996, 26 (1): 5 - 18.

⑥ Villa, R. A., Thousand, J. S., Meyers, H., Nevin, A.. Teacher and administrator perceptions of heterogeneous education[J]. Exceptional Children, 1996, 63 (1): 29 - 45.

⑦ Minke, K. M., Bear, G. G., Deemer, S. A., Delaware, S. M.. Teachers' experiences with inclusive classrooms: Implications for special education reform[J]. The Journal of Special Education, 1996, 30 (2): 152 - 186.

⑧ Semmel, M. I., Abernathy, T. V., Butera, G., Lesar, S.. Teacher perceptions of the regular education initiative[J]. Exceptional Children, 1991, 58 (1): 9 - 24.

⑨ Scott, B. J., Vitale, M. R., Masten, W. G.. Implementing instructional adaptations for students with disabilities in inclusive classrooms[J]. Remedial and Special Education, 1998, 19 (2): 106 - 119.

可见，对于全纳教育态度与信念的研究结果差异较大。研究结果也表明相关人士对于融合教育的态度迥异。这正好为融合教育的支持者与反对者都提供了便利，他们能够各取所需，找到对自己有利的证据来捍卫自己的立场。①

③ 学业进步。

从西方关于全纳教育的研究来看，判断不同特殊教育安置模式的效率主要依据两个方面：学生能否在社会交往能力的发展与学业成绩方面取得进步②。有一些研究证明，全纳教育对于残疾儿童的学业发展有积极的作用。例如，Banerji 和 Dailey (1995) 使用质性和量性研究方法对 13 名学习障碍小学生及 17 名成绩中等的同班同学进行比较，研究全纳教育对学习障碍学生学业进步的影响。他们发现，学习障碍学生在接受全纳教育达 3 个月后，在阅读和数学方面的学习进步与正常儿童相似。③ Carlson 和 Parshall 引用密歇根州立教育署 1989 至 1993 年的数据并对教师及教学顾问进行采访，对 51 624 名重返普通教室的残疾学生的学习适应情况进行调查，发现大部分残疾学生取得了好成绩。④ Hunt 和 Goez 也认为重度残疾学生在全纳环境下能够取得更好的学业进步。⑤

但是，西方多数研究都得出类似的结论，认为特殊儿童在全纳学校里社会发展与自信方面都进步明显，而在学业进步即教学有效性方面的结果并不能令人满意。⑥ 例如，Baker 和 Zigmond 的研究表明，在全纳教育环境下，有效教学的某些关键要素被忽视了，教学调整与监控经常出现问题，因此全纳教育并不与学生的学业进步有实质性的关联。⑦ Marston 使用基于课程的评价模式对融合教育以及其他教育模式下残疾学生的学业进步进行比较。结果表明在混合模式（普特结合）下残

① Padeliadu, S., Lampropoulou, V.. Attitudes of special and regular education teachers towards school integration[J]. European Journal of Special Needs Education, 1997,12 (3):173 - 183.

② Salend, S. J., Duhaney, G.. The impact of inclusion on students with and without disabilities and their teachers[J]. Remedial and special education, 1999,20 (2):114 - 126.

③ Banerji, M.,Dailey, R. A.. A study of the effects of an inclusion model on students with specific learning disabilities[J] Journal of Learning Disabilities, 1995,28 (8):511 - 522.

④ Carlson, E., Parshall, L.. Academic, social and behavioral adjustment for students declassified from special education[J]. Exceptional Children, 1996,63(1):89 - 100.

⑤ Hunt,P.,Goetz, L.. Research on inclusive educational programs, practices, and outcomes for students with severe Disabilities[J]. The Journal of Special Education,1997,31(1):3 - 29.

⑥ Barnett, C., Monda-Amaya, L. E.. Principals' knowledge and attitudes toward inclusion[J]. Remedial and Special Education,1998,19 (3):181 - 192.

⑦ Baker, J., Zigmond, N.. Are regular education classes equipped to accommodate students with learning disabilities? [J]. Exceptional Children,1990,56 (6):515 - 526.

疾学生的阅读表现比单一模式(融合模式或特殊班)下有显著提高。① Manset 和 Semmel 对 11 篇有关不同安置模式下特殊儿童学习成绩结果的文献进行综述,总结出 8 种模式,这些模式采用学校范围的干预措施以在普通教室教育轻微残疾学生。他们得出结论:尽管证据表明融合教育对部分轻微残疾学生而言是一种提供服务的有效手段,但现有证据也清楚表明,目前并不存在一种优于传统特殊教育服务模式的大规模融合教育项目。②

因此,尽管少数研究证明了融合教育对于残疾学生有积极的学习效果,但多数研究则表明并不存在这种乐观的学习进步。Croll 和 Moses 就认为,"全纳作为一种教育理想在道德上高高在上,但是在日常的教育教学活动中却缺乏保障"③。Daniel 和 King 指出:"全纳教室里有特殊教育需要的学生可持续的学业增长并没有出现……考虑到课程全纳是全纳教育的首要目标,这一目标看来很难实现。"④正因为如此,许多研究者都认为对全纳教育的结论是"没有结论"⑤。西方各国传统的隔离式特殊教育机构体系已经崩溃,全纳教育似乎逐步成为各国特殊教育的主要选择,并对全球范围内特殊教育安置体系产生颠覆性的影响。然而,反对全纳教育的声音并未减弱,是否能够提供有效的教学至今仍然成为全纳教育反对者最强有力的武器。

④ 社会发展。

西方多数研究都认为特殊儿童在普通学校与社区里社会发展与自信方面都进步明显⑥⑦,而在学业进步即课程融合方面的结果并不能令人满意⑧⑨。残疾人对

---

① Marston, D.. A comparison of inclusion only, pull-out only, and combined service models for students with mild disabilities[J]. The Journal of Special Education,1996,30 (2):121 - 132.

② Manset, G., Semmel, M. I.. Are inclusive programs for students with mild disabilities effective: A comparative review of model programs[J]. The Journal of Special Education, 1997, 31 (2):155 - 180.

③ Croll, P., Moses, D.. Ideologies and utopias: education professionals' views of inclusion[J]. European Journal of Special Needs Education, 2000,15(1):1 - 12.

④ Daniel, L. G., King, D. A.. Impact of inclusive education on academic achievement, student behavior and self-esteem, and parental attitudes[J]. The Journal of Educational Research, 1997, 91 (2):67 - 80.

⑤ Duhaney, L.. A content analysis of state education agencies' policies/position statements on inclusion[J]. Remedial and Special Education, 1999, 20 (6):367 - 378.

⑥ Barnett, C., Monda-Amaya, L. E.. Principals' knowledge and attitudes toward inclusion[J]. Remedial and Special Education, 1998, 19 (3):181 - 192.

⑦ Stangvik, G.. Beyond schooling: Integration in a policy perspective[A]. In S. J. Pijl, C. J. W. Meijer, S. Hegarty. Inclusive education: A global agenda[M]. London: Routledge,1997:32 - 50.

⑧ Baker, J. M., Zigmond, N.. The meaning and practice of inclusion for students with learning disabilities: Themes and implications from the five cases[J]. The Journal of Special Education,1995,29(2),163 - 180.

⑨ Marston, D.. A comparison of inclusion only, pull-out only, and combined service models for students with mild disabilities[J]. The Journal of Special Education,1996,30 (2):121 - 132.

社区生活的参与程度以及残疾人与正常人群之间的人际互动研究受到重视。社会接纳与人际交往成为融合教育的重要出发点与归宿，吸引了专业人员的研究兴趣。鉴于同伴关系与社会技能的紧密关系，20 世纪 80 年代以来西方的相关研究主要集中于这两个方面，并将二者结合在一起进行研究。研究内容包括残疾儿童与正常儿童之间的相互接纳、态度与角色的转换、友谊关系发展、社会接触与交流方式；残疾儿童的自我概念与人格发展、情感表达、归属感、伙伴支持与帮助、社会交往技能的发展等方面，①研究结果主要如下。

第一，多数学者认为正常学习环境有利于残疾儿童同伴交往与社会技能的发展。②③ 西方在社会融合与社会交往方面有着大量的研究文献。Cole 发现残疾儿童的社会技能在普通教室内有进步，而在隔离的教学环境中却退步了。④ Fryxell 和 Kennedy 发现残疾儿童在普通班有更广泛的社会联系与朋友网络。⑤ Farmer 等对 161 位小学高年级残疾学生的社会交往网络以及问题行为表现的调查发现：81％的残疾学生至少融入了班级一个以上的社会网络，只有 19％的残疾学生隔绝于各类学生交际圈子之外，这说明多数残疾学生能够以各种方式成功地融入普通班级。尽管如此，该研究也发现：23％的残疾学生成为某些问题行为学生小组的成员，因为这些小组更容易接纳他们并与他们交往，超过 1/3 的残疾学生经常被同学认为是问题学生。⑥ Antia 等通过调查听力残疾学生的同伴交往发现：听力残疾学生由于其残疾缺乏某些重要的交友、沟通的实际能力，如适当的问候、邀请客人、对话等技能。但是，在老师适当的调节与干预下，听力残疾学生的社会技能得到了发展，同伴交往质量和范围与正常同伴没有显著差异。⑦

---

① Jobling, A., Moni, K. B., Nolan, A.. Understanding friendship: Young adults with down syndrome exploring relationships[J]. Journal of Intellectual & Disability, 2000, 25 (3):235 - 245.

② Barnett, C., Monda-Amaya, L. E.. Principals' knowledge and attitudes toward inclusion[J]. Remedial and Special Education, 1998, 19 (3):181 - 192.

③ Jobling, A., Moni, K. B., Nolan, A.. Understanding friendship: Young adults with down syndrome exploring relationships[J]. Journal of Intellectual & Disability, 2000, 25 (3):235 - 245.

④ Cole, D. A.. Social integration and severe disabilities: A longitudinal analysis of child outcomes[J]. Journal of Special Education, 1991, 25 (3):340 - 351.

⑤ Fryxell, D., Kennedy, C.. Placement along the continuum of services and its impact on students' social relationships[J]. Journal of the Association for Persons with Severe Handicaps, 1995, 20(1):259 - 269.

⑥ Farmer, T. W., Acker, R. M., Pearl, R., Rodkin, P. C.. Social networks and peer-assessed problem behavior in elementary classrooms: Students with and without disabilities[J]. Remedial and Special Education, 1999, 20 (4):244 - 256.

⑦ Antia, S. D., Kreimeyer, K. H., Eldredge, N.. Promoting social interaction between young children with hearing impairments and their peers[J]. Exceptional Children, 1993, 60 (3):262 - 275.

第二，正常人对残疾人的负面看法还比较多、残疾人更容易被选定为群体中最不受喜欢的人。Roberts 和 Zubrick 认为儿童学业发展与同伴的社会性接纳高度相关，侵略与破坏行为与同伴的社会拒绝高度相关①；残疾学生更容易被同伴拒绝。Stanovich 等运用“学生能力观察量表”(PASS)和“社会性亲密度量表”(PSCS)进行的调查发现：在融合教室的残疾学生学业自信观念与社会接纳程度都明显低于正常学生。② Jobling, Moni 和 Nolan 认为正常儿童对残疾儿童有负面看法或偏见，唐氏综合征儿童在课内外活动中与同伴交往的机会较少。③ Sale 和 Carey 通过同伴提名的方式研究残疾儿童，发现在普通小学内残疾儿童很少被提名为最受欢迎的人，而更多地被提名为最不受欢迎的同伴。④ Hall 和 McGregor 对三名残疾学生从幼儿园到小学高年级进行跟踪调查，对他们的同伴关系进行了研究，发现：融合教室内的残疾学生容易被正常学生忽视，教师与其他专业人员的干预能够促进残疾学生更好地参与班级与小组活动，使正常学生发展对残疾学生正面的看法，合作性的学习与小组活动也有利于残疾学生发展与正常学生的同伴交往。同时，分享性质的活动更有利于残疾学生与正常学生长期与互惠关系的建立，而帮助性质的活动则相反。但总的来说，随着年级的升高，残疾学生与正常学生平等、互惠的互动关系逐渐减少。⑤ 西方目前的趋势则是通过对残疾与正常儿童的交往与合作、同伴辅导、合作学习等领域进行研究来促进残疾儿童的社会接纳与相关技能的发展。⑥⑦ Prater 等发现：几乎各个类别的残疾人都缺乏适当的社会交往技能。例如，学习障碍的学生在交往的频率上与正常学生没有什么区别，但交往的质量极低；情绪行为障碍的学生处理同伴关系较为困难，他们在交往的水平与质量上可能都很高，但倾向于以进攻性或者负面的形式交往。该研究发现，合作小组学习与教

① Roberts, C. ,Zubrick, S. . Factors influencing the social status of children with mild academic disabilities in regular classrooms[J]. Exceptional Children, 1992,59 (3):192 - 202.

② Stanovich, P. J. , Joudan, A. , Perot, J. . Relative differences in academic self-concept and peer acceptance among students in inclusive classrooms[J]. Remedial and Special Education,1998,19 (2):120 - 126.

③ Jobling, A. , Moni, K. B. , Nolan, A. . Understanding friendship: Young adults with down syndrome exploring relationships[J]. Journal of Intellectual & Disability, 2000,25 (3):235 - 245.

④ Sale, P. , Carey, D. M. . The sociometric status of students with disabilities in a full-inclusion school[J]. Exceptional Children, 1995,62 (1):6 - 19.

⑤ Hall, L. J. , McGregor, J. A. . A follow-up study of the peer relationships of children with disabilities in an inclusive school[J]. The Journal of Special Education,2000, 34 (3):114 - 126.

⑥ Johnson, L. J. , Pugach, M. C. . Peer collaboration: Accommodating students with mild learning and behavior problems[J]. Exceptional Children, 1991,57 (5):454 - 461.

⑦ Scholtes, V. , Vermeer, A. , Meek, G. . Measuring perceived competence and social acceptance in children with cerebral palsy[J]. European Journal of Special Needs Education,2002,17 (1):77 - 88.

师直接教授学生社会技能的方式结合使用有利于增进残疾学生的社会接纳和交往能力，促进残疾学生更好地融入主流学校与社区环境。①

可见，回归正常社区环境的残疾人有着更多的与正常人交往的机会，这不仅改变了正常人对于残疾的概念，而且对残疾人的社会心理与行为产生了巨大的影响。20世纪80年代以来西方的研究集中于残疾人与正常人之间的接纳程度、态度、社会交往，残疾人的人格发展、社区参与策略、归属感、伙伴支持与帮助、社会技能的发展等方面。研究结果表明，正常人对残疾人的负面看法比较高，残疾人更容易被选定为群体中最不受喜欢的人，残疾人容易产生自卑、孤独感，缺乏安全与社区归属感，相关的社区服务与咨询比较缺乏等。

第三节　西方特殊教育体系发展的结论

综上所述，特殊教育的理论是建立在特定社会的政治、经济、文化基础之上的，当某一社会对残疾、平等的观念发生变化时，残疾人的社会服务模式也会随之变化。② 全纳教育作为一种教育理想不仅彻底改变了特殊教育的观念与发展模式，而且赋予普通教育以崭新的内容，对世界各国教育发展的方向都产生了巨大的影响。全纳教育不仅仅是特殊教育的事情，它要求整个教育体制变革以应对所有学生多元的学习特征与需求，是面向所有学生的。③ 全纳教育与全民教育的思想相合，公平与多元是其核心价值，参与和合作是其基本原则，它反对传统的牺牲大多数能力一般或较差学生的发展需求，只注重极少数优秀学生发展的精英主义教育模式。④

西方的特殊教育实践经历了隔离式特殊教育（特殊学校与特殊班）、"回归主流"、融合教育等阶段，经历了从杀戮到遗弃、忽视、怜悯与过度保护，到逐渐接纳，到尽最大可能地促使残疾人融合进主流社会的发展过程。西方全纳教育理论，是在西方特有的社会文化土壤里结出的特殊教育理论的果实，也是西方社会民主、

---

① Prater, M. A., Bruhl, S., Serna, L. A.. Acquiring social skills through cooperative learning and teacher-directed instruction[J]. Remedial and Special Education, 1998, 19 (3): 160 - 172.

② Berdine, W. H., Blackhurst, W. E.. An introduction to special education (2nd ed.)[M]. New York: Harper Collins Publishers, 1985: 41.

③ Kauffman J. M.. Commentary: Today's special education and its messages for tomorrow[J]. The Journal of Special Education, 1999, 32(4): 244 - 254.

④ 邓猛，刘慧丽. 全纳教育理论的社会文化特性与本土化建构[J]. 中国特殊教育，2013(1): 15 - 19.

自由等所谓普世性价值观在教育领域的具体化。融合教育理论是建立在西方社会的政治、经济、文化基础之上的，有着深厚的文化和社会基础。正如 Daniels 和 Garner 指出的：融合教育不是要将某些被歧视的人群或个体吸收到现有的社会经济生活联系与框架中来，不是要使某些人尽量变得“正常”，也不仅仅是要改变某些被排斥被边缘化的人群的福利状态……融合教育远远超出残疾的范围。它本身并不是目的，它是达到目的的手段——即通过融合教育建构一个融合的社会。因此融合教育不是某个人的事情，而是与社会上所有的公民相关的事情。①

从本质上讲，融合教育理论远远超出了教育的范畴，成为与社会上所有的公民相关的事情，是挑战不公正与歧视的利器，与各国社会文明发展水平、人权保护以及社会公平与正义目标的实现紧密相关。今天，即使在最为贫穷、资源最为匮乏的国家，融合教育也至少成为使更多处境不利儿童享有学校教育机会的政治宣示或者现实举措。同时，各民族或国家都具有独特的社会文化体系，对融合教育的理论与实践有着独特的影响，使融合教育在各个国家的本土化成为可能。

尽管如此，对于“回归主流”以及融合教育的争论从未停息。西方多数研究认为普通学校设置资源教室的效果优于隔离式特殊学校（班）和全日制的普通班。然而，这些研究发现并未对实践产生足够的影响，西方各国传统的隔离式特殊教育机构体系已经崩溃，全纳教育，即在普通教室教育残疾儿童似乎逐步成为各国特殊教育的主要选择。这对于特殊教育体系的层次结构与安置体系产生了颠覆性的影响。因此，尽管全纳教育模式的效果还没有被研究有效地证明，它却成功地导致了对传统的隔离式特殊教育体系的完全否定。事实上，西方各国特殊教育实践表明，传统的隔离式特殊教育学校体系基本上已经崩溃，隔离的特殊学校（班）已经或正在消失，取而代之的是融合的教育形式。② 回归正常环境的残疾儿童有更多的与正常人交往、互动的机会。这种双向的社会交往，不仅改变了正常人对残疾的概念，对残疾儿童的心理与行为也产生了巨大的影响。残疾人在正常社区环境中生活、交往的社会心理和行为与特定的历史文化条件紧密联系，其动机、策略、归因特点受之制约。

① Daniels, H., Garner, P.. World year book of education 1999: Inclusive education[M]. London: Kogan Page; Sterling, Va.: Stylus Pub, 1999: 58.

② 邓猛. 双流向多层次教育安置模式、全纳教育以及我国特殊教育发展格局的探讨[J]. 中国特殊教育，2004(4)：1-7.

融合作为一种理想(尽管缺乏实证研究的证明)彻底改变了特殊教育与服务的观念与发展模式,对世界各国残疾人事业发展的方向产生了巨大的影响,为各国发展全纳教育、制定特殊教育政策提供了动力。中国缺少全纳教育生成的文化土壤,它并非我国本土文化的自然生成,是西方理论与中国国情之间的嫁接、冲撞与融汇,是基于文化嫁接之上的再生成。这种再生成需要扎根于中国特有的文化生成与演进的环境,以自发的、内在的方式生成具有本土化特征的全纳教育理论。①

然而,值得注意的是:从全球范围来看,融合教育仍然处于摸索、发展阶段,并没有一成不变的模式。在不同的国家、社会背景下,人们对于融合教育的定义、目标、途径及结果都存在着不同的看法。② 尽管很多国家都致力于发展融合教育,但没有一个国家真正实现了高质量的、有效的融合教育。即使在首先倡导融合教育的美国,也不能提供满意的证明,其效果仍然是值得怀疑的。没有一个国家的做法能够为其他国家发展融合教育提供一个标准的蓝本或范例,各个国家需要根据本国的国情探索适合自己的融合教育模式。③

---

① 邓猛,苏慧.融合教育在中国的嫁接与再生成:基于社会文化视角的分析[J].教育学报,2012 (1):83 - 89.

② Fuchs, D., Fuchs, L. S.. Inclusive schools movement and the radicalization of special education reform[J]. Exceptional Children, 1994, 60(4):294 - 309.

③ 邓猛,潘剑芳.关于全纳教育思想的几点理论回顾及其对我们的启示[J].中国特殊教育,2003(4):1 - 7.

第三章　我国的特殊教育层次结构

第一节　我国特殊教育层次结构概述

新中国成立以前，残疾儿童教育被归为社会教育范畴。特殊学校数量很少，全国盲聋学校仅有 42 所，学生 2 380 人，教职工 360 人；学校多为私人设立，属于社会救济、慈善收养的福利事业。新中国成立后，1951 年周恩来总理签署的《政务院关于改革学制的决定》中明确规定，“各级人民政府并应设立聋哑、盲目等特种学校，对生理上有缺陷的儿童、青年和成人，施以教育”①。这改变了特殊教育救济、慈善的社会福利性质，把残疾人的“特种教育”纳入了教育体系，成为国家教育事业的一个重要组成部分。改革开放以后，众多政策法规明确规定了特殊教育的性质。1989 年国务院转发的《关于发展特殊教育的若干意见》中提出，“把残疾儿童少年教育切实纳入普及义务教育的工作轨道。各级教育部门要把残疾儿童少年教育同当地实施义务教育工作统一规划，统一领导，统一部署，统一检查。今后，要将残疾儿童少年教育发展规划执行情况作为检查、验收普及初等教育的内容之一”。1990 年《残疾人保障法》第十八条规定，“各级人民政府应当将残疾人教育作为国家教育事业的组成部分，统一规划，加强领导”②。这些法律法规确立了特殊教育的性质与地位，使残疾儿童少年教育不再是怜悯与同情的产物，而是每个公民基本权利与国家政府责任的体现。

我国残疾儿童少年数量众多，据 1987 年残疾人抽样调查，0—14 岁残疾儿童有 817 万人，其中许多学龄残疾儿童没有上学。根据 2006 年第二次全国残疾人抽样调查的结果，当时我国有各类残疾人 8 296 万余人，占全国总人口的 6.34%。学历为初中以下(含文盲)的残疾人高达 90.2%，大专以上文化程度的残疾人仅占残疾人总数的 1.1%。残疾人受教育程度大大低于正常人群，这已成为残疾人脱贫

---

① 顾定倩. 试论我国特殊教育义务教育立法的发展[J]. 特殊教育研究，1993(4)：1 - 9.

② 朴永馨. 科学发展，与时俱进——学习第四次全国特殊教育工作会议文件及国办发〔2009〕41 号文件[J]. 中国特殊教育，2009(6)：12 - 16.

和改善生活状况的主要障碍。作为社会弱势群体的特殊组成部分，残疾人的教育对于帮助残疾人回归主流社会，消除对残疾人的社会排斥和隔离，促进残疾人的人格完善和参与社会生活能力的提高具有十分重要的意义。显然，尽快普及残疾儿童少年义务教育是我国发展特殊教育的中心任务。1988 年国务院批转实施的《中国残疾人事业五年工作纲要(1988—1992 年)》就规定，“贯彻普及与提高相结合，以普及为重点的原则……以普及初等教育为重点，抓好职业教育，逐步发展中等教育和高等教育”。1989 年国务院转发的《关于发展特殊教育的若干意见》(以下简称《若干意见》)确认了同样的原则，还加入了“积极发展学前教育”的内容，并确立了“以一定数量的特殊教育学校为骨干，以大量的在普通学校附设的特殊教育班和随班就读为主体”的特殊教育发展格局。时隔一年，由全国人大通过的《中华人民共和国残疾人保障法》第二十条规定，“残疾人教育，实行普及与提高相结合，以普及为重点的方针，着重发展义务教育和职业教育，积极开展学前教育，逐步发展高级中等以上的教育”①。1994 年国务院颁布的《残疾人教育条例》也规定了同样的发展方针。

20 世纪 80 年代以来一系列与特殊教育相关的法律法规都明确规定，发展特殊教育的方针是“普及与提高相结合”，同时强调“以普及为重点”。这些政策文件对于特殊教育发展方针的基本精神是一致的，但表述与重点略有不同。《残疾人保障法》将《若干意见》中的发展原则改为“发展方针”，“初等教育”改为“义务教育”，“逐步发展中等教育和高等教育”改为“逐步发展高级中等以上的教育”。根据顾定倩的观点，这三处改动的关键在于前两处：将“普及与提高相结合，以普及为重点”的“原则”改为“方针”，就把“普及与提高”二者的关系提升到指导特殊教育发展的方向性的高度；“初等教育”改为“义务教育”，使残疾儿童享有九年义务教育的权利得到保障，初等教育年限只有五六年，而义务教育则是九年，且今后随着我国义务教育法定年限的变更可以有扩展的空间，改动之后，进一步从法律上确立了残疾儿童少年义务教育是国家义务教育的组成部分。② 2001 年国务院办公厅转发教育部等部委制定的《关于“十五”期间进一步推进特殊教育改革和发展的意见》，这一文件规定，“坚持将发展残疾儿童少年义务教育作为普及九年义务教育和巩固提高普

① 国家教育委员会基础教育司.特殊教育文件选编(1990—1995)[M].中国残疾人联合会教育就业部，1995：37.

② 顾定倩.试论我国特殊教育义务教育立法的发展[J].特殊教育研究，1993(4)：1-9.

及九年义务教育的一项重要任务，坚持将残疾儿童少年义务教育作为特殊教育发展的重点"，"十五"期间残疾儿童少年义务教育发展目标是，"全国大中城市和经济发达的县(市)，'三类残疾儿童少年'义务教育阶段入学率、保留率分别达到或接近当地义务教育水平，在此基础上努力构建高质量、高水平的残疾儿童少年义务教育，切实提高特殊教育质量；其他已经通过普及九年义务教育验收的县(市)，'三类残疾儿童少年'义务教育阶段入学率分别达到或接近当地教育水平；贫困地区、少数民族地区和边远地区，入学率应有较大幅度提高。鼓励有条件的地方建设一批示范性特殊教育学校"。

可见，我国特殊教育发展采取了循序渐进的策略。首先，确立了"将残疾儿童少年义务教育纳入义务教育体系"，实行"普及与提高相结合，以普及为重点"的特殊教育发展方针，着重普及义务教育阶段三类残疾儿童教育。经过"八五"与"九五"的发展，又调整为"普及与提高并重，向提高质量过渡"的发展方针。同时，形成了以特殊学校为骨干，普通学校附设的特殊班和随班就读为主体的残疾儿童少年教育的格局。经过多年的努力，虽然残疾儿童少年入学率得到了极大的提高，特殊教育发展的速度也是空前的，但是，我国普及残疾儿童少年义务教育的形势仍然十分严峻，根据中残联相关数据统计，尚有十万左右学龄残疾儿童没有入学读书。

同时，我国特殊教育在重视义务教育的基础上，两头延伸即向下延伸到学龄前、向上延伸至高中及高中以上教育的趋势明显加强。2009 年，国务院办公厅转发教育部等部门《关于进一步加快特殊教育事业发展意见的通知》，其中明确提出，"加快发展以职业教育为主的残疾人高中阶段教育，加快推进残疾人高等教育发展，因地制宜发展残疾儿童学前教育，并大力开展面向成年残疾人的职业教育培训"。

目前，我国残疾人的特殊教育已初步形成了由社会多个系统采用多种形式举办的各类残疾幼儿教育到义务教育，再到盲、聋、肢残等残疾青年高等教育、成人教育的体系。特殊教育已成为中国特色社会主义教育事业和残疾人事业的重要组成部分。我国也正在从残疾人口大国向特殊教育大国迈进，从以义务教育为主向学前和义务后教育延伸。① 我国的这种相对独立的特殊教育体系是特殊教育方式的一种，与其平行的还有残疾人与同龄普通人一起受教育的普通教育方式，即从幼儿

① 孟万金. 辉煌特教六十年——为新中国六十华诞献礼[J]. 中国特殊教育，2009(9)：3－7.

到高等教育都在普通教育机构和院校学习。这两种方式是相互结合、相辅相成的，两个系统可以双向交流，构成了特殊教育与普通教育密切融合又相对独立的、包含在国家大教育体系中的小特殊教育体系。①

第二节　我国特殊教育层次结构的特点分析

一、我国特殊教育层次结构的构成

我国残疾人的特殊教育经过一百多年的探索，特别是改革开放以来的迅速发展，已初步形成了较为完整的体系。这一体系以义务教育为重点，逐步扩展到学前教育、高级中等教育、职业技术教育以及高等教育领域，初步形成了完整的特殊教育层次结构，成为我国教育事业的重要组成部分。② 这一结构的具体组成见表 3 - 1③。

另外，特殊教育在受教育者残疾种类、受教育年限、受教育层次和与普通教育融合上均得到发展。特殊教育对象范围不断扩大，从传统的仅有盲、聋两种到盲、聋、智障三种，再逐渐扩大到孤独症儿童、肢体残疾儿童、语言障碍儿童、多重和重度残疾儿童等各类残疾儿童，循序渐进，逐步实现各类残疾儿童的教育平等。特殊教育规模不断扩大，入学率显著提升，“以特殊学校为骨干，普通学校附设的特殊班和随班就读为主体”的残疾儿童少年教育的格局已经形成并不断完善、发展。表 3 - 2详细记录了 2008 年我国各类残疾儿童从小学到高中阶段、在不同安置形式下的分布状况。

---

① 刘全礼，毛伟. 中国的基础特殊教育[J]. 教师博览，2007(12)：39 - 41.

② 朴永馨. 科学发展，与时俱进——学习第四次全国特殊教育工作会议文件及国办发〔2009〕41 号文件[J]. 中国特殊教育，2009(6)：12 - 16.

③ 中华人民共和国中央人民政府官方网站. 我国初步形成的特殊教育体系是什么？[EB/OL]. [2009 - 05 - 07]. http://www.gov.cn/fwxx/cjr/content_1307202.htm.

表 3－1　我国特殊教育层次结构

<table>
<tr><th>年龄</th><th>年级</th><th colspan="3">学历教育</th><th>非学历教育</th></tr>
<tr><td>22</td><td>4</td><td colspan="2" rowspan="4">普通大学特殊教育学院、专业</td><td rowspan="4">残疾人高等职业技术学院</td><td rowspan="7">职业培训中心</td></tr>
<tr><td>21</td><td>3</td></tr>
<tr><td>20</td><td>2</td></tr>
<tr><td>19</td><td>1</td></tr>
<tr><td>18</td><td>3</td><td colspan="2" rowspan="3">普通、特殊高级中学</td><td rowspan="3">残疾人中等职业技术学院</td></tr>
<tr><td>17</td><td>2</td></tr>
<tr><td>16</td><td>1</td></tr>
<tr><td>15</td><td>9</td><td rowspan="9">九年一贯制特殊学校</td><td rowspan="4">初级中学</td><td rowspan="4">初级职业技术学校</td><td rowspan="13">—</td></tr>
<tr><td>14</td><td>8</td></tr>
<tr><td>13</td><td>7</td></tr>
<tr><td>12</td><td>6</td></tr>
<tr><td>11</td><td>5</td><td colspan="2" rowspan="5">普通、小学特殊班
随班就读</td></tr>
<tr><td>10</td><td>4</td></tr>
<tr><td>9</td><td>3</td></tr>
<tr><td>8</td><td>2</td></tr>
<tr><td>7</td><td>1</td></tr>
<tr><td>6</td><td rowspan="4">—</td><td colspan="3" rowspan="4">普通幼儿园、
特殊儿童学前康复机构</td></tr>
<tr><td>5</td></tr>
<tr><td>4</td></tr>
<tr><td>3</td></tr>
</table>

表 3－2　2008 年特殊教育基本情况①

	学校数（所）	班数（个）	在校学生数													
			合计	小学阶段						初中阶段				高中阶段		
				一年级	二年级	三年级	四年级	五年级	六年级	一年级	二年级	三年级	四年级	一年级	二年级	三年级
总计	1 640	15 173	417 440	47 439	49 706	51 847	52 706	51 949	48 294	35 015	36 464	33 591	2 550	3 269	2 251	2 359
女生	—	—	143 766	16 405	16 804	17 536	17 793	17 471	16 446	12 386	12 748	12 048	1 013	1 268	903	945
视力残疾	36	935	47 113	3 563	4 005	4 317	4 483	4 782	4 608	6 199	6 712	6 984	133	459	312	556
听力残疾	564	8 598	117 116	14 109	13 385	13 958	13 750	13 163	12 281	10 590	10 399	9 279	771	2 224	1 658	1 549
智力残疾	388	5 640	205 803	25 567	26 995	28 497	29 119	28 700	26 279	12 693	13 180	12 097	1 558	584	281	253
其他残疾	652	—	47 408	4 200	5 321	5 075	5 354	5 304	5 126	5 533	6 173	5 231	88	2	—	1
特殊教育学校	—	14 489	153 338	23 067	19 349	18 564	17 470	16 001	14 074	12 692	11 967	10 460	1 815	3 269	2 251	2 359
视力残疾	—	921	8 434	1 082	897	901	823	832	750	602	552	568	100	459	312	556
听力残疾	—	8 532	90 022	11 466	10 120	10 259	10 159	9 726	9 122	8 209	7 937	6 852	741	2 224	1 658	1 549
智力残疾	—	5 036	53 862	10 286	8 131	7 253	6 371	5 330	4 150	3 821	3 442	2 995	965	584	281	253
其他残疾	—	—	1 020	233	201	151	117	113	52	60	36	45	9	2	—	1
小学附设特教班	—	665	4 587	801	729	900	818	777	560	2	—	—	—	—	—	—
视力残疾	—	14	115	21	12	25	18	18	21	—	—	—	—	—	—	—
听力残疾	—	66	367	91	56	99	37	50	34	—	—	—	—	—	—	—
智力残疾	—	585	4 033	678	641	760	751	705	496	2	—	—	—	—	—	—
其他残疾	—	—	72	11	20	16	12	4	9	—	—	—	—	—	—	—
小学随班就读	—	—	188 831	23 571	29 628	32 383	34 418	35 171	33 660	—	—	—	—	—	—	—

① 中国教育和科研计算机网. 特殊教育基本情况[EB/OL]. [2010－01－21]. http://www. edu. cn/2008_9414/20100121/t20100121_442053. shtml.

（续表）

	学校数（所）	班数（个）	在校学生数													
			合计	小学阶段						初中阶段				高中阶段		
				一年级	二年级	三年级	四年级	五年级	六年级	一年级	二年级	三年级	四年级	一年级	二年级	三年级
视力残疾	—	—	20 358	2 460	3 096	3 391	3 642	3 932	3 837	—	—	—	—	—	—	—
听力残疾	—	—	19 427	2 552	3 209	3 600	3 554	3 387	3 125	—	—	—	—	—	—	—
智力残疾	—	—	119 605	14 603	18 223	20 484	21 997	22 665	21 633	—	—	—	—	—	—	—
其他残疾	—	—	29 441	3 956	5 100	4 908	5 225	5 187	5 065	—	—	—	—	—	—	—
普通（职业）初中附设特教班	—	19	210	—	—	—	—	—	—	94	76	40	—	—	—	—
视力残疾	—	—	—	—	—	—	—	—	—	—	—	—	—	—	—	—
听力残疾	—	—	—	—	—	—	—	—	—	—	—	—	—	—	—	—
智力残疾	—	19	210	—	—	—	—	—	—	94	76	40	—	—	—	—
其他残疾	—	—	—	—	—	—	—	—	—	—	—	—	—	—	—	—
普通（职业）初中随班就读	—	—	70 474	—	—	—	—	—	—	22 227	24 421	23 091	735	—	—	—
视力残疾	—	—	18 206	—	—	—	—	—	—	5 597	6 160	6 416	33	—	—	—
听力残疾	—	—	7 300	—	—	—	—	—	—	2 381	2 462	2 427	30	—	—	—
智力残疾	—	—	28 093	—	—	—	—	—	—	8 776	9 662	9 062	593	—	—	—
其他残疾	—	—	16 875	—	—	—	—	—	—	5 473	6 137	5 186	79	—	—	—
合计 城市	742	8 347	120 892	13 950	12 939	12 885	13 516	13 566	12 571	10 785	11 133	10 728	1 657	2 925	2 046	2 191
合计 县镇	815	6 113	130 781	15 324	14 721	15 452	14 985	14 951	13 794	13 965	13 991	12 196	810	288	168	136
合计 农村	83	713	165 767	18 165	22 046	23 510	24 205	23 432	21 929	10 265	11 340	10 667	83	56	37	32

(一) 学前教育

马卡连柯指出:“教育的基础主要是在5岁以前奠定的,它占整个教育过程的90%。”①大量事实表明,在学前阶段接受了正规教育的残疾儿童其身心发展速度和质量都要优于没有接受过正规教育的残疾儿童。特殊儿童早期教育主要指在学前阶段(0—6岁),根据特殊儿童身心发展的特点,在家庭和社会影响下对特殊儿童所进行的缺陷补偿与潜能开发,使特殊儿童在学前期能与普通儿童一样,在德、智、体、美等多方面全面发展。特殊儿童早期教育的教学形式主要有家长在家庭中进行辅导与训练、在各类学校附设的特殊幼儿班接受养护与教育、在各类残疾幼儿康复教育中心接受训练,以及在普通幼儿园进行融合教育等。

1988年,我国颁布了第一个残疾人事业发展五年规划《中国残疾人事业五年工作纲要(1988—1992年)》,随后相继制定了“八五”“九五”“十五”规划。1990年12月,第七届全国人大常委会通过的《中华人民共和国残疾人保障法》第二十二条规定,普通中小学必须招收“能适应其学习生活的”残疾儿童少年入学;普通幼儿教育机构应当接收“能适应其生活的”残疾幼儿。1994年8月23日国务院颁布的《残疾人教育条例》第四十一条规定:通过残疾幼儿教育机构、普通幼儿教育机构、残疾儿童福利机构、残疾儿童康复机构、普通小学的学前班、特殊学校的学前班以及家庭等开展学前特殊教育。随着我国特殊教育事业的不断发展和完善,学前特殊教育越来越受到重视。2009年5月7日,国务院办公厅转发教育部等部门《关于进一步加快特殊教育事业发展的意见》,明确提出要“因地制宜发展残疾儿童学前教育”;同年5月11日在北京召开第四次全国特殊教育工作会议,中共中央政治局委员、国务委员刘延东强调要“积极发展残疾儿童学前教育”。2010年7月,《国家中长期教育改革和发展规划纲要(2010—2020年)》再一次重申要“因地制宜发展残疾儿童学前教育”。但是,现有法律条款主要从法律意义上保障残疾人平等受教育的权利,存在明显不足:一是相关条款分散,法的级别不高,尤其缺乏核心的“特殊教育法”,权威性不强;二是宣誓性的语言过多,部分条款用词空泛,可操作性不强;三是存在明显的程序瑕疵,加之问责不严,缺乏应有的强制性。② 在财政方面,国内目前只是在《残疾人教育条例》等法规中对学前

① 李可.加强视觉障碍儿童的学前家庭教育至关重要[J].辽宁商务职业学院学报(社会科学版),2004(2):60-61.

② 汪海萍.论加强特殊教育立法的必要性与可行性[J].中国特殊教育,2007(7):2-6.

特殊教育的发展进行笼统的规范，还缺乏较为具体的支持措施，尤其是经费保障方面更是缺乏。长期以来，政府对学前教育的拨款占教育支出的比例很小，2000年仅为1.3%。[①]

普通幼儿园是安置特殊幼儿的一种重要方式。《中华人民共和国残疾人保障法》第三章"教育"第二十二条规定："……普通幼儿教育机构应当接收能适应其生活的残疾幼儿。"1994年发布的《残疾人教育条例》第一章"总则"第七条规定："幼儿教育机构、各级各类学校及其他教育机构应当依照国家有关法律、法规的规定，实施残疾人教育。"第二章"学前教育"第十条规定："残疾幼儿的学前教育，通过下列机构实施：（一）残疾幼儿教育机构；（二）普通幼儿教育机构……"《幼儿园工作规程》第一章"总则"第十九条规定："……对体弱或有残疾的幼儿予以特殊照顾。"从以上法律条文及相关文件中，我们可以看到，普通幼儿园不仅应当接收能适应其生活的残疾幼儿，而且应当采取相应的融合保教措施。但是，实际上残疾幼儿接受教育的现状不容乐观。张燕在北京市的调查表明，一般幼教机构不收托特殊儿童。[②] 焦云红等在河北省调查了320家普通幼儿园，也没有一家正式招收残疾儿童。[③] 但有人对我国随班就读发展趋势进行预测，认为随着我国经济的发展和社会文明程度的提高，以及特殊教育越来越得到重视，随班就读这种教育形式将向幼儿教育延伸。[④] 根据谈秀菁在江苏省的调查，在所调查已经入园的特殊儿童中，有一半的特殊儿童在普通幼儿园接受教育。[⑤] 刘莹在江西省的调查也发现，有50%的孤独症儿童在普通幼儿园或普通小学就读。[⑥]

1987年我国对残疾儿童的基本情况进行了大规模的调查，结果表明：在0—3岁被调查群体中，残疾婴儿占1.41%；4—6岁被调查群体中，残疾幼儿占2.1%。[⑦] 2001年，我国又对0—6岁婴幼儿群体中的残疾流行状况进行了全国性抽样调查，结果为：在3、4、5岁幼儿群体中，身有残疾的幼儿分别占1.23%、1.58%和

---

① 王化敏. 加强幼儿园收费管理　促进幼教事业健康发展——14省、市收费调查结果及政策建议[J]. 早期教育，2002(9)：5-8.

② 张燕. 北京市学前特殊教育的调查与思考[J]. 中国特殊教育，2003(4)：57-61.

③ 华国栋. 残疾儿童随班就读现状及发展趋势[J]. 教育研究，2003(2)：66-69.

④ 焦云红，唐键，赫红英，等. 河北省城市普通幼儿园学前特殊教育调查与分析[J]. 中国特殊教育，2004(2)：91-94.

⑤ 谈秀菁. 特殊儿童家长选择学前教育机构的调查研究[J]. 中国特殊教育，2007(1)：63-67.

⑥ 刘莹. 江西省75例孤独症儿童的现状调查[J]. 中国特殊教育，2007(11)：49-52.

⑦ 陈云英，等. 中国特殊教育学基础[M]. 北京：教育科学出版社，2004：21-22.

1.72%。[①] 2001年,我国对天津市等12个市(县)进行了0—6岁残疾儿童抽样调查,结果显示:全国约有0—6岁残疾儿童19.9万。3—6岁残疾儿童接受学前教育率为43.92%,其中城市为61.48%、农村为26.41%,远低于普通幼儿园入园率(70.55%)。原因有两个方面:一是为残疾儿童提供学前教育的特殊教育机构严重匮乏,二是普通学前教育机构缺少接纳残疾儿童的师资力量和相应设施。[②] 目前我国为学前特殊儿童专门设立的教育机构还很有限,并且以服务聋儿为主。据了解,北京市就只有一所专门招收智力残疾儿童的幼儿园,兼收智力残疾幼儿的普通幼儿园也屈指可数,而走在智力残疾幼儿教育全国前列的北京市,1998年接受早期教育机构提供的服务的智力残疾幼儿总共不到100名,由此可以想象当时全国0—6岁智力残疾幼儿教育的现状。2002年,上海市仅有学前特教班36个,在园残障幼儿共508名。毫无疑问,仅靠少数发达地区,数以万计的残障幼儿的教育、康复任务是无法完成的。至于针对肢体残疾、精神残疾、多重残疾等残疾幼儿的学前教育机构,目前仍为空白。直到2004年,在一些最发达的大都市,学前残疾儿童接受学前教育机构教育的比例还不到10%。[③]

(二)义务教育

《中华人民共和国残疾人保障法》第十八至第二十六条规定:“国家保障残疾人受教育的权利……国家对接受义务教育的残疾学生免收学费,并根据实际情况减免杂费。国家设立助学金,帮助贫困残疾学生就学。”新义务教育法为发展特殊教育提供了法律上的保障。“义务教育是国家统一实施的所有适龄儿童少年必须接受的教育,是国家必须予以保障的公益性事业。”“凡具有中华人民共和国国籍的适龄儿童、少年,不分性别、民族、种族、家庭财产状况、宗教信仰等,依法享有平等接受义务教育的权利,并履行接受义务教育的义务。”“保障家庭经济困难的和残疾的适龄儿童、少年接受义务教育。”“县级以上地方人民政府根据需要设置相应的实施特殊教育的学校(班),对视力残疾、听力语言残疾和智力残疾的适龄儿童、少年实施义务教育。特殊教育学校(班)应当具备适应残疾儿童、少年学习、康复、生活特点的场所和设施。普通学校应当接收具有接受普通教育能力的残疾适龄儿童、少年随班就读,并为其学习、康复提供帮助。”“拒绝接收具有

---

① 罗仕兴,李祖铭,陈光勇,等.贵阳市0—6岁残疾儿童抽样调查[J].中国康复理论与实践,2004(6):24-26.

② 孟万金,刘在花,刘玉娟,等.推进残疾儿童教育公平任重道远——四论残疾儿童教育公平[J].中国特殊教育,2007(2):1-8.

③ 张丽莉.关注学前特殊需要儿童发展学前特殊教育事业[J].现代特殊教育,2010(12):12-14.

接受普通教育能力的残疾适龄儿童、少年随班就读的学校，由县级人民政府教育行政部门责令限期改正；情节严重的，对直接负责的主管人员和其他直接责任人员依法给予处分。”

经过多年的努力，我国大陆地区已基本形成以随班就读和特殊教育班为主体、特殊教育学校为骨干的残疾儿童少年义务教育体系。特殊教育学校的学制一般为九年一贯制。目前，大陆地区的特殊教育学校主要有三类：盲校、聋校和培智学校（辅读学校）。特殊教育班是指在普通学校、儿童福利机构或者其他机构附设的残疾儿童、少年特殊教育班，招收义务教育阶段学龄残疾儿童、少年入学。随班就读是指特殊儿童在普通学校的普通班级就读。我国特殊教育规模不断扩大。2003 年，全国共有特殊教育学校 1 551 所，招生 4.88 万人，在校学生（包括普通学校特教班和随班就读学生）达到 36.47 万人。在普通学校随班就读和附设特教班就读的残疾儿童招生数和在校生数分别占特殊教育招生总数和在校生总数的 63.64％和 66.23％，随班就读已成为普及残疾儿童义务教育的主要形式。①

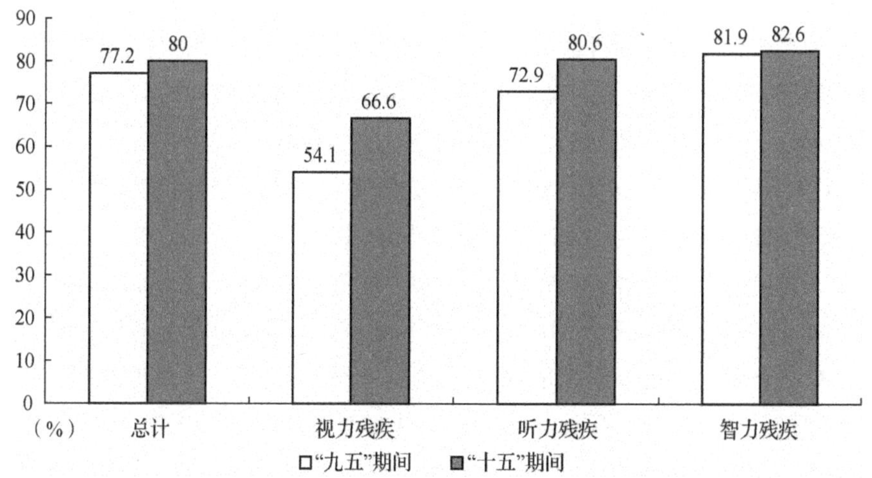

图 3－1 “九五”与“十五”期间三类残疾儿童少年入学率比较

根据《中国残疾人事业“十五”计划纲要执行情况统计分析报告》，全国特殊教育学校已发展到 1 662 所，在校生达 561 541 人，学龄三类残疾儿童少年

① 国家教育发展研究中心. 2004 年中国教育绿皮书——中国教育政策年度分析报告[M]. 北京：教育科学出版社，2004：13.

703 409 人，入学率达到 80%。根据《2012 年全国教育事业发展统计公报》显示，全国共有特殊教育学校 1 853 所，比上年增加 86 所；特殊教育学校共有专任教师 4.37万人。全国共招收特殊教育学生 6.57 万人，比上年增加 1 613 人，在校生 37.88万人。较“九五”末，入学率增长 3 个百分点，视力残疾、听力言语残疾、智力残疾儿童少年入学率分别为 66.6%、80.6%和 82.6%，分别增长 12.5、7.7 和 0.7 个百分点。截至 2005 年底，全国未入学适龄残疾儿童少年总数为 243 490 人。其中，视力残疾34 560人，听力残疾 43 701 人，智力残疾 66 737 人，肢体残疾 53 127 人，精神残疾 15 231 人，多重残疾 30 134 人。视力残疾、听力残疾、智力残疾和肢体残疾占残疾儿童少年总数的 83%。207 123 名残疾儿童少年因贫困未入学，占总数的 53.03%。

《“十一五”期间中西部地区特殊教育学校建设规划(2008—2010 年)》(以下简称《建设规划》)的总体目标是：中央和地方政府共同投入，在中西部地区建设约 1 150所特殊教育学校，基本实现在中西部地区的地(市、州、盟)级和 30 万人口以上或残疾儿童少年较多的县(市、旗)有 1 所独立设置的综合性(盲、聋哑、培智三类校中两类及以上组合建制学校)或单一性特殊教育学校；现有特殊教育学校办学条件得到明显改善。所有项目学校达到或基本达到国家颁布的特殊教育学校建设标准和设施配备要求，基本满足残疾儿童少年接受九年义务教育的需求。总体规划目标实现后，中西部地区特殊教育学校在校生总数将由 2006 年的 8 万人增加到 25.6 万人，增长 220%，净增 17.6 万人(不包括普通中小学校随班就读生)，受益学生 23 万人，基本满足中西部地区适龄残疾儿童入学需求。

从全球特殊教育发展的趋势与人权发展的角度看，通过立法保障残疾儿童义务教育的权利已成为各国教育决策的一个重要组成部分，并成为衡量一个国家残疾人特殊教育需要是否得到满足、参与机会是否平等、是否享受平等人权的基本尺度。多数国家通过国家最高立法机关制定具有强制性的专门法律，少数没有专门法的国家则在相关的教育或反歧视法律中对残疾儿童义务教育进行专门的、详细的规定。①

我国于 1986 年 4 月通过了《中华人民共和国义务教育法》，其中第四条规定：“国家、社会、学校和家庭依法保障适龄儿童、少年接受义务教育的权利。”第五条规

① 邓猛，周洪宇. 关于制定《特殊教育法》的倡议[J]. 中国特殊教育，2005(7)：3－6.

定："凡年满六周岁的儿童，不分性别、民族、种族，应当入学接受规定年限的义务教育。"①《义务教育法》的颁布，结束了残疾儿童教育长期以来"无人管"的状态，盲、聋哑、弱智等残疾儿童接受义务教育的权利从此得到法律的明确保障。1988 年全国第一次特殊教育工作会议明确提出了适合我国具体情况的普及特殊儿童义务教育的途径，即："逐步形成一定数量的特殊学校为骨干，以大量设置在普通学校的特殊教育班和吸收能够跟班学习的残疾儿童随班就读为主体的残疾儿童少年教育的格局。"②

我国特殊教育的对象主要为盲、聋、弱智三大类型的残疾儿童少年（简称"三类残疾儿童少年"），随班就读还主要面向轻度智力残疾儿童，有条件的学校可接受中度残疾儿童，严重的智力残疾儿童的教育还没有列入考虑的范围。近年来，随着孤独症、脑瘫、多动症儿童问题逐步为社会所关注，这些残疾儿童的教育问题逐步受到重视，特殊教育服务范围随之扩大。但是，天才儿童、学习障碍儿童、情绪行为问题儿童、注意力缺陷与多动症儿童等还没有被正式纳入特殊教育服务的对象。尽管经过多年的努力，特别是随着 20 世纪 80 年代中期以来在我国大规模进行的残疾儿童随班就读试验的推广，残疾儿童的入学率得到了很大的提高，但残疾人受教育程度低的现状仍然没有得到根本的改变。残疾儿童少年教育仍然是普及义务教育最薄弱的环节，离"全民教育""教育平等"的目标还有很大的距离。

（三）高中及中等职业教育

大部分残疾儿童自初中毕业就直接进入职业技术学校，接受专门的职业技能训练，为将来进入社会获取谋生技能和手段。然而，特殊儿童也具有与普通儿童一样接受平等教育的权利，他们也应该与普通儿童一样进入高级中学，通过接受进一步的教育，掌握更加丰富的科学知识，并形成一定的批判性思维，培养独立思考的能力。我国自 20 世纪 90 年代以后，义务特殊教育体系基本形成，部分地区开始零散地发展高中及中等职业特殊教育。1993 年，中国残疾人联合会与教育部分别在南京试办聋人普通高中，在青岛试办盲人普通高中，实行了普通教育与职业教育相结合的双轨制教育，效果显著。在此基础上，各地陆续兴办了聋人高中、盲人高中。截至 2005 年，全国已开办了 66 所特殊教育普通高中，在校生人数达 3 891 人。其

① 邓猛．融合教育与随班就读——理想与现实之间[M]．武汉：华中师范大学出版社，2009：119．

② 朴永馨．特殊教育辞典[M]．北京：华夏出版社，1996：36．

中，盲人高中 17 所，在校盲生数为 704 人；聋人高中 49 所，在校聋生数为 3 187 人。中残联发布的《2010 年中国残疾人事业发展统计公报》显示，2010 年全国已开办特殊教育普通高中 99 所，在校生 6 067 人。其中，聋人高中 84 所，在校生 5 284 人；盲人高中 15 所，在校生 783 人。残疾人中等职业教育机构有 147 个，在校生11 506 人，毕业生 6 148 人，其中获得职业资格证书的有 4 685 人。2010 年，全国有7 674 名残疾人被普通高等院校录取，1 057 名残疾人进入特殊教育学院学习。①

1985 年，《中共中央关于教育体制改革的决定》提出，“调整中等教育结构，大力发展职业技术教育”，确立了职业教育在实现现代化建设中的战略地位，为特殊教育学校发展职业教育指明了方向。1989 年，《国务院办公厅转发国家教委等部门关于发展特殊教育若干意见的通知》，明确提出发展特殊教育事业的基本方针是“着重抓好初等教育和职业技术教育”，要求各级各类特殊教育学校要“切实加强劳动技能和职业技术教育”。1990 年，《中华人民共和国残疾人保障法》首次从法律的视角规定特殊教育学校要“在进行思想教育、文化教育的同时，加强身心补偿和职业技术教育”。1994 年，国务院颁布的第一部残疾人教育法规《残疾人教育条例》，专设“职业教育”内容，明确规定“各级人民政府应当将残疾人职业教育纳入职业教育发展的总体规划，建立残疾人职业教育体系，统筹安排实施”。2007 年 12 月，教育部基础教育司首次以特殊教育学校职业教育工作为专题召开会议，研究、部署特殊教育学校职业教育工作。教育部基础教育司要求特殊教育学校要“积极探索针对残疾孩子特点的职业教育发展之路”，教育行政部门“要采取措施，加强对本地特教学校职业教育的指导和帮助，切实开展好特殊教育学校职业教育工作”。② 2010 年，《国家中长期教育改革和发展规划纲要(2010—2020 年)》提出，未来十年特殊教育的发展任务之一即“大力推进职业教育”，“加强残疾学生职业技能和就业能力培养”。

20 世纪 80 年代以来，我国特殊教育学校职业教育经历了“艰难起步、实践探索、逐步规范”的发展历程，取得了令人瞩目的历史性成就。

一是职业教育体系基本形成。在 20 世纪 90 年代构建了“初职为主体、中职为骨干”的特殊教育学校职业教育体系框架；近年来随着高等教育的改革与发展，逐

---

① 新华网. 中国为盲、聋、智残少年儿童兴办的特殊教育学校已达 1667 所[EB/OL]. [2008 - 09 - 12]. http://news. xinhuanet. com/newscenter/2008 - 09/12/content_9946928. htm.

② 李黎红. 探寻特教学校职业教育发展之路——全国特殊教育学校职业技术教育工作现场经验[J]. 现代特殊教育，2008(1)：4 - 8.

步过渡到中职、高职“共同发展，相互补充”的新局面。从统计数据看，约96%的职业初中位于县城及农村，专业与农业生产相关，如农作物种植、家禽饲养等。近15年来全国职业初中的数量呈递减趋势，从1997年的1 469所缩减至2011年的54所。①②

二是职业教育初具规模。中等职业教育机构由1996年的75所发展到2009年的174所，在校生由1996年的4 306人发展到2009年的11 448人，另有特殊教育学校学生在适当年级接受不同形式的初等职业教育。中等残疾人职业学校教育在初中教育基础上实施，为残疾学生就业和继续深造创造条件，是我国残疾人职业教育体系建设的重点。残疾人可在高中阶段的特殊学校，残疾人职业中专学校，普通职业中专学校、技工学校的普通班或残疾人班接受中等职业教育，并以前两者为主要形式。

三是职业教育办学体制创新。教育、民政、残联等部门通过多种形式举办或参与举办中等职业教育机构，到2009年，除教育部门举办的特殊教育学校外，残联系统举办了10所残疾人中等职业学校，逐步形成了政府、社会团体、行业等相结合的多元化办学新体制。

四是培养了大量高素质的残疾劳动者和实用型残疾人才。2006—2009年，仅中等职业学校毕业的残疾学生就达22 497人，其中17 459人获得了劳动部门颁发的职业资格证书。③

赵树铎等人对我国盲校、聋校和培智学校的学生职业教育及就业状况做了调查④，其调查结果表明：特殊学校非常重视职业教育，并将其列为必修课而贯穿九年义务教育的始终。劳动技术教育也受到了普遍重视，配备了专门教师。特殊职业教育存在总体差异。京津地区的盲校和聋校都具有较高层次的职业教育，达到了职业高中的水平，属于九年义务教育后的教育。培智学校的职业教育仍处于九年义务教育的阶段。总的来说，特殊学生的就业率较低，且从业门类分散。有些学

① 教育部.2005年职业中学校数、班数、毕业生数和招生数[EB/OL].[2005-05-26].http://www.moe.gov.cn/publicfiles/business/htmlfiles/moe/moe_578/200505/7613.html.

② 教育部.2011教育统计数据——初中阶段校数、班数[EB/OL].[2013-05-29].http://www.moe.edu.cn/s78/A03/moe_560/s7382/201305/t20130529_152509.html.

③ 刘俊卿.我国特殊教育学校职业教育发展的历史经验、现实问题及未来选择[J].中国特殊教育，2011(3)：3-7.

④ 赵树铎，刘福泉，周耿.三类残疾儿童劳动技术教育与就业状况的典型调查[J].中国特殊教育，1998(4)：16-20.

校过分强调让学生掌握“一技之长”，忽视了提高学生从容就业所必需的身体素质和心理素质训练。

据统计，2012 年全国开展视力残疾人和听力残疾人高中阶段教育的特殊学校分别有 22 所和 121 所，在校生 7 043 人，其中大多设置职业高中班（部）或开设职业教育课程，[①]学制 3 年。学生不仅学习语文、数学、英语等基本课程，还要学习一些专业技术知识，如盲校的推拿按摩，聋校的工艺美术、服装设计、机械维修、烹饪、计算机应用等。学生毕业后颁发普通高中毕业证书，可选择就业或参加高考进入高等学校。

我国 31 个省、自治区、直辖市均设有至少一所省级和若干所市级及以下的残疾人职业中专学校。这类学校的招生对象包括生活可以自理的肢体残疾人、视力残疾人、听力残疾人等，对于初中文化程度者学制三年、高中文化程度者学制一年，专业涉及中医康复保健、工艺美术、机电维修、电子商务、装饰设计、酒店服务等。学校大多具备校内实训场地和校外合作企业，学生毕业后颁发普通高中毕业证书，在校期间也可考取职业资格证书。优秀毕业生有机会根据合作企业的需要推荐就业，或直升高等层次的职业教育学校。

2006—2010 年，残疾人职业中专学校与开设高中阶段教育的特殊学校数量比在 1.48∶1 至 1.78∶1 之间，其中残疾人职业中专学校的招生数和获得职业资格证书的毕业生人数比例呈逐年递增趋势（刘俊卿，2012）。截至 2012 年底，残疾人中等职业学校（班）共有 152 个，在校生 10 442 人，毕业生 7 354 人，其中 5 816 人获得职业资格证书（中残联，2013）。

（四）残疾人高等教育的发展

1985 年，原教育部、国家计委、劳动人事部、民政部联合发出《关于做好高等学校招收残疾青年和毕业分配工作的通知》，要求各地教委、高招办在招生工作中，在德、智条件相同的情况下，对生活能够自理、不影响专业学习及工作能力的肢体残疾（不继续恶化）考生，给予和正常考生同等的录取资格。1990 年公布的《残疾人保障法》，以国家法令的形式确立“逐步发展高级中等以上教育”的方针。残疾人高等教育的两种形式是：在普通教育机构中对有接受普通教育能力的残疾人实施的教育和成立专门特殊教育机构（学院、系、班）实施教育。高校要按国家规定的标准

① 中残联. 2012 年中国残疾人事业发展统计公报（残联发〔2013〕3 号）[EB/OL]. [2013 - 03 - 26]. http://www.cdpf.org.cn/sjzx/tjgb/201303/t20130326_357748.shtml.

接受符合条件的残疾考生入学，残疾考生及亲属有权依法要求高校执行国家法律。与此同时，《教育法》《教师法》《高等教育法》《职业教育法》等一系列法律法规都明确规定残疾人接受高等教育的权利。国务院也在保障残疾人高等教育权方面做了许多工作。1988 年全国第一次召开特殊教育工作会议，1989 年国务院下发《关于发展特殊教育的若干意见》，其中确定，“当前和今后一个时期发展特殊教育的基本方针是：着重抓好初等教育和职业技术教育，积极开展学前教育，逐步发展中等教育和高等教育”。为保障残疾人能够参加各类升学考试，《残疾人保障法》规定：“应当为盲人提供盲文试卷、电子试卷或者由专门的工作人员予以协助。”2002 年 9 月，上海盲校的一名高中毕业生通过盲文点字以及放大试卷字号的形式参加了高考，并被上海师范大学录取。①

1994 年颁布实施的《残疾人教育条例》规定：“普通高级中等学校、高等院校、成人教育机构必须招收符合国家规定的录取标准的残疾考生入学，不得因其残疾而拒绝招收。” 2001 年开始的《中国残疾人事业“十五”计划纲要》规定：“大力发展教育，提高残疾人素质……巩固提高残疾人高等教育，鼓励在普通高等院校开设特殊教育专业（班），逐步形成学前教育、义务教育、高级中等教育、高等教育相互衔接的残疾人教育体系……进一步完善普通高等院校招收残疾考生的政策，进行放宽体检标准的试点，拓宽残疾学生接受高等教育的渠道，扩大高等院校对残疾人的招生数量。”

我国残疾人高等特殊教育开始于 20 世纪 80 年代中期，1985 年成立的山东滨州医学院医疗二系开了我国最早招收残疾大学生的先河。该学院医疗二系是全国第一个专门招收肢体残疾学生的大学本科专业。1987 年成立的长春大学特殊教育学院则是我国第一所高等特殊教育学院，盲、聋考生每年五月末或六月初在长春考试；肢体残疾考生参加全国普通高校招生的统一考试。1987 年，北京大学首次招收了 21 名肢残生，开创了残疾人在普通高校随班就读的先河。天津理工大学聋人工学院成立于 1997 年，招生对象为高中毕业或具有同等学力的聋生。北京联合大学特殊教育学院成立于 2000 年，其中的高等职业教育系和公共管理系面向全国招收残疾学生。此外，部分普通高等院校也开办了招收残疾人的系或班，如上海应用技术学院、南京特殊教育师范学院、长沙特殊教育职业学院、重庆师范大学、西

① 宗占国，庄树范. 创建中国特色的残疾人高等教育[J]. 中国高教研究，2005(4)：46 - 49.

安美术学院等都开设了聋人大专班。

2003年11月，经教育部批准，北京市成人高考首次面向残疾人实行单考单招政策，当年录取了63名考生，分别就读于针灸推拿按摩、钢琴调律、艺术设计、计算机等专业。2003年起，上海市开始尝试在普通高等院校以融合的形式招收视障学生，华东师范大学、上海师范大学、上海中医药大学、上海市第二工业大学等高校陆续接受了数十名视障学生就读。近年来，国内许多高等院校录取了越来越多的各类残疾考生。自1985年教育部发出通知，提出关于做好高等学校招收残疾青年的一系列要求后，每年都有1 000多名残疾考生进入普通高校学习，近几年，每年达到3 000多名。① 通过“单考单招”形式进入高等特殊教育学院（系、专业）接受特殊教育的，以视力残疾、听力残疾学生为主，2000年以来，每年招生人数在1 000人左右。另外，还有部分残疾学生通过参加成人高考、自学考试以及远程教育的方式接受高等教育。“十五”期间，普通高等院校累计录取残疾学生16 000余人，残疾学生高考上线录取率保持在90%左右。截至2004年，我国共有各类残疾人高等院校（系）9所，大部分普通高校都有残疾学生在读。②南京特殊教育师范学院、长沙特殊教育职业学院、重庆师范大学、西安美术学院新开设聋人大专班；北京联合大学特教学院在全国率先实现残疾人成人教育单考单招；广东省对残疾人实施网络远程教育……残疾人接受高等教育的资源和形式进一步丰富。③

目前，我国残疾人接受高等教育的形式主要有四种。

第一，普通高等学校设立特殊教育学院、开设特殊教育系或专业，采取单独考试录取的方式，主要招收视力、听力残疾学生学习各种相应的专业。据统计，截至2010年底，我国专门招收残疾人的残疾人高等院校（系、专业、班）17个，在校生近3 000人，年招生计划约为1 000人。全国有17个残疾人高等教育机构（多称“特殊教育学院”）实行“单独考试、单独招生”政策，经教育部同意，可面向全国或跨省区招生的达11个。在办学规模上，有7个院校的学生人数在百人以上，其中长春大学特殊教育学院规模最大，在校生约为700人；在办学层次上，有7个院校设有本

---

① 宗占国.关于残疾人高等教育几方面问题的思考[J].长春大学学报，2005(1)：1-4.

② 余慧云，韦小满.我国高等特殊教育研究综述[J].中国特殊教育，2006(4)：12-17.

③ 中残联.中国残疾人事业“十五”计划纲要执行情况统计公告[EB/OL].[2007-12-02].http://www.cdpf.org.cn/sjzx/tjgb/200712/t20071202_357729.shtml.

科层次的教育，其他院校只有专科层次的教育。[①] 具体情况见表 3－3。

表 3－3　全国高等特殊教育学院基本情况表[②]（截至 2010 年底）

序号	院校（系、专业）名称	建立时间	办学层次	年招生计划（人）	在校生（人）		
					外省学生	全体学生	外省学生占总体比例
1	滨州医学院特教学院（山东）	1985	本科	50	96	176	54.54%
2	长春大学特教学院	1987	本科	192	606	697	86.94%
3	天津理工大学聋人工学院	1997	本科	72	204	234	87.18%
4	北京联合大学特教学院	2000	本科、专科	120	348	468	74.36%
5	南京特殊教育职业技术学院	1982	专科	120	44	198	22.2%
6	南京中医药大学针灸推拿系	1993	专科	25	7	18	38.9%
7	金陵科技学院（江苏）	1997	本科	29	6	25	24%
8	中州大学聋人艺术设计学院（河南）	2005	专科	120	265	383	69.19%
9	长沙职业技术学院特殊教育系	2002	专科	80	77	116	66.38%
10	重庆师范大学特教学院	2005	本科	20	43	67	64.18%
11	西安美术学院特殊艺术学院	2004	专科	30	61	91	67.03%
12	上海应用技术学院环境艺术设计专业	2000	本科、专科	20	0	65	0
13	广州大学	2007	专科	40	0	81	0
14	广州中医药大学	2006	专科	30	0	30	0
15	郑州师范高等专科学校	2008	专科	43	0	129	0
16	河南省中医学院	2008	专科	50	0	50	0
17	福州职业技术学院	2010	专科	15	0	15	0
合计				1 196	1 757	2 952	60%

第二，普通高校招收残疾学生与健全学生一同进行专业学习，主要招收肢体残疾的学生和轻度视力残疾、听力残疾的学生。在高等特殊教育学院招收残疾学生的同时，还有大量肢体残疾和部分轻度听力残疾、视力残疾人通过普通高考，进入普通高校就读。据统计，仅“十一五”期间，普通高校录取残疾学生约 30 000 人。2010 年，全国有 7 782 名残疾人被高校录取，分别比 2000 年、2005 年增加了 5 453 人和 2 543 人。[③] 自从 1984 年我国第一个关于招收肢体残疾学生的文件出台后，

① 黄伟. 我国残疾人高等教育公平研究[J]. 中国特殊教育，2011(4)：10－15.

② 黄伟. 我国残疾人高等教育公平研究[J]. 中国特殊教育，2011(4)：10－15.

③ 中国残疾人联合会. 2006　2010 年中国残疾人事业发展统计公报[EB/OL]. http://www.cdpf.org.cn/sjzx/tjgb/index.shtml.

我国残疾考生平等获得高等融合教育的机会大大提高，2002—2009 年我国普通高等院校残疾学生录取率均在 85％以上，这也就意味着绝大多数达到录取分数线的考生基本都能够进入普通高等院校学习。

第三，一些独立设置的残疾人中等职业学校采取与成人高校合作办学的方式，举办一些专业的大专班，招收残疾学生。但这种形式随着时代的发展正逐步萎缩并趋于消失。

第四，通过自学考试等渠道对残疾学生实施高等专业教育①。2002 年中央广播电视大学成立残疾人教育学院，此后，上海开放大学等 30 多个省市电大先后成立了残疾人教育学院或教学点，运用现代远程教育手段，面向残疾人开展高等学历教育，截至 2011 年累计招生 7 000 多人。② 为鼓励残疾人自学成才，中残联设立了残疾人自学成才奖，已有近 700 人获得此项奖金，其中有盲人、聋人、肢体残疾人。③

总的来看，当前我国高等融合教育主要招收盲、聋和肢体残疾三类学生。其中，进入普通高等院校接受普通高等教育的，以肢体残疾学生为主；通过“单考单招”形式接收残疾学生进入高等特殊教育学院（系、专业）接受特殊教育的，以视力残疾、听力残疾学生为主。

国家同时大力资助残疾学生报考残疾人高等职业技术院校，对贫困残疾大学生实行学费减免、勤工助学、奖助学金和特殊困难补助政策。在贯彻落实国家的各项助学政策，积极完善“减、免、补、奖、助”等常规措施的基础上，建立了面向困难残疾大学生的助学体系。同时，地方政府、行业企业和社会团体在残疾人高校设立了助学金、奖学金，许多金融机构也为接受残疾人高等职业教育的学生提供助学贷款，形成了一个以国家助学金为主、其他多种资助方式为辅，具有普惠性的残疾大学生资助体系。这既是一项针对残疾学生的善举，也是拓宽残疾人高校生源渠道的重要举措。④

虽然残疾学生的入学率有所增加，但目前还没有研究能客观反映残疾学生在普通高校的生存与学习状况。由于普通高校没有人员培训，也不具备相应的服务

---

① 孔令波，刘阳．残疾人高等教育全纳性教学管理体系的构建与应用[J]．现代教育科学，2010(6)：161－175.

② 严冰，何菁．让残疾人“折翅也能高飞”——历史视野中的广播电视大学(二)[J]．中国高等教育，2011(10)：24－26.

③ 朱宁波．关于残疾人高等教育形式之探析[J]．中国特殊教育，2001(3)：14－20.

④ 刘鹏宇．以就业为导向推动残疾人高等教育转型——以壁挂教学为例[J]．现代教育科学，2008(5)：67－70.

设施及条件，残疾学生参与大学教学、学术和社会活动的平等机会还无法保证。残疾学生在普通高等教育系统中，处于某种程度的隔离状态，不利于他们的身心和能力发展，而且仍然有近 10% 的合格残疾学生被大学以各种借口拒之门外。① 除了规模较小和辅助技术不足外，我国残疾人高等教育还存在着很多问题，如专业设置单一重复、各校独立命题标准不一、学生水平参差不齐、特教师资水平有待提升、学生就业困难等。②

据调查，1999 年全国在校大学生近 700 万人，而同期在校残疾大学生不超过 6 000 人，残疾人上大学的人数甚少。对比来看，残疾学生人数不到普通学生的 1%；换一个角度看，在校普通大学生占全国人口的 5%，残疾大学生占全国残疾人数量的 1%，差距悬殊。残疾人高等教育与社会以及高等教育发展不相适应，残疾人高等教育尚未普及，进入高校的残疾人很少，2000 年进入高校的残疾人为 2 329 人，不及当年新生的 2‰。③ 1987 年全国残疾人抽样调查时受过大学教育的残疾人只有 0.3%，第二次全国残疾人抽样调查时已提高到 1.47%，上升了 3.9倍④，但仍然远低于普通人口样本总量（2 360 030 人）中接受高等教育的普通人口比例（5.46%）。

据 2006 年第二次残疾人抽样调查数据显示，我国残疾人总数达 8 296 万，占全国人口的 6.34%。在这庞大的群体中，根据 2007 年 1 月中残联第四届主席团第五次全体会议《关于制定残疾人小康指标体系的指导意见（征求意见稿）》，到 2010 年，每万名适龄（18—22 岁）残疾人中在校大学生人数将≥90 名。这就意味着，到时接受高等教育的适龄残疾人毛入学率不到 1%。而 2007 年我国普通高等教育的毛入学率已达到 23%，到 2010 年，我国高等教育毛入学率达到 25%。普通高等教育已迈进大众化并向普及化方向发展，残疾人高等教育在一段时期内却仍将处于精英化阶段。

---

① 崔凤鸣. 美国《残疾人教育法》与残疾人高等教育[J]. 比较教育研究，2006(10)：70－72.

② 天津网. 残疾人高等教育现状调查[EB/OL]. [2012－04－27]. http://news. 163. com/12/0427/08/80369VDL00014AED. html.

③ 朴永馨. 残疾人高等特殊教育的产生和发展[J]. 中国听力语言康复科学杂志，2004(3)：3－6.

④ 国家统计局. 第二次全国残疾人抽样调查主要数据公报(第二号)[EB/OL]. [2007－05－28]. http://www. stats. gov. cn/tjsj/ndsj/shehui/2006/html/fu3. htm.

第三节　我国特殊教育层次结构调查

一、调查背景

特殊教育理论是建立在特定社会的政治、经济、文化基础之上的，当某一社会对残疾、平等等观念发生变化时，特殊教育的基本理论与教育形式也会随之发生变化。[①] 各国的政治、经济、文化发展不平衡，特殊教育体系也有着不同的特点，但都重视普及并提高义务教育的质量，促进其向学前教育和高等教育两个方向延伸，加强普通教育与职业技术教育的结合等，并重视由学校向社会生活之间的过渡与衔接。同时，随着融合教育的发展，近年来，各个国家都不断倡导特殊教育与普通教育在各个教育层次上的交叉、渗透与融合。[②]

西方特殊教育体系研究与实践关注两个方面的内容。

一是特殊教育从学前教育到高等教育的布局与发展。美国从 20 世纪 60 年代开始重视对残疾儿童的早期教育与康复，通过 Head Start 计划对处于贫困中的高危及残疾儿童进行学龄前的教育和干预。1975 年颁布的 94—142 公法仅规定对 6—18 岁的残疾儿童基于“零拒绝”的原则提供适当的公立教育，未涉及学前与义务教育阶段后的教育与生活方面的支持。1986 年，该法案修订(99—457 公法)增加了对 3—5 岁儿童的教育服务条款，同时要求为 0—2 岁的残疾婴幼儿提供支持与服务。[③]

1990 年的 101—476 公法(即 IDEA)是对 1975 年的 94—142 公法的修订，对接受特殊教育服务的对象在年龄上进行了调整，开始向两端延伸，涵盖 0—21 岁的残疾人。残疾儿童的教育服务不仅包括 0—2 岁特殊婴幼儿的个别化家庭服务计划(IFSP)，而且包括 3—15 岁学龄儿童的个别化教育计划(IEP)以及 16—21 岁残障青年的个别化转衔计划(ITP)，从而建立针对残疾人群终身教育与康复服务的

---

① 邓猛，潘剑芳. 关于全纳教育思想的几点理论回顾及其对我们的启示[J]. 中国特殊教育，2003(4)：1 - 7.

② 邓猛，王麟. 特殊儿童教育[J]. 北京：中央广播电视大学出版社，2011.

③ Smith B. J.. The federal role in early childhood special education policy in the next century: The responsibility of the individual[J]. Topics in Early Childhood Special Education，2000，20 (1)：7 - 13.

保障体系。[①] 对于高等教育领域，西方在 20 世纪 80 年代以后才逐渐加以重视。随着融合教育理念的推广及对基本人权认识的普及，残疾人接受高等教育逐步成为法律保障的重要议题以及社会公平的重要表现。据英国高等教育统计局(HESA)统计，残疾人接受高等教育的比例从 2000 年的 4.1%增加至 2005 年的 5.8%。[②] 2008—2009 年度，美国 3—21 岁残疾学生有 650 万，占入学总人数的 13%。1978 年，美国各类各级高等学校在校生中只有 2.6%的残疾学生，到 1994 年剧增至9.2%，在 1 450 万大学生中，超过 140 万的学生有一类或者一类以上的残疾。1996 年以后，高校以及各类成人继续教育机构中的残疾学生数则一直稳稳超过总学生人数的 19%。尽管如此，残疾人接受高等教育的比例仍然比正常学生低 50%以上。[③] 虽然西方残疾人高等教育正快步向普及化迈进，但残疾人接受高等教育的机会仍远远低于正常人，许多在校的残疾大学生也因为环境与学业等压力而不能顺利获得学位。[④] 西方特殊教育结构中，两头延伸趋势不断增强，但早期教育与高等教育仍存在着不少障碍。

二是对残疾儿童不同人生阶段之间的转衔与服务的关注。转衔是指从人生的一个阶段向另一个阶段转换的过程，特指残疾学生从家庭到学校、从低年级到高年级、从一个学校到另一个学校、从社区到学校、从学校到社区之间的转换与衔接。[⑤] 美国 1975 年颁布的 94—142 公法，确定了残疾学生在正常环境中生活与教育的权利。该法案规定：必须为残疾儿童(16 岁以前，重度智力落后与多重残疾儿童 14 岁以前)发展“个别化转衔计划”(Individualized Transition Plan，简称 ITP)，为他们的高等和继续教育、职业训练与指导、成人指导与服务、社区参与等提供支持与服务。这些条款为残疾学生进入大学、参与社会生活奠定了基础。美国 1990 年颁布的《美国残疾人法案》(*Americans with Disabilities Act*，简称 ADA)反对针对残疾的各种障碍环境与社会歧视。应在就业、公共环境准入、社会服务、交通、教育等公

---

① 于松梅，侯冬梅. 美国《障碍者教育法》的演进及其特殊教育理念[J]. 辽宁师范大学学报(社会科学版)，2008(4)：78 - 80.

② HESA. Student tables 2000—2005[EB/OL]. www. hesa. ac. uk，2006.

③ Texas Council for Developmental Disabilities. Higher education resource guide for students with disabilities [EB/OL]. http://www. tcdd. texas. gov/wp-content/uploads/2014/10/2014-higher-ed-en_web. pdf.

④ Getzel，E. E.，Thoma，C. A. Experiences of college students with disabilities and the importance of self-determination in higher education settings[J]. Career Development for Exceptional Individuals，2008，31 (2)：77 - 84.

⑤ Nova Scotia Department of Education. Transition planning for students with special needs：The early years through to adult life[R]. Province of Nova Scotia，2005：5.

共服务的各个方面消除排斥与各种障碍。

94—142 公法在 1990 年、1997 年、2004 年分别进行了修订，被称为 IDEA (Individuals with Disabilities Education Act)，1997 年的修订案具体规定了如何协调包括中学教育在内的向成年人生活转换的一系列教育、服务等活动，并且规定了如何有计划地改善学生的未来成年生活质量等问题。"转衔服务"必须包括"教育、相关服务、社区生活体验、成年后的职业发展指导和其他如制定离校后成年生活目标等，并且保证在适当的时候让学生获得日常生活的技巧"[①]。美国 2004 年重新审定通过的《残疾人教育法案》中的一项重要修改内容就是对残疾人"转衔服务"内涵的扩展：转衔服务是指为残疾儿童开展的一系列有目的的协调性活动，包括以下几点。

(1) 有利于促进残疾学生学业与功能发展的针对性活动，这些活动能够促进儿童顺利地从学校向学校后生活阶段过渡，这些学校后的社会活动包括学校后教育、职业教育、统整性的就业(包括支持性就业)、继续教育与成人教育、成年服务、独立生活、参与社区活动等。

(2) 这些活动的设计基于学生的实际需求，并考虑学生的潜能、偏好以及兴趣特点。

(3) 转衔服务还包括教学、相关服务的提供、学校后的成人生活目标以及适当的生活技能与功能性职业教育培训。[②]

尽管从学校到社会的过渡与衔接是 ITP 的重点内容，考虑到较早的、不间断的计划对于残疾学生的未来教育、社会融入以及职业的成功十分重要，美国义务教育阶段(即 K-12)残疾儿童教育转衔计划也得以连续、完整地实施。ITP 计划始于小学，跨越整个高中，并与学校后生活紧密相连。[③] 这种持续性的教育转衔可以帮助学生在最初的教育阶段就确立好转衔目标，在随后的教育阶段中学校管理者和教师可以根据在教学中遇到的不同情况进行转衔的调整。

20 世纪 80 年代以来，我国特殊教育发展采取了循序渐进的原则，一系列与特

---

① 刘贤伟. 美国残疾学生转换服务法规与转换模式的研究：美国保证残疾中学生向学校后过渡对我国的启示[J]. 比较教育研究，2008(2)：17-21.

② Transition, Transition Services, Transition Planning[EB/OL]. [2015-02-17]. http://www.wrightslaw.com/info/trans.index.htm.

③ Levinson E M, Ohler D L. Transition from high school to college for students with learning disabilities: Needs, assessment and services[J]. High School Journal, 1998, 82(1): 62-69.

殊教育相关的法律法规都明确规定“将残疾儿童少年义务教育纳入义务教育体系”，实行“普及与提高相结合，以普及为重点”的特殊教育发展方针，着重普及义务教育阶段三类残疾儿童教育。同时，我国特殊教育在重视义务教育的基础上，向两头延伸，即向下延伸到学龄前、向上延伸至高中及高中以上教育的趋势明显加强。目前，我国残疾人的特殊教育已初步形成了从社会多个系统采用多种形式的各类残疾幼儿教育到义务教育，再到盲、聋、肢残等残疾青年高等教育、成人教育的体系，并从义务教育向学前教育和义务后教育迈进。① 我国的这种相对独立的特殊教育体系是特殊教育方式的一种，与其平行的还有残疾人与同龄普通人一起受教育的普通教育方式，即从幼儿到高等教育都在普通教育机构和院校学习。这两种方式是相互结合、相辅相成的，两个系统可以双向交流，构成了特殊教育与普通教育密切融合又相对独立的、包含在国家大教育体系中的小特殊教育体系。②

尽管如此，我国残疾儿童少年数量众多，特殊教育基础薄弱，残疾儿童少年平等接受义务教育的权利还没有得到完全实现，成为我国国民教育体系中最为薄弱的环节。残疾儿童“上学难”，平等接受义务教育的权利还没有得到充分的保护，显然，尽快普及残疾儿童少年义务教育是我国发展特殊教育的中心任务。与我国特殊教育在义务教育、中等教育阶段的发展水平相比，学前特殊教育事业因起步稍晚，发展水平相对落后。③ 残疾人职业教育、高等教育也是近年来才逐步受到政府与社会的关注，虽然取得了一些进步，但离大规模普及的目标还非常远。

我国特殊教育层次结构存在着规模小、搭配不合理、衔接转换服务缺位等问题，但是相关的研究与探索还非常少。这些问题还没有引起社会足够的关注，也很少有研究者在这方面进行系统的实证调查与研究。因此，本书主要集中对我国特殊教育层次结构进行调查研究，探讨我国特殊教育层次结构的特点与问题，并据此提出相应的对策。

二、研究方法设计

关于不同性质与层级的特殊教育学校规模、比例、递进以及衔接关系等的动态

① 孟万金．辉煌特教六十年——为新中国六十华诞献礼[J]．中国特殊教育，2009(9)：3－7．
② 刘全礼，毛伟．中国的基础特殊教育[J]．教师博览，2007(12)：39－41．
③ 刘颂，曾凡林．中国的学前特殊教育[J]．教师博览，2007(12)：38－39．

数据，并非现有的统计报告等文字记录能够完整反映。现有统计资料只能说明不同学校的规模、招生人数、数量等静态的数据，至于是否合理以及不同学校之间应该保持何种关联和衔接等问题，需要更深入的调查与专业判断。鉴于此种原因，也因为上述研究中已经结合现有研究与统计报告对特殊教育层次结构进行了静态的描述，所以本书试图通过质的研究设计，深入地反映特殊教育层次结构及其衔接的复杂关系。

质的研究方法是归纳性质的，一般采用观察、访谈、文本分析等具体方法进行，通过描述特定的现象、场景或过程，解释蕴含其中的意义，探索现象中不同要素之间的一般性联系并形成基本的概念系统或理论模式，据此对人们的认识与行为方式产生影响。① 质的研究蕴含着浓厚的人文主义色彩，具有强烈的理论探索性质，追求对人类现象/行为进行解放性的意义解读与理解。质的研究中主体与客体是不可分的，研究发现则是二者交互作用的结果，主观性而非客观性成为质的研究的重要特点，研究者的价值介入（value bound）在研究中扮演着重要的角色。以建构主义为基础的质的研究立足于多元的社会文化视野与批判主义的视角，采用具有归纳性质的观察与田野考察等手段对现象进行描述与解读，在此基础上形成一般性的概念联系或理论模式。②

1. 访谈形式

本部分采用半结构式访谈法（semi-structured interview）。半结构式访谈由一些预先设计好的访谈问题组成，但在实际访谈过程中可以根据当时的情景进行变动，这有利于访谈的灵活性并确保数据的整齐性，以方便比较。访谈问题根据研究目的并参考相关文献加以确定后，通过邀请专家、同行审议、召开座谈会讨论的形式确定其内容效度。

2. 访谈对象

根据研究目的，研究者通过网络空间随机选取特殊教育研究者、特殊教育一线工作者以及部分残疾学生家长进行面对面、网络对话等形式的访谈。访谈对象具体背景信息如表 3－4、表 3－5 所示。

---

① Patton, M. Q.. Qualitative evaluation and research methods (2nd ed.)[M]. Newbury Park, Calif.: Sage Publications, 1990: 20.

② Maxwell, J. A.. Qualitative research design: An interactive approach[M]. Thousand Oaks, Calif.: Sage Publications, 1996: 32.

表 3－4　高等院校访谈对象基本信息

姓名	单位	年龄（岁）	性别	学历/学位	职称	任教科目	代码
隋春玲	唐山师范学院	43	女	研究生/硕士	副教授	盲文、特殊儿童评估	Ihi-Sui
江小英	西南大学特殊教育系	36	女	研究生/硕士	讲师	特殊教育学	Ihi-Jiang
刘慧丽	赤峰学院	47	女	研究生/博士	讲师	特殊教育概论	Ihi-Liu
邹广万	赤峰学院	48	男	研究生/硕士	副教授	心理学、特殊儿童心理与教育	Ihi-Zou
亢飞飞	河北师范大学汇华学院	27	女	研究生/硕士	讲师	特殊教育学	Ihi-Kang
兰继军	陕西师范大学心理学院	41	男	研究生/博士	教授	行为矫正	Ihi-Lan
彭兴蓬	华中师范大学特殊教育系	30	女	研究生/博士	讲师	融合教育、视力残疾儿童心理与教育	Ihi-Peng
李欢	西南大学特殊教育系	30	女	研究生/博士	讲师	特殊教育学、智力落后教育	Ihi-Li
赵斌	西南大学特殊教育系	41	男	研究生/博士	副教授	孤独症、学习障碍、中国盲文	Ihi-Zhao
邱女士	浙江特殊教育职业学院	无	女	研究生/硕士	副教授	思想政治等	Ihi-Qiu
雷江华	华中师范大学特殊教育系	38	男	研究生/博士	教授	听力残疾儿童教育、特殊儿童心理	Ihi-Lei

接受访谈的高等师范院校教师包括国内 7 所师范院校的中青年教学研究骨干，教育背景均为研究生，硕士学位以上；教学科目涵盖特殊教育的各主要领域，是当前我国特殊教育教科研的主力军。

表 3－5 显示了接受本课题小组访谈的特殊学校校长与教师的基本信息。课题小组共访谈了 30 名校长和教师，共有 21 名访谈对象的数据被采用，其他访谈对象因信息重复或不完整被剔除。其中，校长或主任 4 名，教师 17 名；男女各为 5 名与 16 名。年龄多为 30 岁以下的青年教师，访谈对象学历均为大专以上，本科以上为 19 名，含硕士研究生 3 名。访谈对象主要来自综合性质的特殊教育学校或培智学校，有两名教师来自聋校，一名来自盲聋哑学校。教师以从事聋教育或者培智教育为主，承担特殊学校各类传统分科课程以及综合性质课程，如主题教学、生活适应等的教学。

表 3-5　特殊学校访谈对象基本信息

姓名	代码	单位	年龄（岁）	性别	学历/学位	教龄（年）	职称	职位	任教年级	任教科目
董文平	Ibi-Dong	广东省广州市天河区启慧学校	27	女	本科/学士	4	二级教师	教师	八年级	主题教学
肖萍	Ibi-Xiao	贵州省遵义市务川仡佬族苗族自治县特殊教育学校	34	女	大专	16	小教一级	校长	聋二、四、七、八年级	美术
高华	Ibi-Gaohua	河北省唐山市盲聋哑学校	40	女	本科	15	中教高级	教师	初一、初二	数学
刘小龙	Ibi-Liuxiaolong	四川省成都市成华区特殊教育学校	38	男	本科	无	中教一级	校长	无	无
高秀龙	Ibi-Gaoxiulong	河北省唐山市特殊教育学校	32	男	本科/学士	9	中教一级	教师	高二	数学
邓乾辉	Ibi-Deng	广东省珠海市特殊教育学校	29	男	研究生/硕士	4	中教一级	教师	四、九年级	生活语文、生活数学、生活适应等
罗玉姣	Ibi-Luo	湖南省长沙市特殊教育学校	24	女	本科/学士	1	中教二级	教师	五年级	主题教学
钟瑞	Ibi-Zhong	吉林省双辽市特殊教育学校	32	女	本科	12	小教一级	教师	启喑八年级	常识
曹海波	Ibi-Cao	吉林省双辽市特殊教育学校	34	女	本科	10	初级职称	教师	低年级	语文 、数学
刘家吉	Ibi-Liujiaji	吉林省双辽市特殊教育学校	46	男	大专	26	小学高级	教师	高年段	语文 、数学
徐成娇	Ibi-Xu	吉林省双辽市特殊教育学校	33	女	本科	12	小教一级	教师	高年段	音乐
孙杰	Ibi-Sun	吉林省四平市聋哑学校	44	女	本科	25	中教高级	教师	一、二、三年级	语言训练
高凯健	Ibi-Gaokaijian	广东省佛山市南海区星辉学校	39	女	本科	21	中教一级	校长	无	无

（续表）

姓名	代码	单位	年龄（岁）	性别	学历/学位	教龄（年）	职称	职位	任教年级	任教科目
冯清梅	Ibi-Feng	甘肃省酒泉市特殊教育学校	33	女	本科	13	小学高级	教师	培智二年级	培智语文、绘画手工
刘艳	Ibi-Liuyan	湖北省黄冈市特殊教育学校	33	女	本科	14	小学高级	教师	培智二年级	培智生活
林开仪	Ibi-Lin	广东省中山市特殊教育学校	29	男	本科/学士	6	小学高级	教师	培智低年级	生活适应
马乃伟	Ibi-Ma	河北省顺平县特殊教育学校	24	女	本科/学士	1	无	教师	四年级	数学
滕春玉	Ibi-Teng	山东潍坊特殊教育学校	29	女	研究生/硕士	3	小教二级	教师	三年级	生活语文
王梦娟	Ibi-Wang	广东省东莞市启智学校	24	女	本科/学士	2	中教二级	教师	二、七、九年级	语文、英语
肖玮瑶	Ibi-Xiaoweiyao	江西省南昌市启音学校	22	女	本科/学士	3	中教二级	教师	七年级	语文
刘爱民	Ibi-Liuaimin	广东省广州市聋儿康复中心	36	女	研究生/硕士	10	高级	主任	学前康复	语言训练

3. 访谈步骤

首先,在确定了访谈对象后,研究者通过电话或邮件等方式进行联系,征得访谈对象的同意,向他们解释本课题研究的目的、意义以及访谈的主要内容,并确定访谈的时间与方式。然后,访谈以面对面或者网络平台对话的形式进行,访谈者首先保证对访谈的信息保密,接着以较自由的话题开始,在气氛变得轻松后开启正式访谈。整个访谈过程一般持续40—60分钟,访谈问题的顺序可以根据当时的情景加以改变,但要求访谈者能够根据访谈对象的回答即时提出相关的问题进行追问,使访谈更有深度。访谈者使用录音设备记录访谈内容,如果访谈对象不同意使用录音设备,访谈者则用笔记录。

三、研究结果

(一) 我国特殊教育层次结构体系的特点

1. 高等院校特殊教育研究者的解读

高校特殊教育工作者对于特殊教育层次结构大多从理论层面进行概括,大多数学者对我国特殊教育层次结构进行了负面的评价,认为我国特殊教育层次结构不够完整,存在着明显的不足。

西南大学的赵教授认为:"依据人的发展在不同年龄阶段的特点和需求,特殊教育应具有相应的各个层次教育,虽然目前我们已经具备了一些学前特殊教育、义务教育、高中及高等教育、职业教育形式。"(Ihi-Zhao)

华中师范大学特殊教育专业负责人认为,这个体系总体特点是"中间大、两头小",即义务教育相对完善,学前教育、高中及高等教育发展不足;"隔离多、融合少",即特殊教育系统与普通教育互通互畅有待完善。(Ihi-Lei)

浙江特殊教育职业学院的邱教授也对我国特殊教育层次结构进行了系统的归纳,认为我国特殊教育有如下特点:① 学前教育,未纳入正规教育体系,各地主要呈现为康复中心的形式,民办为主,办学不规范,师资不稳定,办学成效没有评估;② 义务教育,教育系统处于边缘化状态,生源有流失;③ 高中教育,生源偏少;④ 职业教育,很重要但不受重视,教学不规范,缺教材、缺师资,也缺生源(大部分学生按比例就业了,事实上他们非常需要职业教育与培训);⑤ 高等教育,以普通高校的特殊教育学院的形式较多,独立学院的形式较少,同样存在不被重视的问题。全国各高校单独招生,没有统一的教学大纲,招生各自为政,残疾学生存在多校报考的现象。她还认为，这个体系的特点“是一直跟着普通教育走，但又跟不上普通教育的步伐，常被拖着走或被抛弃”。(Ihi-Qiu)

一位年轻的高校特殊教育专业讲师对我国的特殊教育层次结构进行了系统的总结：我国特殊教育层次具有多层性、半封闭性，以及不能有效覆盖所有残疾儿童的特点。具体而言：第一，该结构没有与普通教育体系进行有效结合，容易形成半封闭式的教育体系，从而导致很多残疾儿童只能与同样处于弱势地位的残疾儿童进行交往，从而形成狭窄的交往范围以及局限的交往思维，这对于残疾儿童的生存和发展是不利的。第二，该结构的弹性不足，虽然它针对智障等类型儿童有所弹性化设计，但是总体而言，还是遵循普通儿童的教育思路，没有以教育评估、教育目的以及人的发展为核心进行合理化设计。第三，该结构的入学条件比较高，不能涵盖需要医学治疗以及需要养护的重度残疾儿童的教育。对于需要长期养护和治疗的极重度儿童而言，他们也应该接受教育，但是在该体系中，并没有为他们进行制度化的设计。(Ihi-Peng)

来自台湾地区在大陆高校从事多年学前及特殊教育专业研究的刘博士也认为：特殊教育在学前阶段尚未普及，甚至大多数地区还没意识到早期介入的重要性，把绝大多数的资源均集中于义务教育的小学阶段，但效果不彰且缓慢。到了初中、高中，只有在强调职业教育的特殊教育学校就读的孩子才有机会习得一技之长，而聋生、盲生等智力正常的学生只能在特殊学校开设的升学班辅导下报考特定的极少数几所高校，升学渠道狭窄。这个体系单一且狭窄，阻碍了特殊学生的发展。(Ihi-Liu)

另一位在高校从事特殊教育多年的教授、博士生导师指出：我国特殊教育层次结构是非常薄弱的，总体上照搬普通学校的学制，各个层次发展极其不平衡，学前教育、职业教育两个十分关键的阶段被忽略。普通教育与特殊教育机构之间缺乏双向流动机制。优势就是各个学校有一定的灵活性，比如，一所特殊教育学校可能从康复教育、义务教育到职业教育、高中教育都有在办。(Ihi-Lan)

唐山的高校特殊教育专业负责人隋老师形象地对中国特殊教育层次结构进行了描述：我国的特殊教育与普通教育类似欧洲以前的双轨制，即便是有所谓的交叉，但特殊教育和普通教育的整体并没有改变，中考、高考还是独立的系统，如特殊学生想要参加普通高考，也很少得到允许，因为没有相应的条件、环境支持。至于特殊教育的层次，类似于顶部的尖占很大一部分的不规则的“金字塔”。特殊儿童学前教育到义务教育的普及在逐步展开，但是仍有庞大的孤独症、脑瘫儿童等群体游离于学校大门外。高中、高等教育较之以前有了突破性进展，但从国际视野看，还是相对比较滞后，既没有自己的一整套完善的教育安置体系，又没有强有力的法律保障措施，处于一个比较尴尬的境地。这个体系的特点是：金字塔的底部逐渐充实，但是中部和顶端问题多而复杂，而且从社会、人文、生态等角度看，都需逐步完善。(Ihi-Sui)

西南大学的一位中青年学者也认为："我国特殊教育层次目前已经建立起来，还包括了成人教育(残疾人职业培训等)，全部都有了……同时，特殊教育体系从学前教育到高等教育阶段都是'特殊教育'与'普通教育'的双轨制教育体系。"(Ihi-Jiang)

只有3个访谈对象对我国特殊教育层次结构有乐观的总结与评价。内蒙古赤峰学院的特殊教育专业负责人邹老师说："该体系较为完善，能够满足特殊个体在不同年龄阶段的各种特殊教育需求，且体系的层次结构是根据学制划分的。"(Ihi-Zou)西南的年轻学者李博士说："该体系已经初具规模，但是质量有待提高。"(Ihi-Lihuan)

河北的年轻学者亢老师也认为，我国特殊教育的层次目前在国家范围内已经形成了较为完善的体系，义务教育阶段发展相对较好，学前、高中和高等、职业教育发展较为滞后。亟待国家出台相关的政策，完善我国特殊教育中学龄前阶段特殊儿童的教育与康复工作，将教育康复工作发展成为教育体系的一部分。(Ihi-Kang)

总的来说，尽管有的乐观，有的消极，但全国的特殊教育研究者都对我国特殊教育层次结构有着非常清晰的认识和看法。他们能够很好地总结其特点，并进行批判性分析。他们都认为，我国特殊教育层次结构主要存在着以下特点。

(1) 形成了从学前到高等教育的完整的多层次系统。

(2) "中间大、两头小"格局不能满足我国特殊教育发展需求。

(3) "特殊教育"与"普通教育"虽有交叉，但呈"双轨制"发展。

(4) 特殊教育体系尚不能有效覆盖所有残疾儿童。

2. 特殊教育一线工作者的解读

与高等院校研究者相反，绝大多数的一线特殊教育工作者对我国特殊教育层次结构给予了正面的评价，认为"我国特殊教育层次结构涵盖面广，布局符合特殊儿童少年的成长规律，使特殊儿童从小到大都有可就读的学校”（Ibi-Gaokaijian）。吉林省双辽市特殊教育学校的钟老师说：“从学前直到职业教育，几乎涵盖了孩子教育的全过程……这个体系的特点就是层层递进，教育呈直线式。”（Ibi-Zhong）广州天河区启慧学校的董老师也认为，我国特殊教育“基本囊括了特殊人士学习的各个阶段。但是，特殊教育的受教人群不同于普通人，他们需要在高等教育或职业教育之后，提供更多支持性教育以促使他们能够更好地就业”。（Ibi-Dong）

广东珠海特殊学校有着特殊教育硕士学位的邓老师则认为：“这个结构层次分明，系统性较强。这个体系与普通教育的结构体系基本相同，没有什么特殊性，是否能完全适合残疾人的教育发展及心理发展规律还有待于科学检验。”（Ibi-Deng）湖南长沙特殊学校的罗老师也认为：“我国现在的特殊教育实行的层次结构跟普通教育是一样的，学生从幼儿期到青年早期基本上都涵盖在受教育的范围之内，保障了学生受教育的权利，也基本上能满足他们的学习需要。特点是按照年龄来分层，高等教育和职业教育是双轨制。”（Ibi-Luo）吉林四平聋哑学校的孙老师也认为，“我国的特殊教育层次相对合理，这个体系与普通教育一样，适合学生的学习特点”。（Ibi-Sun）

不同于高校研究者从宏观上对我国特殊教育层次结构进行分析，特殊学校教师对于地域性差异以及各学校的实际情况更加关注。河北顺平特殊教育学校的马老师指出：“义务教育占据了绝大部分，学前教育处于起步并初步发展阶段，高中、高等教育以及职业教育资源基本集中在城市。这个层次结构能够基本满足特殊儿童的教育需要，但是依然面临着各式各样的问题。”（Ibi-Ma）

山东潍坊特殊学校获得特殊教育硕士学位的滕老师认为：总体上来说，特殊教育已经辐射了所有层次，包括从学前到义务、高中、职业、后就业阶段。聋校和盲校的教育可能会更全面一些，学前和职业教育做得比较好，也有很多成功的例子。但是从培智学校的实际情况看，目前有学前康复的很少，培智类的职业教育也不尽如人意。人们经常说，教育的最高目标是适应生活，但是我们这些孩子很少能够有合理的就业安排。社会的扶持远远没有达到当前社会对特殊教育的期望。（Ibi-Teng）

贵州少数民族地区遵义市务川仡佬族苗族自治县特殊教育学校的肖老师指出：“我国特殊教育层次结构的设置是很好的，整个体系涵盖了特殊需要儿童的整体教育内容，但因为地区发展的不平衡，能够完全建立特殊教育体系的却不多。比如贵州的特殊教育现状是，聋校有了义务教育、高中教育，学前教育很少，仅部分项目学校开设有'双语聋教学'的学前教育班，无高等教育；培智这一块的建设更欠缺，仅有义务教育的小学教育；盲童的教育有义务教育和高中教育、高职教育。"(Ibi-Xiao)湖北黄冈特殊学校的刘老师也分析了本地区的情况："我们市目前只开设了九年义务教育，其他都是空白。而且九年义务教育的质量也不是很高。教师师资水平、专业水平亟待提高。"(Ibi-Liuyan)广州的刘老师说："我发现我国特殊儿童的融合教育仍然存在很多问题，随班就读在很多省份只是停留在文件上，普通学校里根本找不到残疾学生。"(Ibi-Liuaimin)

江西南昌启音学校的肖老师总结道："特殊教育发展呈区域化特征，沿海地区和城市的特殊教育层次结构比较完善，而且呈现一种蓬勃发展趋势。但是在中西部尤其是落后的农村地区特殊教育仍不完善，特殊儿童得不到较好的安置。"(Ibi-Xiao)在吉林省双辽市特殊教育学校刘老师眼里，"特殊教育体系是很完善的，它涵盖了残疾学生所有受教育阶段，但是各个地区的建制并不一样，很多经济落后地区和新建校一般只有义务教育阶段，其他阶段都是空白"。(Ibi-Liujiaji)

甘肃酒泉特殊教育学校的冯老师进行了比较系统的总结，她认为我国特殊教育层次结构有如下特点。(Ibi-Feng)

(1) 设计梯度合理，层级清晰，由低到高，符合教育发展规律，"十一五"以来，在全面提高残疾儿童少年义务教育普及水平的基础上，不断完善残疾人教育体系。

(2) 发展不均，呈现南强北弱的特点，即南方经济发达地区特殊教育层次结构发展态势良好，北方经济欠发达地区发展缓慢，结构不合理。

(3) 义务教育、职业教育发展较快，规模较大，高中以及高等教育普及、发展缓慢。

只有3位教师对我国特殊教育层次结构做出了明确的负面总结，认为"不完善，内部规模比例不合理。自我封闭，缺乏与主流教育对应层次的交流"(Ibi-Lin)；"感觉这个体系有待健全，有待完善，尤其职业教育更应加强"(Ibi-Gaohua)；"规范的学前教育几乎没有，义务教育阶段的公立学校数量很多，但高等教育和职业教育非常少"(Ibi-Wang)。

综合以上全国各地一线特殊教育工作者的观点，可以总结出我国特殊教育体系呈现出如下特点。

(1) 构建了涵盖学前到高等教育的特殊教育体系。

(2) 不同类型的特殊学校发展程度不同，例如，聋校和盲校在特殊教育体系中发展较好，培智学校发展比较薄弱。

(3) 特殊教育学校在不同阶段的发展程度不同，呈现“中间大、两头小”的特点。

(4) 地区间发展不平衡，沿海发达地区发展较好，欠发达地区则发展不完善；农村和城市之间也存在很大差距。

(二) 我国特殊教育层次结构体系合理性分析

1. 高等院校特殊教育研究者的解读

大多数的高校工作者都认为我国特殊教育层次结构不太合理，存在的最主要问题是各层次之间规模、比例不协调。

陕西师范大学的兰教授指出：我国特殊教育层次是在借鉴国外特殊教育层次的基础上发展起来的、适合我国国情的特殊教育层次，但是在发展的规模上尚未满足我国残疾儿童的入学要求。同时，多数的残疾儿童接受教育是在义务教育阶段，而到高中、大学甚至研究生阶段则没有相应的学校接收。此外，学前教育也有待提高，早期干预的重要性凸显了学前教育的贫乏。而一些重度残疾儿童在完成义务教育阶段的教育之后则无处可去，这也是亟待解决的问题。(Ihi-Lan)华中师范大学的雷教授也认为，“层次结构中残疾人高等教育尤其是研究生教育明显偏少，不利于残疾人接受更高层次的教育”。(Ihi-Lei)

在内蒙古赤峰学院工作的刘博士认为：“我国的特殊教育结构目前可以说仍处于半空中，尚未生根，向上要么营养不良，长得不理想(办学效果不彰)，要么乱长，哪儿有空隙哪儿长或一窝蜂只朝向太阳长(视政策倾斜方向而定)。主要是根基不稳，没有重视学前阶段的早期介入，有特殊需要的幼儿入学受限，不是被拒就是没有幼儿园可读；班级生额过大，师生比不合理，且缺乏特殊教育专业教师。”(Ihi-Liu)

唐山的隋老师也认为：“基础教育、中等教育及职业教育、高等教育等无论从规模还是比例方面都没有很好地衔接。基础教育尚可，中高等教育问题较多。可能是中高等教育从师资、支持环境、专业设置及就业安排等方面都需要政府宏观调控和政策的支持。”(Ihi-Sui)

西南大学特殊教育专业负责人赵教授认为：“我国基本上具备了不同层次的特殊教育，但不够协调合理。具体表现在：学前特殊教育投入不够、师资不够，高等特

殊教育超越现有条件过度发展，职业教育严重不足。尤其是当前的高等特殊教育专业一窝蜂式招生，影响质量和可持续发展。”(Ihi-Zhao)

其他的学者也都从不同方面做了类似的总结。西南大学的江老师特别强调了学前教育的不足：学前教育和高等教育的规模、比例对于广大特殊儿童的需求而言太小，最弱的就是学前教育。即使是在基础教育阶段，仍然普遍存在特殊儿童进入特殊学校还需要被筛选的情况，程度较重或者自理、自控能力差的孩子仍然会被特殊学校拒之门外，家长要找关系，才能让孩子进入特殊学校。这恰恰说明特殊儿童接受学前教育的急迫性。(Ihi-Jiang)

华中师范大学的彭博士进行了系统的理论反思与归纳，认为该结构只关注义务教育和职业教育阶段，对于学前教育和高等教育则并不重视。

(1) 根据早发现、早干预、早治疗的特殊教育原则，应该在学前教育阶段对特殊儿童进行有效教育，从而减轻残疾程度，增强其社会适应能力。但目前并没有对此进行关注，这对于儿童的发展关键期是十分不利的。

(2) 根据终身教育理念，高等教育是每一个儿童都应该享有的基本权利，然而，我国特殊教育体系并不重视残疾儿童的高等教育，没有对高等教育进行制度的合理设计，没有为残疾儿童提供无障碍的教育环境以及评估制度等，甚至还有很多高校观念上对残疾儿童不接纳，这就造成了很多残疾儿童无法接受高等教育。

(3) 对职业教育过分关注，会形成一种价值导向，即残疾人的教育目的只是为了获得一份职业以保障其生存，而没有给予其足够的发展空间，这与大多数普通人的教育目标有所差异。(Ihi-Peng)

也有学者指出，层次结构没有涵盖所有的残疾儿童，教育质量堪忧。浙江特殊教育职业学院的邱老师强调：“部分残疾学生如聋盲生生源萎缩，智障生生源增加，规模和比例基本可以，但需要调整布局和招生对象。对随班就读学生的跟踪教育和教学辅助手段缺失，部分随班就读学生在班级成为旁听生，随着年级的升高，学习能力跟不上普通教育的要求，容易产生焦虑、情绪障碍等心理问题。”(Ihi-Qiu)华中师范大学的彭博士指出：“对义务教育的关注，也仅仅只是针对六类残疾儿童，而没有把学习障碍、情绪与行为障碍等儿童纳入教育体制范畴内，这是一种十分狭窄的教育体制，它没有涵盖所有残疾人。”(Ihi-Peng)

对于各层次之间的转衔与连接，学者们同样认为不合理，他们认为幼小衔接以及高中到高等教育之间的转衔存在着最大的问题。华中师范大学的雷教授认为：

“义务教育阶段的衔接较好，义务教育阶段外的幼小衔接、初高中衔接等缺乏有效的保障机制……从协调上看，因不同阶段的教育管理部门可能不同，协调相对较为困难。”(Ihi-Lei)

西南大学的江老师指出：“转衔教育在台湾地区开展得比较广泛，基本上可以做到从出生到成年就业中的各个阶段的‘无缝衔接’，但是大陆地区无论是各阶段衔接的政策制定、理论研究还是实践工作开展都极少，至少没有普遍开展起来。可能小学到初中的衔接要合理一些，因为特殊教育学校都是九年一贯制的。其他方面的衔接很难谈得上合理和协调的问题。基本上各个层次的教育还是各管各的，缺乏整体观念和全局意识。”(Ihi-Jiang)

赤峰学院的刘博士认为当前特殊教育转衔不合理，“对于在学制内按部就班直升的特殊学生而言并无障碍，但就融合教育尚未普及的眼前形势来说，是有问题的。由于学校数量不够，每一个阶段都有学生入学难的问题，造成学校因为不担心生源而一味拒绝特殊儿童的就学，有的是因为学校没有、也不知道从哪儿获取资源去教育有特殊需要的孩子。特殊儿童的学习资料在每一衔接阶段并未被转衔，原因在于网络系统没有串联，纸质资料容易丢失外泄，损害学生隐私及权益”。(Ihi-Liu)该学院的邹主任结合当地实际情况补充道：“以赤峰市某某旗为例，在2013年12月召开的内蒙古自治区随班就读现场培训会中了解到，该旗的随班就读(义务教育阶段)搞得比较好，小学也附设幼儿园，但该幼儿园却没有特殊儿童。问及相关人员，回答是：学前阶段不对儿童进行筛查，到小学阶段才在社会上做宣传，经家长同意，通过测查诊断之后，接纳特殊儿童进入小学随班就读。由此可见，特殊教育在幼小衔接方面存在问题。”(Ihi-Zou)

浙江的邱老师对这些不合理的要素进行了比较系统的归类，比较清晰地说明了我国特殊教育衔接过程中的具体问题。(Ihi-Qiu)

(1) 幼小之间基本没有衔接，不被重视。

(2) 小学到初中基本衔接(一般都是九年一贯制)。

(3) 初中到高中缺少衔接，有的学校9年级流生较多，多半以就业为主。课程与高中直接完全断档，大部分高中课程仍沿用初中课程，或选编自普通学校高中课程，没有统一教材。

(4) 职业教育目前多以市一级为主办学，存在职业学校师资实训设备缺乏、专业教学能力弱的问题。应以省为主办学较好。

（5）高中到高等教育之间也是断档状态，没有衔接。中学和大学阶段的课程开设随意性大，有的学校没有教学大纲，没有人才培养方案，极不规范。

河北的亢老师特别指出了残疾儿童上学难与高中阶段后教育中的问题，“特殊儿童在接受了早期干预后，在现实生活中常常遇到种种阻力而无法进入普通学校接受教育；若选择进入特殊学校，又由于地域、名额等限制，无法进入就近的特殊学校就读。同时，接受高中阶段教育的特殊儿童比较少，或仅仅是为了考大学而接受高中教育，但能够接受他们的大学又非常少，造成很多特殊儿童在高考失利后又开始接受职业教育，浪费时间、人力等”。(Ihi-Kang)

华中师范大学的彭博士对特殊教育层次之间的衔接从制度层面进行了详细分析：

（1）没有为特殊儿童在转衔中提供必要的支持和辅导，只是对普通儿童转衔制度加以简单复制，没有形成特殊的转衔支持制度。

（2）对特殊儿童的特殊性关注不够。转衔过程中要针对不同残疾儿童的身心发展特征，专门制订转衔计划，并帮助其顺利转衔。

（3）由于特殊教育体系的设计不合理，尤其是高等教育体系没有足够的资源为特殊儿童提供教育支持，因此，在高中到高等教育转衔过程中，会遇到制度性瓶颈，即无法让更多特殊儿童接受高等教育，这将是他们人生中的缺憾。

（4）在小学到初中的转衔过程中，没有很好地为特殊儿童辅导，导致其不能顺利进入初中。很多特殊儿童，在小学低年级阶段能够跟上教学进度，但是在四、五年级则容易出现知识点掌握不充分的问题，如果能够针对这种普遍存在的问题提供制度上的支持辅导，则能够帮助特殊儿童顺利转衔到初中及高中，获得更优质的教育。(Ihi-Peng)

根据我国高等院校学者的意见，我国特殊教育层次结构体系在规模、比例以及各层次之间的衔接三个方面存在着诸多不合理的问题。概而言之，主要问题在于：

（1）规模不足以应对所有残疾儿童的入学要求；

（2）幼小、义务教育以后各阶段之间的衔接不通畅；

（3）接受高等教育的机会受限；

（4）融合教育存在着诸多问题，入学难仍然存在；

（5）档案之间的保存与转移存在问题；

（6）不同部门管理不同阶段的教育，在协调与管理方面存在问题；

(7) 残疾儿童没有专门的转衔服务计划与实施程序。

2. 特殊教育一线工作者的解读

大多数被调查的特殊教育学校教师都认为特殊教育层次结构不尽合理，主要关切的也是层次结构中的比例、规模，以及学前教育、义务教育和义务教育阶段以后的教育之间衔接不当等。调查对象普遍认为，“特殊教育中的义务教育阶段得到普遍发展，其他的都很弱”。(Ibi-Liuxiaolong)相对于高校工作者而言，他们的意见更加具体，关心的是更加微观的实际问题。

广州的董老师说：“一是从安置形式上来说，轻度特殊学生更加适合在普通学校就学，达到全纳教育，以备将来可以更加适应社会。然而，随班就读总会流于‘随班就坐’。所以，普通学校需要设置相应的特教教师和资源班。二是从规模上来讲，近年来，特殊学校如雨后春笋般涌现，然而，其整体规模、所能容纳学生的数目，远远不能满足实际需求。尤其是偏远地区，特殊教育学校的数量、规模、软硬件条件都有待提高。”

关于衔接的问题，她认为每个阶段都不能很好地衔接，“一直以来都重视义务教育阶段的投入，然而，特殊教育学生更加需要早期发现、早期疗育，因而，学前特殊教育非常之重要，但是，现有的学前特殊教育却只能惠及少数发达地区的部分幼儿。义务教育接收的特殊学生，多数没有受教育经历或少数受教育于民间机构，错过了疗育的最佳时机。再者，义务教育完成之后，只有少数特殊青少年(培智类除外)能上高中、大学，绝大多数特殊青少年回归‘家庭’，需要家人的照顾，仍旧是一个依赖他人的人。因此，针对特殊青少年的职业教育是承接义务教育的关键一环，也是让义务教育的成果能够持续发挥作用的一环。事实上，从数量和规模来说，现有的特殊职业教育远远不能接纳所有的义务教育毕业生”。(Ibi-Dong)

贵州的肖校长补充道：“对师生比、班级规模等的新的规定没有出台，根据现在特殊教育的要求和发展，学校在推行中十分困难。”(Ibi-Xiao)河北的高老师也指出：“现在是教学条件(师资配备、硬件设施)好的学校地方小，生源少。部分学生接受不到比较正规的教育……农村的孩子接受高等教育的比例不大，可能是家长意识不到，也可能是没机会让孩子接触正规的初等、高等教育。”(Ibi-Gaohua)

河北省唐山市特殊学校的高老师说：“我认为规模、比例等是很不协调的，应该调整政策。目前唐山市共有滦南、滦县、迁安、迁西、遵化、玉田、乐亭、丰润、丰南、古冶特校及市区聋哑学校、市区培智学校共 12 所特教学校，太分散了。各个县、区可以有特教学校，但应该只招收培智学生。以聋生和盲生为例，各个县、区的特殊教育学校都招收，虽然学生可以就近入学是好事，但县、区的盲聋学生一般都不多，大概只有 20—30 人，都是复式班，太不利于教学。到初中了来我校上学，明显跟不上。太分散了，教学质量肯定达不到，根本不利于学生成长。而我校学生生源又逐年下降，一年级 4 人，二年级 4 人，三年级 5 人。特别是二线城市，有必要每个县、区都招聋生和盲生吗？国家的补助足够发给学生当车费了，或者(可以考虑)安排两辆大巴车每周去县城集合点接送学生上学、放学。幼小衔接方面，基本上学前语训的学生，最后都不在我校上小学，幼小衔接和我校接不上，他们都回归普通小学，所以我校最后来的学生很少，都是外县的。义务教育小学到初中的衔接，我觉得也不好。按理说，市里的特教应该好，外县的孩子应该愿意来，但是学校不舍得，就算一个班两个人也得开初中、高中，这是极大地浪费资源。”(Ibi-Gaoxiulong)

吉林省双辽市特殊教育学校的刘老师也认为：“现在几乎每个县都设有特殊教育学校，但是由于当地政府部门重视程度不够以及师资力量薄弱，造成生源短缺，仅有二三十名学生的学校大量存在。学前教育、高中阶段教育、职业教育严重短缺，衔接很不协调。就我们地区来讲，学前教育几乎是空白。一是我们没有能力开设学前教育；二是很多家长在孩子处于学前阶段时，并不认同到特校就读。高中、高等教育就是空白，无法衔接。”(Ibi-Liujiaji)

湖北黄冈的刘老师也反映了类似的问题：“我们市特殊教育还谈不上层次结构，每个县市就是一所特教学校承担了所有残疾孩子的教育，规模不大，所涵盖的残疾孩子种类繁多，规模一般较小。教师和学生的比例严重不平衡，比如：我校一个培智班最多的有学生 17 人，最少的有 14 人。其中，孤独症、脑瘫、多动症、言语发展障碍等类型都有，教师上课效率不高，无从下手……特殊教育中聋教育相对来说发展得较好，但衔接也存在问题。市县(区)特校大多数使用的是人教版的聋校专用教材，而高中使用的却是普通学校的教材，知识结构衔接不上，不利于学生进入更高一级的学校就读。”(Ibi-Liuyan)

显然，这几位老师反映的是特殊学校布局、分类以及各阶段之间衔接的重要问题。一方面，特殊学校数量很少；另一方面，特殊学校却招不到学生，亟须进行调整。特殊学校如何在新的形势下调整服务功能，改革服务方式，进行教材建设，以及合理布局是当前特殊教育改革中的重大问题。

广东珠海的邓老师反映：“在特殊教育层次结构中，高等教育所占的比例相当小，个人觉得可适当地加强学前教育和职业教育体系建设，特殊儿童的早发现、早康复比较重要。目前各层次之间的衔接不是很合理，因为开办学前特殊教育的特校不多，有的也只是实验班，学前特殊儿童接受学校特殊教育的机会比较少。从高中到高等教育的衔接也不足：不少特殊学生初中毕业后就没有上高中了，谈不上上大学，更多的是偏向职业教育的范畴，这两者之间的衔接不容易，涉及比较多的问题。”(Ibi-Deng)

广东省佛山市南海区特殊教育学校的高校长认为：“特殊教育发展极不均衡，规模和比例都存在较多的问题，特殊教育的发展与普通教育相比严重落后，且发展不平衡，学前教育、高等教育和职业教育严重滞后。主要因为：一是政府对特殊教育的重视有待加强，许多农村的特殊儿童没书可读，整个特殊教育的数量和质量还须有大的提高和发展。二是经费严重短缺，办学条件亟待改善。三是特教师资队伍建设有待加强，专业教师比较少，学校没有统一的教材，教学质量有待提高。现在的特殊教育主要是以义务教育为主，其他的学前教育、高中教育、高等教育以及职业教育都很薄弱。许多特殊儿童没有接受过学前教育，义务教育完成后也很少有继续就读高中、接受高等教育以及职业教育的机会，所以说我国特殊教育层次结构之间的衔接是严重脱节的。主要因为：一是学前教育、高中教育、高等教育以及职业教育发展很慢，有些地方根本没有学前教育，学生没得选，只能到普通的幼儿园就读，导致没有在最佳时间得到干预治疗，而高中教育、高等教育以及职业教育由于开设较少，只收部分程度较好的学生，这样就形成了恶性循环，特殊儿童少年读完义务教育后只能回家。二是家长对特殊儿童少年的认识不足，在孩子小的时候不接受现实，不想其被过早地贴上特殊儿童的标签，所以学前教育入学率也较低。另外，有些家长对孩子重视不够，觉得学了也没用，不想花钱读高中或职校。”(Ibi-Gaokaijian)

甘肃省的冯老师总结了甘肃特殊教育层次的实际情况：我国目前的特殊教育层次结构不完全合理，学前康复、义务教育、职业教育发展较快，规模较大，高中以及高等教育普及、发展缓慢……我国特殊教育层次结构之间的衔接从目前情况看不够合理，以甘肃省为例，特殊教育的学前教育没有专门的学校，这部分职能由幼儿园和县市残联康复机构承担，是零散的、不规范的，其效果也不理想，导致幼小衔接无从谈起。义务教育小学到初中与幼小衔接差不多，都分散在普通小学随班就读。过去，兰州以东的聋哑学生在大水聋校学习，兰州以西在张掖学习，而智障学

生无处上学，在家由父母看护，无法接受教育和康复训练。2010 年以后，按照“十一五”规划，各县市区才陆续建立了特殊教育学校，从而结束了智障孩子无处上学的历史。初中到高中到高等教育的衔接发展更是缓慢，目前甘肃省只有兰州聋校、张掖特殊教育学校、天水特殊教育学校普及了职业中专，省内没有一所特殊教育高中学校，计划在“十二五”期间建立几所含职业中专的特殊教育高中学校。(Ibi-Feng)

广东省的林老师指出：“特殊教育规模与比例都不足。比如，针对学前阶段的早期干预以孤独症儿童为主，且以家长负担为主；其他障碍儿童早期干预服务少；缺乏 0—3 岁的干预。智障学生的高中教育、职业教育匮乏，缺少相应的职业训练；听障学生的职业教育、高等教育不足；幼小衔接缺乏，相应的学前服务不足；各个阶段之间缺乏转衔支持，如智障学生毕业之后，没有制订专门的转衔计划来支持他们顺利过渡到成人社会。”(Ibi-Lin)

河北省的马老师从宏观和微观两个角度对特殊教育层次体系进行了比较完整的总结：宏观而言，我国特殊教育层次结构基本合理。义务教育是受教育权的基本保障，因此，义务教育的规模与比例必须是特殊教育层次结构中最大的。微观而言，特殊教育结构层次仍需要发展。

(1) 就学前特殊教育而言，已日益受到重视，但是在县镇级别的特殊教育学校和幼儿园中，能够招收学龄前特殊幼儿的非常少。

(2) 就义务教育而言，县级特殊教育学校一般只开设到小学六年级，初中只能到市里的特殊教育学校上学。对聋生而言，抱着考大学找好工作的信念，家长也愿意送学生去市里的特殊教育学校。而对智力落后学生而言，家长一般不太重视，只会反复跟县里小学进行沟通，让智力落后学生在小学“混到 18 岁”，这就使得他们失去了本来应该受到的初中教育，对于他们的生活适应技能的发展不利。

(3) 就聋生教材衔接问题而言，周边市(县)大部分使用的是人民教育出版社聋校实验教材，而市特教中心用的是普通学校教材，这样就显得很混乱，学生难以建立起良好的知识体系。(Ibi-Ma)

广东省东莞市特殊教育学校的王老师认为：“特殊教育学校学段较完整，一个学校包含了小学、初中，甚至是高中和职业高中，所以学校内部的衔接相对较好，感觉幼小衔接是最不协调的，很多学生要么极少接受学前教育，要么就是已到入学年龄，而且在民间机构已经上了很久的课，没有新内容了，所以才来小学上学的，很少考虑到实际的能力层次问题。而初中升高中，目前在东莞市只限于聋哑学生，由于学生学习的速度和局限性，在衔接问题上基本上是以帮助他们通过升学考试为主要目的。东莞市没有职业教育和高等教育。”(Ibi-Wang)

广东省广州市聋儿康复中心的刘老师对学前康复和小学之间的衔接非常有意见，认为聋童存在着上学难的问题：“经过我们康复的孩子融合普校没有问题，但是家长送孩子入学时却遇到重重困难。我们接收的人工耳蜗的孩子康复效果特别好，出去后基本上没有问题，但是有些学校怕承担责任，所以找理由拒收，或者让家长写保证书。现在家长的意见特别大，在康复中心接受康复后，到小学就‘断奶’了，有些甚至找不到小学，真难为他们了，没有关系的孩子很难找到合适的小学就读。”(Ibi-Liuaimin)

因此，从特殊教育一线工作者的角度来看，我国特殊教育层次从宏观层面上来讲基本合理，从学前到高等教育都具备，但内部结构与衔接极为不合理：义务教育小学到初中的衔接比较协调，而幼小衔接、初中到高中以及高中到职业教育、高等教育的衔接等都极不协调。许多地区县级特殊学校从事小学或者义务教育阶段的教育，初中或者高中需要到大城市里上学，给学生就学带来不便。学前特殊教育和职业教育、高等教育在我国的发展不是很完善，存在许多问题。同时，学校内部的生源结构、特殊学校的布局、功能调整以及课程与教材等方面也存在着不合理的因素，具体表现在以下几点。

(1) 聋校体系比较完整，从小学到高中甚至职业教育或者高等教育的衔接比较通畅，但幼小衔接存在着问题，经过良好康复的聋童仍面临被普通学校拒收的困境。

(2) 聋校布局不合理，导致许多班级生源不足，亟须调整布局以及转变服务功能。

(3) 学前教育、职业教育和高等教育发展不足，尤其是学前教育阶段是学生接受干预的最佳时机，但是却因为其发展薄弱而使很多学生错失良机。

(4) 聋校存在着教材衔接的问题，聋校义务教育阶段教材和普通高中教材并用带来衔接的困难。

(5) 培智学校规模不足，有的地区培智学校数量不足。现有培智学校招生种类较多，孤独症、脑瘫、多动症、言语发展障碍等类型都有，教师教学存在困难。

(6) 培智学校小学阶段后教育存在着严重的困难，因为不重视以及学业要求提高而使得学生难以升学。

（三）我国特殊教育层次结构与社会的衔接

1. 高等院校特殊教育研究者的分析

特殊教育研究者对于特殊教育学校和社会之间的衔接与合作很不满意，认为“从学校到社会的衔接出现断层，多数学校不了解社会，除了接纳残疾毕业生的社会组织或企业，其他社会群体对残疾人就业不关心。智力障碍、孤独症等类型的残疾学生，离开学校后功能退化，应探索其后续的教育问题”。(Ihi-Lan)西南大学的赵教授指出，“我国残疾儿童大多能适应特殊教育学校，却不能适应社会生活，缺乏针对性的校—社之间的衔接指导和训练。主要原因有：残疾儿童自身的融合条件不够（如认知偏差、心理因素、沟通交流等）；社会包容和接纳度不够（包括硬件设施没有考虑到残疾人的需求、文化排斥）；残疾儿童家庭方面的问题（重视不够或者方法不当）”。(Ihi-Zhao)

华中师范大学的彭博士对特殊教育和社会之间的关系进行了理论剖析：由于目前社会对整个特殊教育的忽视状态，教育主流群体对特殊教育的不关注，导致了特殊教育发展的局限性。在以不同残疾类型为研究领域的特殊教育学界，大多数研究者关注干预研究，而对于衔接问题则并没有引起重视。因此，导致了国内缺乏对转衔的深入研究，对特殊儿童从学校到社会之间的转衔没有进行很好的支持和帮助。第一，特殊儿童受到教育，最终是为了获得社会适应力，从而融入社会。社会适应力的获得，则通常是通过对特殊儿童的职业进行规划和辅导，且通过职前和职后双管道进行培训和教育。对于职前培训，应该在学校教育过程中，引入职业规划和辅导的课程，以增强特殊儿童的社会适应力。对于职后培训，则应该通过定期或不定期的教育培训来帮助其有针对性地适应社会。第二，特殊儿童的社会转衔，应该在政府的主导下，吸引非政府组织的帮助和支持，搭建社会适应力的信息交流平台，从而获得职前和职后的特殊支持。然而，目前这些工作都是以地方区域为分界线，没有通过信息化的平台进行转衔支持的资源整合，从而表现出支持力度不够以及支持面狭窄的特点。(Ihi-Peng)

唐山市的隋老师认为：应该有一个从学校到社会的中转站或者平台、实践基地，但目前我国没有这样的基地。通过对唐山特殊教育学校孩子的调查了解到，好多孩子即便上了大学，毕业以后也是回到家里，由父母供养，没有工作可做。个别职高的听障孩子在一些合资企业工作，下班并不回家，而是来到特殊学校与老师和同学们在一起，因为其与家人无法沟通。大部分孩子毕业就等于失业，因为无法融入社会，不知道怎么跟正常人沟通交流，也不知该干什么，走向犯罪道路的也大有人在。而一部分孤独症、智力障碍儿童与特教机构捆绑在一起。一些普通儿童及其家长见到特殊儿童及其家人都纷纷避开，仿佛会被传染一样。学校与社会之间的衔接根本无从谈起。因为社会普遍对特殊教育的关注度不够，没有从思想上、观念上接受特殊儿童，也没有完善的法律法规保障措施。（Ihi-Sui）

内蒙古赤峰学院来自台湾地区的刘博士从社会接纳与政策支持的角度出发，认为："存在着融入难及就业难的问题。因对特殊群体的了解不清导致社会接纳度不够，企业配合度有待加强，尚需政策的支持和鼓励。"（Ihi-Liu）该学院的特殊教育专业负责人邹老师则认为："残疾儿童从学校进入社会后，很多企业愿意接纳一部分（考虑免税等因素），但由于情绪、行为问题等，很多残疾学生最后不能适应工作环境。"（Ihi-Zou）浙江省的邱老师也认为残疾学生存在着"社会适应能力弱，就业不稳定，就业心理存在偏差，技能不足，眼高手低"的状况。（Ihi-Qiu）

河北省的亢老师指出："残疾儿童少年从学校到社会的衔接中存在的最大问题是社会适应问题。残疾儿童毕业后进入社会，面临工作、生活等方面的压力。在学校的时候，同学、教师、父母等为其提供了一个良好的环境，而社会则不同，社会上形形色色的人不会再为其提供良好的环境，相反，社会需要其创造价值。而残疾儿童由于缺乏社会适应能力、社会交往能力等，造成了其无法适应社会，无法胜任相应的工作，从而产生了巨大的心理压力，甚至导致辞职等。"（Ihi-Kang）

因此，一方面，社会接纳程度不够；另一方面，残疾学生的社会适应能力需要加强。在培养特殊儿童的过程中，应当将社会适应作为教育和发展的重点，纳入特殊学校课程内容。同时，特殊学校应加强相关的职业技能培训和咨询指导等方面的课程建设。部分特殊学校建立了毕业生就业情况的追踪机制，这一机制应该得到推广，并应探索学校后跟踪、转衔以及持续的咨询与指导服务机制，建立从学校到社会衔接与服务的专业化平台。

西南大学的江老师关注特殊学校的课程设置，对课程与社会生活之间的关系进行了分析，指出：浙江达敏学校刘佳芬校长所倡导实施的"特殊学校社区融合教育"让社区变成大课堂，让生活变成活教材，让公民变成教师。特殊学校的孩子们能走出教室，走进超市、银行、医院、商店等场所中去学习知识。这种教学模式成为"中国样本"。其实这也恰好折射出我们众多特殊教育学校在残疾学生的学校与社会衔接上普遍存在的问题——出于安全的顾虑，在搭建特殊学生、学校与社会之间衔接的平台上，学校缺位了。大多数学校尽量减少学生在校期间外出接触社会的机会，把责任和机会推给家长。尽管我们的新课程标准提倡语文、数学等学科教学要生活化、情境化，但是讲到超市、社区、公园，讲到人民币、春游等内容时，没有多少特校校长能够像刘佳芬校长那样通过各种途径，充分利用社会上的人力、物力资源，为孩子提供更多的走入社区的机会。更多的校长不允许教师带孩子去超市、社区、公园，而是要求教师布置给家长周末完成。特殊学生接触社会的机会就是偶尔有志愿者到学校来组织联谊活动，以及回家途中和在家的时间。校长不是没有认识到特殊学生多接触社会的重要性，而是认为承担不起风险和责任，干脆选择"一刀切"，所以不是不愿意，最根本的还是不敢带特殊孩子外出。就像很多普通学校选择取消春游是一个道理。很多特校的校长和教师都认为教给孩子什么不重要，安全才是最重要的。(Ihi-Jiang)所以，当前大力提倡的生活化课程局限于校园，与真正的社会生活无缘，安全成为特殊学生走出校园、走向社会最大的障碍因素，因此，特殊学校的课程是不完整的生活化课程。

根据我国特殊教育的实际情况，华中师范大学的雷教授认为，我国残疾儿童少年从学校到社会的衔接存在着以下问题。

(1) 准备不足。学校教育过于重视知识的教学，忽视社会适应能力的培养。

(2) 发展受限。很多残疾儿童少年接受的教育只有初中、高中层次，在就业竞争等方面明显受限。

(3) 协调不够。学校与社区、社会之间的交流互动有限，加上学校担心残疾学生的安全，更多地将他们局限在学校中活动。

(4) 引导不力。从学校到社会的衔接缺乏相应的机构来引导，残疾儿童少年离开学校即进入家庭和社会，主要靠家长引导他们进入社会，缺乏有效的长效保障机制。(Ihi-Lei)

从这些信息来看，高校工作者更多地从宏观的视角分析我国特殊教育和社会之间的衔接情况。总的来说，他们认为衔接不顺畅，在特殊学校教育、社会接纳、转衔机制、就业培训与指导等方面都存在问题。

2. 特殊教育一线工作者的分析

特殊教育一线工作者在这一方面与高校研究者的意见相似，对学校教育和社会之间的衔接不满意，对存在的问题有类似的看法。但是，一线工作者反映了更多微观层面的实际问题。

贵州省的肖校长指出："我国残疾儿童少年从学校到社会之间的衔接还存在很多问题。例如，在沟通与交往方面，在学校时与聋生交往的教师都会手语，沟通与交往时较为方便，但走入社会后，社会中会手语的人少，聋生交往时就较为困难，基本都是用小本子书写沟通。再如，毕业去向的问题，聋生在完成九年义务教育后，有的可以进入高中，有的可以选择职校，但由于贵州省没有专门针对残疾人的职校，只能进入社会，虽然学校在初中部也开设了部分职业教育课程，但很局限，聋生进入社会后做什么仍是个难题。最难的就是培智生，小学六年毕业后，只能回到家庭，逐步退化。因为我校培智生多数来自农村家庭，很多学生在家庭成长中就是被放弃的，他们的行为习惯、生活能力等家长不会加以管理，教师在学校所教学的内容经过一个假期后，基本又荒废了，又得重复教学。如果六年教育结束后回到家庭，根据地方的发展情况，学生也只能在家赋闲而逐步荒废所学。"(Ibi-Xiao)

河北省唐山市盲聋哑学校的高老师从社会稳定的角度出发，指出："社会为残疾人提供的就业场所多一些比较好，现在聋哑人犯罪率很高，吸毒的人也很多，这些都是社会隐患，也是值得思考的问题。"(Ibi-Gaohua)唐山市特殊学校的高老师也表达了她的担忧："缺少互动，社会和学校之间缺少桥梁，谁去充当呢?"(Ibi-Gaoxiulong)

吉林省双辽市特殊教育学校的曹老师认为："学生长年生活在校园这个封闭的环境里，再加上自身生理障碍带来的交往困难，接受能力比较差，心理承受能力也比较弱。"(Ibi-Cao)该校的其他老师也抱怨说，"残疾儿童在学校接受的文化知识在实际生活中基本不适用"(Ibi-Liujiaji)，"有些残疾儿童少年走出校门不能很好地适应社会生活，因为孩子们的自理能力、社会能力等各方面的培养还需要加强"(Ibi-Xu)。珠海特殊教育学校的邓老师也认为："残疾学生对社会的体验非常少，加上生理上的缺陷引起的心理上的受挫感，以及自身的知识技能、沟通交往能力等方面的不足，使得他们适应社会将会需要一段时间。"(Ibi-Deng)

残疾学生自身的能力不足是阻碍他们适应社会生活的重要原因，而针对这一方面，当前的学校教育并没有真正重视，没有在课程结构中体现出来。因此，广州天河区启慧学校的董老师认为：当前我国的特殊教育在适当的教育和完善的支持体系方面存在着不足。(Ibi-Dong)

(1) 适当的教育。因为特殊学生的特殊性，他们自身存在的缺陷是他们融入主流社会的障碍。许多传统课程忽略了他们的障碍，导致他们所学习的知识和技能并非所需，也非他们的能力所能企及。所以，当他们走出校门时对如何适应社会仍旧茫然无知，甚至连照顾自己都没有办法做到。

（2）完善的支持体系。对于特殊人群来说，完善的支持体系是他们被社会接纳的重要保障。完善的支持体系能够协调生态环境因素与个体因素，是减少特殊人士障碍的重要力量。从幼小时期的疗育，到学龄阶段的发展，到学龄后的就业；从生存到生活，从生活到生涯；从学习到就业，从社会负担到有益社会，每一步都需要完善的社会制度所支撑。

广东省中山市特殊教育学校的林老师认为："从智障学生的维度出发，现有的成年后服务严重缺乏，没有场所与机构来安置这些学生，更谈不上与学校进行有效的衔接。从听障学生的维度出发，并未有相应的机构来专门帮助他们适应从学校到社会的生活。"(Ibi-Lin)因此，衔接不足的主要问题是没有明确的机构与服务平台。

吉林省的孙老师补充说："从学校到社会之间的衔接存在的问题是不能学以致用，现在各单位需要的人要有各方面的技能，而学校受各方面原因所限，不能满足学生技能的学习，也就使学生进入社会不能马上走上工作岗位。"(Ibi-Sun)因此，重视并提高职业教育的成效是促进转衔服务的关键。湖北省黄冈特殊教育学校的刘老师也指出："聋生的职业教育需不断深入开展，培智生的职业教育还未开展。学生从学校到社会的衔接更多地依赖于家庭，或者就没有衔接上，直接回归家庭。"(Ibi-Liuyan)湖南省长沙市特殊教育学校的罗老师认为，衔接的"政策支持不到位，学校没有跟社区或者公司建立良好的关系，导致很多学生从职业教育毕业后，没地方就业。很多培智学校的学生，基本上接受完义务教育以后就只能待在家里了"。(Ibi-Luo)江西省的肖老师指出："有一些人认为'正常人的教育与就业都困难，哪里管得上残疾人的教育与就业'。在实际工作中，一些地方的残疾人职业教育没有真正纳入教育事业发展的整体规划，没有真正摆上工作日程。"(Ibi-Xiaoweiyao)

广东省佛山市南海区星辉学校的高校长认为："我国残疾儿童少年从学校到社会之间的衔接存在的最大问题是社会对特殊儿童少年的接纳度不够，存在一定的歧视，使学生很难真正地融入社会。主要原因：一是社会对特殊儿童少年的认识不足，很多人只是对他们抱以同情的心态，却很少认可他们的能力，许多企业宁可交钱也不想接受他们。二是特殊儿童少年的教育规模和学校的教学质量有待提高，进而才能更好地提升学生的综合能力，使他们更加容易适应社会。"(Ibi-Gao)河北省的马老师也指出，"不论是聋生还是智障学生，都有毕业后的学生回到学校向老师寻求帮助的情况。一方面与他们自身的生理问题和心理问题相关，更重要的方面表现在：他们走入社会之后，社会接纳他们的态度和在学校时学校接纳他们的态度不甚相同，这就造成了已经毕业的学生步入社会后出现'恐慌'"。(Ibi-Ma)

来自山东省的滕老师从入学到毕业到社会等几个不同的层面对衔接问题进行全面的批评："初入学校难上加难。关于零拒绝，这是个很尴尬的问题。从事特殊教育的都知道，零拒绝是最基本的原则，但是在特殊学校很难真正实现零拒绝。有的学校是从招生条件上限制某些学生，有的是劝退，理由是多动或有攻击性行为……关于校本课程，也很头疼。几乎每个学校都在编自己的校本教材。我们现在用的是上海教育出版社的辅读教材，里面很多内容没有条理性，也不符合生活实际。教什么呢？毕业即失业。对我们的孩子来说，靠自己的双手养活自己似乎很难。国家对雇用特殊人群的公司有一定的优惠政策，不过这似乎没有起什么作用。我来学校这么长时间还没有听说哪个学生毕业之后找到了一份工作。他们毕业就失业了。原因还是社会支持力度不够，一般的特教学校都存在教师少的问题，当前的社会文化、政策制度、经济倾斜，都不足以支持保障特殊教育的顺利发展。"(Ibi-Teng)

广东省东莞市启智学校的王老师也抱怨："我觉得残疾儿童少年社会适应能力太弱，大部分学生毕业后继续被父母养在家里，有些甚至连基本的生活自理能力都没有，能够自食其力或者自己照顾自己生活起居的学生很少，大部分残疾儿童少年没有通过学校教育实现自我的独立。最主要的原因是学校的课程内容涉及生活适应方面的东西太少，不同的学生使用的教材都是一样的，分层教学空有其表，难以深入实施，导致大部分学生跟着少量学生的目标快速前进。同时，教材又会出现不符合本地实际、学生实际和内容老化的问题，但开发校本教材的很少。总体而言，现在特殊教育学校的课堂跟以前的普通学校课堂一样，评价标准也差不多，不太符合我国残疾儿童少年的需要。"(Ibi-Wang)

总结特殊教育一线工作者的看法，可以发现他们对我国特殊教育和社会的衔接有比较负面的看法，主要问题有以下几个方面。

(1) 残疾学生本身社会适应能力、沟通能力、知识技能不足；

(2) 特殊学校现有课程设计中社会生活适应内容较少，不能满足学生的需求；

(3) 特殊学校中职业教育没有受到重视,职业训练不足;

(4) 特殊学校安全顾虑较多,封闭性强,不利于学生与社会互动;

(5) 从学校到社会的转衔机制与平台没有建立,不利于学生走入社会;

(6) 社会接纳程度不高,存在着歧视与拒绝的现象;

(7) 政策支持不足,社会支持力度不高。

第四节　关于我国特殊教育层次结构的讨论与建议

一、我国特殊教育层次结构的特点及反思

从西方特殊教育发展的历程来看,残疾人教育、康复与福利保障等的发展经历了一个从无到有、从边缘化到融入社会主流的过程。早期的西方残疾人事业是教会和慈善机构来做的,医疗、慈善以及单纯的供养理念是传统的隔离式、寄宿制社会福利与康复机构的基础。到了近现代,随着公民权利与平等参与等观念的普及,越来越多的残疾人离开隔离的环境,重新返回正常的学校与社区接受教育与服务,使残疾人事业脱离了慈善救济的人道主义关怀的局限性,变成人人拥有的经济与社会权利,成为政府公共服务与政策制定中不可缺少的重要环节。① 在这一过程中,各国特殊教育发展虽然各有特色,但都遵循了几个共同的规律。

第一,全球范围内特殊教育从隔离走向全纳的趋势不断增强。全纳包含两层含义:一是残疾儿童在正常的环境(即普通学校)接受平等的、适合他们特点与学习需求的教育;二是残疾人对社区生活的平等、全面地参与,即社区融合。② 残疾人在身体与心理上对社区生活的全面参与是实现社会公正理想的有效途径。

第二,尽管各国的政治、经济、文化发展不平衡,特殊教育体系有着不同的特点,但都重视普及并提高义务教育的质量,促进向学前教育和高等教育两个方向延伸,加强普通教育与职业技术教育的结合等。从宏观层面来看,各国根据儿童年龄发展的阶段性特征基本上都形成了从学前教育到小学教育、中学教育、职业教育与高等教育的完整的特殊教育纵向层次结构。早期特殊教育的重点在于义务教育阶

---

① 李莉,邓猛. 近现代西方残疾人社会福利保障的价值理念及实践启示[J]. 中国特殊教育,2007(6):3-9.

② Duvdevany, I., Ben-Zur, H., Ambar, A.. Self-determination and mental retardation: Is there an association with living arrangement and lifestyle satisfaction? [J]. Mental Retardation, 2002, 40(5):379-389.

段的残疾儿童少年教育。各国因情况不同，义务教育年限可能有所不同，例如，我国的义务教育包含从小学一年级到初中三年级共 9 年，而美国则包含学前一年到高中三年级共 13 年义务教育。随着时代的发展，国家逐步重视早期教育和高等教育以及职业教育，由义务教育一枝独秀、学前教育及高等教育薄弱的纺锤形结构逐步向从学前教育到高等教育逐步狭窄的梯形结构过渡。随着融合教育及终身教育的发展，从出生到各形式、多层次的学校教育到社会承认的综合教育和服务体系已经形成。

第三，从微观层面来看，西方各国特殊教育层次之间的衔接比较顺畅。早在 1990 年 101—476 公法（IDEA）对 1975 年 94—142 公法的修订中，美国就对接受特殊教育服务的对象在年龄上进行了调整，开始向两端延伸，涵盖 0—21 岁的残疾人。残疾儿童在 0—2 岁的时候享受个别化家庭服务计划（IFSP），该计划为残疾儿童及其家庭提供支持与保障；3—15 岁学龄阶段，残疾儿童少年接受两个计划的帮助——个别化教育计划（IEP）和个别化支持计划（ISP），确保每个残疾儿童少年受到高质量的、公平的教育和服务；16—21 岁阶段，残疾儿童少年由学校向社区、社会过渡，因此，需要为每个残疾儿童少年制订并实施个别化转衔计划（ITP），通过法定的程序与合理的机制确保残疾儿童少年顺利地从学校过渡到社会，并参与社会生活。对于残疾人在社会生活与就业方面的公民权利，主要通过立法的手段消除社会歧视，支持残疾人平等接受职业教育并就业，建立针对残疾人群终身教育与康复服务的保障体系。[①] 其中，1973 年的《职业康复法案》强调取消阻碍残疾公民参与公共生活的人为障碍，对重度残疾人进行康复治疗，以联邦康复服务署为法定主管机关，地方政府则设立职业康复机构以执行康复计划，联邦政府补助其 80% 的经费。该法案第 504 条款规定：不能因为残疾原因歧视、拒绝残疾人参与联邦政府资助的任何项目或活动。这些规定受到残疾人欢迎，政策制定者却并不积极实施这样的法律，其障碍仍然来自于资金。[②] 1990 年，美国通过《美国残疾人法》（*Americans with Disabilities Act*，简称 ADA），明确规定禁止公共服务中对残疾人的歧视，雇用者必须为残疾工人提供配套条件与设施，被雇用者不应因身体残障而受到差别待遇。该法案鼓励残疾人参与主流社会与经济生活，奠定了美国残疾人

---

① 于松梅，侯冬梅. 美国《障碍者教育法》的演进及其特殊教育理念[J]. 辽宁师范大学学报（社会科学版），2008(4)：78－80.

② Meyen, E. L., Skrtic, T.. Exceptional children and youth (3rd ed.)[M]. Denver: Love Publishing Com, 1998.

法律新的重要基础，被认为是20世纪残疾人解放的宣言。[①]

因此，总的来看，西方残疾儿童少年教育和服务体系始于家庭、运行在学校、共享在社区，最终落实于社会的平等参与，已经形成了贯穿残疾人整个人生的教育和综合支持服务体系，以确保残疾儿童少年公民权利的实现。

（一）我国特殊教育层次结构的特点与问题

根据我国著名特殊教育专家朴永馨先生的观点，我国残疾人的特殊教育经过一百多年的探索，特别是改革开放以来的迅速发展，已初步形成了较完整的体系。虽然还是以普及义务教育为主要目标，但已经扩展到学前教育、高级中等教育、职业技术教育以及高等教育领域，初步形成了完整的特殊教育层次结构。我国的这种特殊教育体系包括独立的特殊教育与普通教育两种方式平行发展，共同为残疾儿童提供教育服务。这两种方式是相互结合、相辅相成的，两个系统可以双向交流，构成了特殊教育与普通教育密切融合又相对独立的、包含在国家大教育体系中的小特殊教育体系。[②]

因此，我国特殊教育层次结构首先与国际发展趋势一致，从纵向的角度看，教育体系覆盖从学前教育到高等教育各个阶段的教育服务，呈“中间大、两头小”的纺锤形格局；从横向的角度看，呈现为特殊教育的普通教育与职业教育并行，两条腿走路的格局，但普通教育强、职业教育弱的一头沉现象仍然存在。尽管在发展上还存在着不平衡，但我国特殊教育体系的纵向层次结构以及横向的普通教育和职业教育配合的格局与其他各国的发展方式相似，唯一不同的是我国特殊教育体系各层次之间的比例、规模以及彼此之间的衔接还存在着明显不足。

从安置模式来看，我国特殊教育发展走的是隔离的特殊教育体系与融合教育并重、平行发展的道路。一方面，隔离的特殊教育体系完整地存在并继续发展，例如，为残疾儿童单设的幼儿园或学前班、覆盖义务教育乃至高中教育及职业教育的特殊学校，以及独立的残疾人高等教育院校或者学院规模不断扩大；另一方面，融合教育贯穿从学前教育到高等教育各层次的教育机构。在这一方面，我国发展模式与西方显然不同。西方各国传统的隔离式特殊教育机构体系已经崩溃。融合教育，即在普通教室教育残疾儿童似乎逐步成为各国特殊教育的主要选择。尽管融

---

① Hahn, H.. Public support for rehabilitation programs: The analysis of U.S. disability policy[J]. Disability, Handicap & Society, 1986, 1(2): 121-137.

② 朴永馨. 科学发展，与时俱进——学习第四次全国特殊教育工作会议文件及国办发〔2009〕41号文件[J]. 中国特殊教育，2009(6): 12-16.

合教育模式的效果还没有被研究有效地证明，它却成功地导致了对传统的隔离式特殊教育体系的完全否定。很多之前还普遍存在的为特殊需要的学生提供服务的全日制特殊学校和特殊班逐渐淡出了人们的视线，取而代之的是融合的教育形式。隔离的特殊学校（班）已经或正在消失，融合教育成为主要的选择。① 而在我国，相信很长一段时间内，特殊学校仍然会增加（这是因为我国特殊教育基础薄弱，传统特殊教育发展不够充分的原因）。完全全纳教育的极端平等的理想与背后的文化理念在我国也没有根基。②

因此，我国特殊教育发展到今天可以说“人有我有”，特殊教育所有的元素我们都已经具备。从宏观层面来看，中国特殊教育层次结构呈“三横两面、中间大两头小”的纺锤形结构（图 3 - 2）。

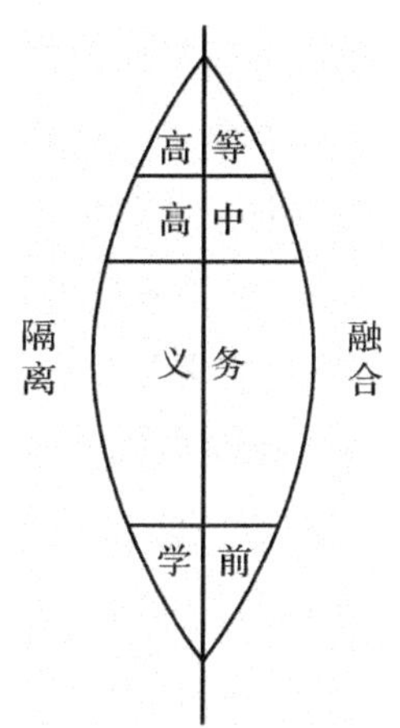

图 3 - 2　我国特殊教育层次宏观结构图

尽管我国特殊教育近年来取得了举世瞩目的进展，并形成了符合我国国情的特殊教育体系，但是我国特殊教育层次结构仍然存在着许多问题。本书所调查的高校教师和一线特殊教育工作者绝大多数对我国特殊教育层次结构不满意，认为层次之间的衔接也存在着严重的问题。

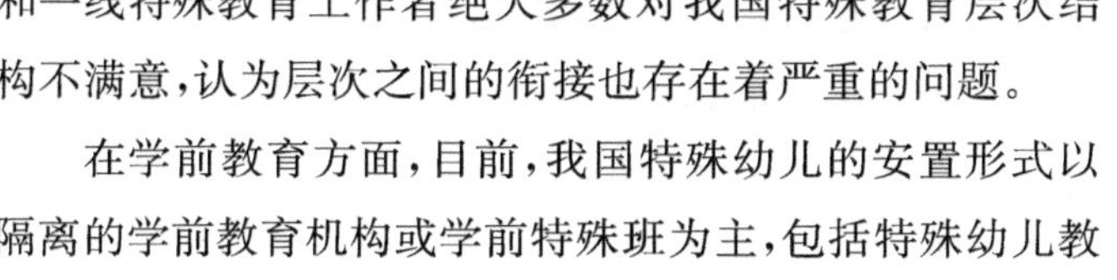

在学前教育方面，目前，我国特殊幼儿的安置形式以隔离的学前教育机构或学前特殊班为主，包括特殊幼儿教育机构、聋儿康复机构、特殊教育学校的学前班。上述机构或班级一般只招收特殊幼儿，特殊幼儿缺少与普通幼儿的互动与交流。学前融合教育尚处于起步阶段，数量很少。长期以来，我国学前特殊教育的教育机构主要以聋儿康复机构为主，其他类型的残疾儿童教育康复机构极为稀少。其中，社会力量办学成为学前特殊教育的主体，政府在学前特殊教育中的主导性没有得到体现。近年来，随着孤独症出现率的上升和社会对孤独症重视程度的增加，孤独症儿童教育康复机构不断出现。中残联的统计数据显示，截至 2012 年，全国共有 933 家孤独症康复机构，其中省级

① 邓猛. 双流向多层次教育安置模式、全纳教育以及我国特殊教育发展格局的探讨[J]. 中国特殊教育，2004(4)：1 - 7.

② Croll, P., Moses, D.. Ideologies and utopias: Education professionals' views of inclusion[J]. European Journal of Special Needs Education, 2000, 15(1): 1 - 12.

孤独症儿童康复训练机构 30 个，共有 1.1 万名孤独症儿童在各级机构进行康复训练。① 当前我国的康复机构主要类别包括孤独症康复中心、医院、特殊学校和福利院等。在现有康复机构中，残联主办的孤独症康复中心数量最多，其次是民办的康复中心，二者共占所有康复机构的 63.99%，教育、卫生和民政等部门主办的康复机构数量相对较少。由此可见，孤独症儿童的康复训练已经引起了国家各个部门和民间的重视，教育、卫生、民政等政府部门和残联部门以及民间力量都参与到了孤独症儿童的康复训练中，其中残联部门和民办的康复机构占主导地位，政府部门所办的康复训练机构居于次要地位。

在义务教育方面，国家从 20 世纪 80 年代以来通过特殊学校（班）和随班就读等多种形式的特殊教育提高残疾儿童少年的入学率，取得了很大的成绩。视力残疾、听力残疾以及智力残疾三类残疾儿童少年的入学率超过 80%，国家确定的"以普及义务教育为重点"的目标基本实现，"以特殊学校为骨干，大量附设特殊班和随班就读为主体"的特殊教育格局基本形成。虽然义务教育阶段仍然呈现为多种力量、多种形式办学的特点，政府在残疾儿童少年义务教育方面起到了主导的作用，但是，残疾人受教育程度低的现状仍然没有得到根本的改变。残疾儿童少年教育仍然是普及初等教育最薄弱的环节。已经进入普通学校就学的残疾儿童少年由于师资与教学资源的缺乏而出现"随班混读"的现象。② 除了三类残疾儿童少年之外，其他类型的残疾学生，包括孤独症、脑瘫、情绪行为障碍等类型的残疾儿童少年，就学仍然存在着严重的困难，离全民教育的目标仍然很远。随班就读的残疾学生小学到初中之间的衔接出现困难，许多残疾学生到了初中阶段被迫转到特殊学校或者干脆辍学。

近年来，高中及职业教育受到社会及政府的重视，各地创办了一些聋人与盲人高中，并积极探索普通教育和职业教育协调发展的双轨制体系。在职业教育方面，随着高等教育的改革与发展，逐步形成中职、高职"共同发展，相互补充"的新局面。但总的来看，残疾人高中教育及中等职业教育规模较小。由于残疾儿童少年完成初中阶段义务教育的比例不高，能够升入高中并完成学业的学生数量有限，制约了高中及中等职业教育的发展。据 2007 年数据统计，在 246 万名 6—14 岁的残疾儿

---

① 中国残疾人联合会. 2012 年中国残疾人事业发展统计公报(残联发〔2013〕3 号)[EB/OL]. [2013-03-26]. http://www.cdpf.org.cn/sjzx/tjgb/201303/t20130326_357748.shtml.

② 邓猛，周洪宇. 关于制定《特殊教育法》的倡议[J]. 中国特殊教育，2005(7)：3-6.

童中，63.19%能够入学接受义务教育，而在近两亿名普通儿童中，超过99%的能够上学读书。大约1.5万名残疾学生能够完成初中学业进入高中阶段学习，只占总数的0.1%，这充分说明了我国特殊教育发展面临的困难。①

在高等教育方面，当前我国残疾人高等教育主要招收盲、聋和肢体残疾三类学生。其中，进入普通高等院校接受普通高等教育的，以肢体残疾学生为主；通过"单考单招"形式接收残疾学生进入高等特殊教育学院（系、专业）接受教育的，以视力、听力残疾学生为主。目前，我国残疾人高等教育初步显现为以残疾人高等教育学院就读为骨干，以普通高校就读为主体，成人高等教育和远程教育等方式就读为辅的格局。② 特殊教育学院和特教班的数量远远无法满足残疾人高等教育大众化的要求。我国高等融合教育不仅招收的残疾学生类型少，而且能够入读的学生数量有限，每年不超过9 000人③，然而适龄的残疾人口基数较大，这样便远低于我国2014年普通高等教育37.5%的毛入学率④。此外，从我国可接纳残疾人的高等院校来看，大多停留在专科和本科层次，研究生及以上层次的很少。再者，在专业设置上，主要以残疾学生的生理特点为依据，如盲人以中医保健（如按摩）专业为主，聋人以计算机、艺术设计等对听力要求不高的专业为主，肢体残疾学生可选择的专业则相对较多。但总体而言，残疾学生在专业选择上大多集中于几个传统且单一的专业，而像广播、播音等很受盲生欢迎的专业，在国外较为普遍，但在我国几乎没有。普通高等教育已迈入大众化并向普及化方向发展，残疾人高等教育在一段时期内仍将处于精英化阶段。⑤

（二）我国特殊教育在社会衔接上的现状与问题

我国特殊教育各层次之间的衔接存在着极大的问题。我国并没有实施个别化转衔计划，残疾学生的教育衔接问题没有得到广泛的关注。残疾儿童少年入学难的问题仍然广泛存在，社会观念与教育体制障碍仍然存在。主要表现在残疾儿童少年入学后教育质量不高，课程与教材问题严重，普校与特校教材不能够很好地衔接，缺乏教学支持，特殊教育专业人员与普校教师合作不够等。

---

① 国家统计局. 中国发布第二次全国残疾人抽样调查主要数据公报[EB/OL]. [2007-05-28]. http://wenku.baidu.com/view/9e2b627a168884868762d633.html.

② 黄伟. 我国残疾人高等教育公平研究[J]. 中国特殊教育，2011(4)：10-15.

③ 段玄锋. 我国残疾人接受高等教育的现状研究[J]. 绥化学院学报，2013(10)：46-51.

④ 教育部. 2014年全国教育事业发展统计公报[EB/OL]. [2015-07-30]. http://www.moe.edu.cn/srcsite/A03/s180/moe_633/201508/t20150811_199589.html.

⑤ 宗占国，庄树范. 创建中国特色的残疾人高等教育[J]. 中国高教研究，2005(4)：46-49.

虽然目前我国制定的残疾人就业政策法规已经比较多了，但残疾大学生就业遭排斥的现象仍十分普遍。许多残疾大学生毕业后所面临的第一个挑战，便是社会就业排斥。这种现象不得不归咎于一些用人单位的法制观念滞后，有些单位甚至宁愿缴纳残疾人就业保障金，也不愿接收残疾人就业。

2010年1月13日，中国新闻网在题为《残疾大学生就业难　歧视来自"骨子里"》的报道中这样描述了一位残疾大学生的心声："由于身体有残疾，与健全同学此前同去一个大公司面试，招聘人员居然还没有等我回答完问题，就觉得我不合适，事后才得知，他们不愿意与一个身体有残疾的同事坐在一个办公区，认为有碍公司的整体形象。"①由于用人单位观念落后，残疾人就业制度建设还不完善，残疾大学毕业生面临的就业排斥比较普遍。在日益激烈的就业竞争下，残疾毕业生面临的就业压力更为严峻。目前除中医按摩专业的残疾毕业生就业率较高外，其他专业的残疾大学生一次性就业率并不高。残疾大学生毕业后继续深造，需要与普通大学生竞争研究生教育资格，受到研究生招录政策中导师主导选拔，以及学位与英语成绩挂钩等多重不利因素影响，使得残疾大学生很难被公平录取。国内还没有专门招收听力残疾和视力残疾大学毕业生的研究生教育机构，有许多优秀的听力残疾和视力残疾大学生只能选择到国外攻读研究生学位。据了解，仅美国加劳德特大学就有数十位中国籍听力残疾学生就读。这种状况对我国残疾人高等教育的可持续发展较为不利。

对残障大学生的偏见和歧视现象仍然存在。一些单位在国家政策的压力下，安排了一些残障大学生就业，但是也没有达到按比例安排残疾人就业的指标，有些单位宁愿缴纳残疾人就业保障金，也不愿意接收残疾人就业。在这种情况下，学校就业工作压力很大。② 政府要进一步完善相关法律法规，制定符合实际需要、切实可行的扶助残疾大学生就业的优惠政策和措施；学校要以就业为导向拓宽专业领域，开展各种就业指导，为残疾大学生就业创造各种方便条件；社会应改变对残疾人歧视、排斥的观念，以积极的态度来接纳残疾人，关心帮助残疾大学生就业，给残疾大学生就业以行政援助、法律援助、经济援助、道义援助和舆论援助；再者，残疾大学生要努力提高自身各方面的素质，树立正确的择业观，考虑多种就业形式。

---

① 张子扬. 残疾大学生就业难　歧视来自"骨子里"[EB/OL]. [2010-01-13]. http://www.chinanews.com/edu/edu-qzcy/news/2010/01-13/2068370.shtml.

② 张健萍，卢培勇. 首都残疾人高等教育院校学生事务支持体系的发展[J]. 出国与就业，2011(2)：21-27.

总的来说，学校与社会的衔接，特别是残疾儿童少年的职业教育以及毕业后就业与生活的适应方面缺乏明确的保障。大多数残疾人没有得到必要的康复医疗；社会上对于残疾人的歧视与偏见仍然不同程度地存在着；残疾人参与公共生活存在着环境上的障碍；残疾人事业仍然滞后于社会经济发展水平。残疾人仍然是社会中一个特殊困难的弱势群体，他们多数仍然生活在社会的最底层，离平等参与社会生活、共享人类文明成果的目标还甚远。[①]

二、完善我国特殊教育层次结构的建议

从西方特殊教育发展的特点及趋势来看，完整的、贯穿残疾儿童少年家庭、学校、社区及终身社会保障的残疾人教育和服务体系已经形成，并通过不同的教育和综合服务项目确保残疾儿童少年人生各阶段的顺利衔接。这确保了残疾儿童少年平等参与学校与社会生活权利的实现。

我国特殊教育在改革开放以后得到巨大的发展，特殊教育体系基本形成，涵盖了残疾儿童学校教育和社会生活的各个方面以及人生发展的各个关键阶段。这个结构以普及义务教育为重点，并逐步扩展到学前教育、高级中等教育、职业技术教育以及高等教育等领域，初步形成了完整的特殊教育层次结构。尽管如此，我国特殊教育结构体系仍存在着很多问题。从研究结果来看，研究对象少有对我国特殊教育结构满意的，多数认为存在着结构不合理、衔接不顺畅等多方面的问题，这些问题受制于我国特有的社会文化传统、教育体制、资源提供、特殊教育发展基础等多方面的因素。为了进一步完善我国特殊教育结构体系，本书提供以下建议。

（一）进一步完善特殊教育相关政策措施，对我国特殊教育体系发展作出明确的规范

随着改革开放以来特殊教育的发展，一系列与特殊教育相关的法律法规得以出台，使我国特殊教育有法可循，有章可依，极大地促进了特殊教育的发展。但是，我国特殊教育法律法规还存在着系统性不够、用语不一致、对象范围太狭窄等问题。这些法律法规提供了许多“应然”(permissive)的规定，离法律应该具备的“强制性”(mandatory)特点还有很大的距离。[②]

现有的法律法规对于我国特殊教育体系的规定不甚明确。虽然在每个相关的

① 邓猛，周洪宇.关于制定《特殊教育法》的倡议[J].中国特殊教育，2005(7)：3－6.

② 邓猛，周洪宇.关于制定《特殊教育法》的倡议[J].中国特殊教育，2005(7)：3－6.

法律文件中都确立了“将残疾儿童少年义务教育纳入义务教育体系”的原则，但从反复地在不同年代的政策中强调这一点可以推断，这一原则始终没有落到实处。对于特殊教育层次结构的规定主要落在两点上：第一，实行“普及与提高相结合，以普及为重点”的特殊教育发展方针，着重普及义务教育阶段三类残疾儿童教育，逐步发展非义务教育阶段教育，包括学前与高中层次以上的教育，初步形成完整的特殊教育体系。第二，形成了以特殊学校为骨干，普通学校附设的特殊班和随班就读为主体的残疾儿童少年教育格局，并规定“30 万人口以上的县市建立一所以上特殊教育学校”。

显然，这些规定只是提供了特殊教育发展结构的大体框架，对具体的内容、各层次之间的衔接、规模以及发展方式等都没有明确的规定。例如，残疾儿童学前教育与康复近年来发展迅速，各种民间机构如同雨后春笋，层出不穷。民间学前教育机构与政府公办学前教育机构之间的关系、比例、资源配置、管理、教师配备与职业发展等问题没有相关的指导原则。职业教育发展也面临类似的情形。在义务教育阶段，随班就读、特殊班、特殊学校之间的关系与运作体制没有明确的规定；近年来不断发展的资源教室该如何配备设备与人员，其地位与功能如何，这些都需要法律法规的规范与指导。不同阶段之间的衔接也需要明确的规定来保障其实施。因此，加强特殊教育法律法规建设，细化相关的规定，对于完善特殊教育结构体系具有重要的意义。

（二）积极扩展残疾儿童教育范围，发展残疾儿童少年非义务教育阶段教育

长期以来，特殊教育发展处于极为不均衡的状态。从教育服务的残疾类型来看，主要集中于所谓的“三类基本残疾”儿童的教育，即视力残疾、听力残疾、智力残疾儿童。而且对于智力残疾儿童而言，事实上只有轻度、中度以及重度中的较轻度残疾儿童通过随班就读或者特殊学校接受教育。国家教委 1994 年通过的《关于开展残疾儿童少年随班就读工作的试行办法》则明确指出：残疾儿童少年随班就读的对象，主要指视力（包括盲和低视力）残疾、听力语言（包括聋和重听）残疾、智力（轻度，有条件的学校可以包括中度）残疾等类别的残疾儿童少年。严重的智力残疾儿童的教育还没有列入考虑的范围。其他类型的残疾儿童少年，包括情绪行为问题、言语及语言障碍、重度及多重残疾、学习障碍、脑瘫等，要么没有被列为法定残疾类型，要么因为学校系统缺乏足够的资源和专业能力而不能为他们提供教育，还没有被国家纳入特殊教育服务的对象。近年来，随着社会和政府对孤独症关注程度的

提高，孤独症儿童的教育和康复逐渐被纳入公立教育体系，政府的教育责任逐步体现。

因此，我国特殊教育体系应该逐步涵盖所有残疾类型的儿童少年。经济文化发达地区，如北京、上海等地，特殊教育应该保障所有残疾儿童的受教育权利，在传统的三类残疾儿童教育的基础上扩展到《中华人民共和国残疾人保障法》所规定的七类残疾儿童的平等教育权。其他各地区应该因地制宜，逐步吸纳更多类型的残疾儿童少年进入学校接受教育，逐步使我国特殊教育实现全民教育的目标，实现教育机会均等与公平。

从各级教育的结构来看，我国特殊教育呈现的“纺锤形”结构不利于特殊教育的均衡发展。义务教育的发展应该基于广泛、有质量的学前教育，早期发现与早期干预是特殊教育的基本要求。因此，如果没有提供适当的学前教育与康复，义务教育的质量必然会受到影响。同样，高中层次以上的教育是义务教育的出口。义务教育不能得到可持续性发展的话，高中层次以上的特殊教育必然缺乏根基。从目前情况来看，义务教育质量不高，影响到高中层次的教育；而高中层次教育的缺乏，导致残疾儿童少年高等教育发展极为落后，残疾人高等教育与社会和普通高等教育的发展不相适应。残疾人高等教育尚未普及，进入高校的残疾学生很少，2000年进入高校的残疾人为 2 329 人，不及当年新生的 2‰。① 据统计，截至 2010 年，全国高中毕业生有 1 800 万人，其中约 25%进入高等教育；而 169 万高中阶段的残疾儿童少年中只有 1.4%(24 000 人)能够进入高等教育机构深造。② 这种情形与残疾儿童进入高中学习的人数比较少是一脉相承的。在 246 万 6—14 岁义务教育阶段残疾儿童少年中，只有 63.19%进入学校接受义务教育，这与正常儿童超过 99%的入学率有着较大的差距。其结果是，只有 15 000 名残疾学生从初中毕业进入高中就读，较低的高中入学率必然会影响到高等教育的入学率。③ 本书的调查对象也普遍反映，“两头弱小”是我国特殊教育体系中的薄弱环节。

因此，迅速改变学前以及高中教育发展滞后的现状，是我国特殊教育今后一段时间内的重点工作，以使纺锤形结构逐渐发展成为底部比上层宽阔的三角形结构，实现各级教育的均衡发展。

---

① 朴永馨. 残疾人高等特殊教育的产生和发展[J]. 中国听力语言康复科学杂志，2004(3)：12-19.

② 王志强，申仁洪. 残疾人高等教育随班就读初探[J]. 中国特殊教育，2008(5)：33-37.

③ 第二次全国残疾人抽样调查领导小组，中华人民共和国国家统计局. 2006 年第二次全国残疾人抽样调查主要数据公报[EB/OL]. [2007-05-28]. http://www.gov.cn/fwxx/cjr/content_1311943.htm.

（三）促进不同层次教育之间的衔接与转换，建立有效的特殊教育社会支持体系

研究结果显示，我国特殊教育层次结构基本具备，初步形成了特殊教育服务体系，使我国特殊教育能够得到有效的实施。但是，我国的特殊教育结构显然是粗线条的，骨骼与架构具备了，内容、运行机制以及各层次之间的衔接却存在着漏洞，就像是四处漏风的大房子。

随着我国特殊教育的深入发展以及对于特殊教育质量的追求，特殊教育层次结构应该逐步走向精细化、机制化，应该学习西方的模式，逐步发展个别化教育计划和个别化转衔计划，为残疾学生建立终身学习与生活的支持保障体系。至少有以下几个方面的衔接应该得到重视。

第一，学前教育到义务教育阶段的衔接。学前教育机构与义务教育阶段学校（包括特殊教育学校与普通学校）之间应该建立常规的、机制化的联系，为残疾儿童顺利从学前阶段走向学校生活奠定基础。

第二，义务教育阶段小学低年级向高年级阶段的衔接与服务。低年级向高年级转换经常意味着知识和学习要求的显著提高。残疾学生在低年级时往往适应困难较少；随着年级增高，学业要求不断提升，儿童自我意识逐步发展，残疾观念及人际关系会逐步影响到学生的学校生活。学校与教师要特别注意这一变化，针对性地进行调整与咨询指导，为残疾儿童的高年级学习提供支持。

第三，小学阶段向初中阶段的过渡与支持。初中阶段的学习意味着更高的学业挑战与人际关系、社会适应方面更大的困难。从目前随班就读发展的情况来看，许多残疾学生在小学毕业后因为难以适应初中生活而辍学。因此，应该制订针对学生中学生活的转衔计划，支持学生顺利进入初中学习。

第四，义务教育阶段后的转衔与支持。残疾儿童义务教育阶段后的深造或者向社会生活过渡，是残疾人生活衔接中最重要、最困难的部分。世界各国在残疾学生义务教育阶段以后的支持方面做出了各种努力，但迄今为止效果都难以令人满意。我国在这方面还没有做出系统的努力，个别化转衔计划还只是处在学术讨论之中，残疾学生学业深造与社会生活适应方面存在着严重的困难，缺乏必要的支持。

因此，应该逐步建立涵盖社会不同部门与方面的社会支持网络系统。社会支持作为社会保障体系的有益补充，有助于减轻人们对社会的不满，缓冲个人与社会

的冲突，从而有利于社会的稳定，社会支持是与弱势群体的存在相伴随的社会行为。[①] 社区支持是指通过各种支持与服务维持残疾人等有特殊需要人群在社区内或其自然生活环境内的独立生活。社区支持经常与社会网络联系在一起，社区支持网络是一种非正式的社会支持，通常被视为解决个人及社区问题的"第一线"，因为当个人遇到问题时的第一反应通常是寻求相熟或亲密的人的协助。社会支持网络是指那些持久的社会联系，它把个体和建设性的资源联系起来，以达到有效的个人适应。通过社会支持网络的帮助，残疾人可以解决日常生活中的问题和危机，并维持日常生活的正常运行，即通过提供合适的支援，让残疾人等社区人士可以在自己的生活上获得最大的独立性和自我控制。

笔者根据社会支持与残疾儿童少年社区参与之间的关系，绘制了残疾儿童少年社区参与的社会支持网络图(图 3－3)。

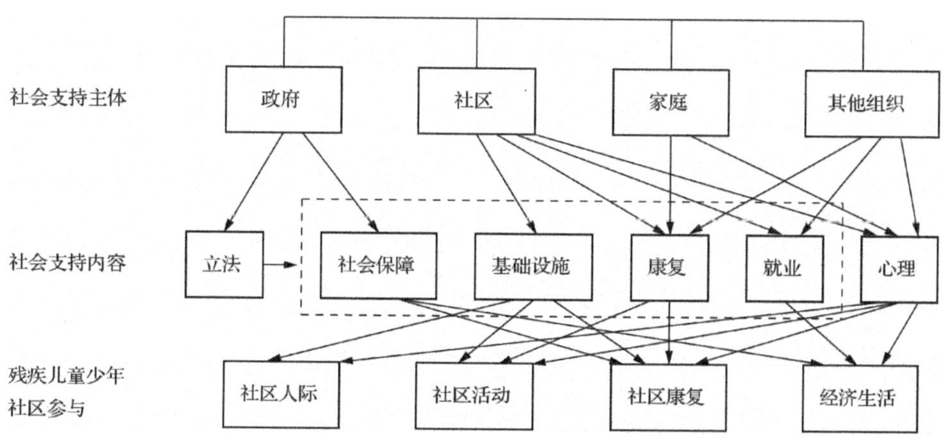

图 3－3　残疾儿童少年社会支持网络

目前，研究者对社会支持的理解已基本形成共识，认为它包括两类：一是客观的支持，包括物质上的直接援助和社会网络支持(如非正式团体、同事、朋友等)，这种社会支持不以个体感受为转移，是客观存在的；二是主观的支持，即"个体在社会生活中受尊重、被体谅的情感支持及满意度"[②]。如图 3－3 所示，残疾儿童少年社会支持的主体即施予者，包括各级政府、社区、家庭和其他非正式组织(如社区志愿

① 从晓峰，唐斌尧. 转型期残疾人社会支持的实践模式研究[J]. 北京科技大学学报(社会科学版)，2003(3)：1－4.

② 周林刚，冯建华. 社会支持理论：一个文献的回顾[J]. 广西师范学院学报(哲学社会科学版)，2005(3)：12－16.

者协会、救助站)。残疾儿童少年是社会支持的客体,是被支持的对象。连接残疾儿童少年与社会支持主体的纽带是社会支持的内容。一般,社会支持的内容是根据社会支持客体的需要来决定的,既包括满足基本物质生活的需要,也包括精神心理上的需要。残疾人社会支持是一个巨大的社会工程,仅靠国家和政府远远不够,需要构建以国家为主,各种社会组织、团体广泛参与的残疾人社会支持网络。应充分调动企业、慈善组织、社区组织内蕴含的各种资源帮助残疾人,形成多元主体的合作方式,实现资源的合理配置和有效传递,减轻残疾人遭遇的社会排斥,帮助其逐渐融入主流社会。① 在对残疾青少年的社会支持中,政府、社区、家庭和其他组织缺一不可,政府从宏观的立法、社会保障的层面发挥主导作用,社区、家庭和其他组织则从微观的执行、辅助层面发挥作用,从而形成一个政府、社区、家庭和其他组织共同发挥作用的残疾儿童少年社区参与的社会支持网络。

---

① 刘艳霞.消除社会排斥:保护残疾人弱势群体的政策研究[J].兰州学刊,2008(1):85-87.

第四章　残疾儿童教育安置模式的实证调查研究

第一节　研究背景

残疾儿童的教育安置是实施特殊教育的关键问题，采取何种有效的教育安置形式在很大程度上决定着残疾儿童的受教育水平。[①] 在过去的几个世纪中，西方特殊教育的发展经历了从隔离的寄宿制学校、特殊班到瀑布式教育服务体系，再到普通学校的转变。受到西方特殊教育理念与实践的影响，我国的特殊教育发展模式也开始由单一走向多元化。自20世纪80年代以来，我国逐步形成了符合我国特点的，包括特殊学校、特殊班和随班就读三种主要形式的特殊教育发展的新格局。[②] 许多地区还在普通学校开设资源教室，为随班就读的残疾儿童提供支持与辅导。近年来，我国特殊教育又发展了送教上门、社区教育等不同的教育安置方式，为重度、极重度以及多重残疾学生提供教育服务。尽管如此，总的来说，特殊学校、特殊班和随班就读还是我国最主要的特殊教育安置模式，随着融合教育的逐渐普及，资源教室越来越成为我国特殊教育的另一主要实践方式。

我国特殊班的数量虽然仍然连年递增，但笔者认为，随着我国生育高峰的消失，初级义务教育阶段儿童数量事实上呈递减态势，特殊班的生源基础必然在短期内逐渐萎缩。根据笔者对湖北省罗田县的调查，同一特殊班中儿童的年龄、残疾类型与程度、自理能力以及学业进展等各不相同，在低年级尚可单独成班上课，但事实上，随着年级的升高，特殊儿童不可能待在同一特殊班内上所有的课程，大多数的课程需要到与其水平相应的年级中与正常儿童一起进行，只有极少数课程在特殊班中进行，且时间较短。这样，特殊班事实上已经转变为辅导班（即资源教室）。[③] 因此，我国特殊教育的发展格局越来越呈现出以一定数量的特殊教育学校为资源中心，大量的特殊班、随班就读结合资源教室为主体的基本格局。

教师承担着教育残疾儿童的主要责任，他们对残疾儿童不同教育安置形式的

---

① 李拉.世界范围内残疾儿童教育安置形式的变迁与趋向[J].现代教育管理，2013(9)：121－124.

② 朴永馨.融合与随班就读[J].教育研究与实验，2004(4)：37－40.

③ 邓猛.双流向多层次教育安置模式、全纳教育以及我国特殊教育发展格局的探讨[J].中国特殊教育，2004(4)：1－7.

态度直接影响到残疾儿童教育安置场所的选择与所接受的教育质量。教师的态度与信念在很大程度上决定了融合教育的成败(Norwich, 2002; Salend, 2001)。[①②]资源教师是实施资源教室方案的核心人物,是学校的资源人士。本书所指的资源教师是指具有特殊教育基本素养和专业能力,在普通学校或特殊教育学校中担任资源教室管理者与教育活动实施者,对有特殊需要儿童及普教教师提供直接或间接的教育服务,对家长以及其他人员提供专业咨询的人。部分资源教师不仅需要服务自己的学校,还需对其他学校进行指导。

在世界各国都在对特殊学校、资源教室、融合教育等不同教育安置模式进行重新思考或探讨,以求为特殊儿童提供更有效的教育之时,我国教育格局似乎一蹴而就,近二十年来很少有对我国特殊教育发展格局进行思考与探讨的声音。尽管许多研究者对特殊教师和普通教师、对随班就读的态度进行了研究[③④⑤],但这些研究都是调查教师对随班就读这一类教育安置方式的态度,很少有关于残疾儿童不同教育安置形式的对比研究。当前在我国特殊教育格局中,残疾儿童在特殊学校与普通学校中的发展情况如何?特殊教师与普通教师对残疾儿童在特殊学校、随班就读和特殊班的态度如何?他们更倾向于哪一种安置方式?特殊教师与普通教师的教学实践如何?这些问题虽已有研究但均未作出回答。本研究旨在通过调查特校与普校教师对特殊学校、随班就读和特殊班这三种不同教育安置模式的态度及其影响因素,了解他们对残疾儿童教育安置方式选择的倾向,从而更加深入地思考我国特殊教育的发展格局。

第二节　研究方法设计

一、特殊教师及随班就读教师调查研究设计

(一)调查对象

本次调查于2013年11月至12月进行,采用分层随机抽样的方法,从北京、广

---

① Avramidis E., Norwich B.. Teachers' attitudes towards integration/inclusion: A review of the literature[J]. European Journal of Special Needs Education, 2002, 17(2): 129-147.

② Salend S. J.. Creating inclusive classrooms: Effective and reflective practices (4th ed.)[M]. Upper Saddler River, NJ: Merrill Prentice Hall, 2001: 89.

③ 邓猛.普通小学随班就读教师对全纳教育态度的城乡比较研究[J].比较教育研究,2004(1):61-66.

④ 钟经华,孙颖,张海丛.北京市普通中小学教师对随班就读态度的调查[J].现代特殊教育,2011(9):12-14.

⑤ 刘春玲,杜晓新,姚健.普通小学教师对特殊儿童接纳态度的研究[J].中国特殊教育,2000(3):34-37.

东和河南等三个省市共选取252名特殊教师和155名随班就读教师作为研究对象。回收特殊教师问卷245份,回收率97.2%,剔除无效问卷7份,得到有效问卷238份,有效率97.1%;回收随班就读教师问卷146份,回收率94.2%,剔除无效问卷8份,得到有效问卷138份,有效率94.5%。正式调查被试的基本信息见表4-1、表4-2。

表4-1 研究对象的基本信息(1)

项目	类别	教师类别	
		特殊教师(%)	随班就读教师(%)
性别	男	55(23.3%)	19(13.8%)
	女	181(76.7%)	119(86.2%)
	missing	2	—
年龄	25岁以下	25(10.5%)	5(3.6%)
	25—35岁	118(49.8%)	35(25.4%)
	36—45岁	70(29.5%)	88(63.8%)
	45岁以上	24(10.0%)	10(7.2%)
	missing	1	—
学历构成	专科	42(17.8%)	16(11.6%)
	本科	172(73.7%)	122(88.4%)
	硕士	20(8.5%)	—
	missing	4	—
教龄	5年及以下	72(30.5%)	15(10.9%)
	6—10年	42(17.8%)	12(8.7%)
	11—15年	38(16.1%)	18(13.0%)
	16—20年	34(14.4%)	42(30.4%)
	20年以上	50(21.2%)	51(37%)
	missing	2	—

表 4－2　研究对象的基本信息(2)

项目	水平	特殊教师(%)	水平	普通教师(%)
专业	特殊教育	83(36.4%)	教育学类	41(33.1%)
	学科教育类(中文、数学等)	66(28.9%)	汉语言文学	38(30.6%)
	康复类	15(6.6%)	数学	7(5.6%)
	艺术类(音乐与美术等)	10(4.4%)	英语	6(4.8%)
	教育学	41(18%)	其他	32(25.8%)
	心理学	3(1.3%)	missing	14
	其他	10(4.4%)		
	missing	10		
科目	语文	71(30.3%)	语文	60(44.1%)
	数学	45(19.2%)	数学	41(30.1%)
	生活适应	25(10.7%)	英语	19(14%)
	绘画与手工	23(9.8%)	其他	16(11.8%)
	唱歌与律动	9(3.8%)	missing	2
	体育	14(6%)		
	康复训练	23(9.8%)		
	其他	9(3.8%)		
	综合课	15(6.4%)		
	missing	4		

（二）调查工具

本书采用自编问卷《特殊学校教师教育安置态度与实践调查问卷》和《普通学校随班就读教师教育安置态度与实践调查问卷》。问卷编制参考了国内外相关文献，定稿前邀请了多位特殊教育专业教师以及特殊教育学校校长对内容进行了审定，最后通过修改和增删题目形成定稿。问卷由四部分构成，其中普通教师问卷与特殊教师问卷的第二、三部分相同，第四部分略有不同。第一部分是教师基本信息。第二部分有 12 道题，旨在了解残疾学生在学校的发展情况，主要包括残疾儿童的社会交往、生活满意度、行为表现与课堂表现四个部分，题目均为单项选择，选项从“完全不同意”到“完全同意”分为五个等级。第三部分为问卷的核心，旨在了解当前特殊教师与普通教师对特殊儿童不同教育安置方式的态度，包括对特殊学校、随班就读和特殊班三个方面，其中对特殊学校态度的试题有 8 道，对随班就读态度的试题有 9 道，对特殊班态度的试题有 7 道。第四部分分别是特殊教师问卷的教学方法与普通教师问卷的教学调整，题目以封闭式回答为主。

（三）研究程序与统计方法

问卷调查采用纸笔测验方式，团体施测，当场收回。课题组事前与被测学校领导联系沟通，为保证问卷的质量，问卷由调查人员统一发放和回收。对不同残疾儿童不同教育安置模式态度题目的“完全不同意、比较不同意、中立、比较同意、完全同意”五个选项分别赋 1、2、3、4、5 分，反向题目则反向赋分。问卷所得数据用 SPSS 软件（SPSS for Windows 19.0）进行统计分析，统计方法主要有描述性统计、T 检验、方差分析、相关分析等。

二、资源教师访谈研究设计

本部分研究采用质性访谈方式，访谈内容分为两个部分，一是资源教师的基本信息，二是资源教师的角色功能，试图探讨资源教师运用教师发展模式的可能。资源教师必须具备良好的基本素质，对自身的角色有深刻的认知，与随读班普教教师建立良性互动，采用有效的指导模式与策略进行辅导，以促进资源教师及随读班普教教师专业共同成长的双赢，最终达到提升随读班教学质量的目的。

（一）调查学校基本情况

研究者访问了北京市 5 所普通学校，共有分属 16 所不同学校的 17 位资源教师接受了访谈，其所在学校基本信息见表 4-3。

表 4-3 资源教师所在学校基本信息

校名	教/职工数	学生总数	残疾生数	类别	性别数（男：女）	特殊儿童家庭背景/家长教育程度
SA-1	79	894	3	学障、感统失调、心理	2：1	大专、本科
SH-2	47	545	12	听障、智障	9：3	高中、大专
SC-3	55	755	6	智障、脑瘫、孤独症	3：3	大专、本科
SF-4	71	828	5	听障、智障	2：3	高知、商
SN-5	32	330	12	智障、脑瘫、孤独症、发展迟缓	8：4	中专、初中
SL-6	62	937	10	智障、听障	6：4	初中

（续表）

校名	教/职工数	学生总数	残疾生数	类别	性别数（男∶女）	特殊儿童家庭背景/家长教育程度
SQ-7	55	847	5	智障、心理障碍	4∶1	未关注
SS-8	48	572	9	智障	5∶4	两极化：高知、劳工
SD-9	55	735	13	智障	7∶6	两极化：领导、劳工
SP-10	60	650	18	智障、听障、肢障	10∶8	中低
ST-11	40	430	16	智障、脑瘫、孤独症	11∶5	孤独症高经高知，其他一般
SZ-12	260	4 200	8	脑瘫、孤独症	5∶3	中上
SY-13	57	600	2	智障	1∶1	高经高知
SX-14	40	307	73	智障、脑瘫、孤独症、唐氏	53∶20	极高、一般
PZ-15	86	324	324	智障、脑瘫、孤独症、多重障碍	222∶102	中等
SR-16	28	412	14	智障、孤独症	10∶4	两极化：孤独症高经高知

除特殊学校外，其他普通学校随读班或特教班中，特殊儿童人数最少的 2 名，最多的 73 名，若以全校学生比例计算，分别是 1/300 与近 1/4，然而对于其中一所全校有 4 200 名学童的学校而言，8 名特殊儿童仅占 1/525，可见各校特殊儿童的比例相差非常悬殊，这与学区所在位置及家长构成情况是否有直接关联，值得进一步研究。

表 4-3 中所呈现的特殊儿童除学习障碍、心理障碍之外，其余均经由医院诊断并开具诊断书，其中招收智障生的学校最普遍（14 所），仅有 2 所学校目前没有智障生，但并不表示以后或先前没有。孤独症（7 所）与脑瘫（6 所）次之。学习障碍与心理障碍学生由资源中心教研员协助观察、评估。

特殊儿童的性别比例也较悬殊，有 2 所学校是男女平均的，仅 1 所是女生多于男生，其余 13 所都是男生多于女生，男生与女生的比例是 358∶172，男生数量比女生多一倍多。

教师 SXCZ 所说的与本调查相吻合："……残疾儿童大多是外地的，而且两极分化（指家长），有一部分家长是高知，也有一部分是遗传问题。"从这些特殊儿童的家庭背景及家长教育程度来看，孤独症学生家长普遍高经高知，智障学生家长在部分学校呈现两极化的倾向。

本书中参与资源中心主任访谈的共 9 位，意即 9 所学校，受访者中仅有 1 位主任，其余8位为资源教师或特教班教师，其基本信息见表4-4。

表4-4　校资源中心负责人基本信息

负责人代码	受访者性别	原职务	在校兼任主任年资
CA-1	女	区资源中心教研员	6—8年
CX-2	女	本校资源中心主任	专任6—8年
CF-3	女	班主任	1—3年
CL-4	女	副校长	1—3年
CT-5	女	资源教师兼特教班教师	6—8年
HY-6	女	随读班教师	1—3年
HR-7	女	资源教师	1—3年
HP-8	女	特教专职教师	专任23年
HX—9	女	专职资源教师	0.5年

由此基本信息看来，受访教师有近一半为在校领导，年资也是新进与年资深的(6—8年以上)各占一半。

（二）研究对象描述

如上所述，资源教师受访者有17位，为保护其隐私，避免读者对号入座，均以代号表示，他们的基本信息见表4-5、表4-6。

表4-5　受访者基本信息(1)

受访者代码	性别	年龄(岁)	普教年资	特教年资	有/无教师证	任教年级	共指导几个随读班
C-1	女	37	17	0.5	普教	1、5、6	0
C-2	女	33	**14**	**14**	普教	1—3	3
C-3	女	30	10	5	普教	X	3
C-4	女	25	2	2	普教	1—4	3
C-5	女	42	**23**	**9**	普/特教	4	5
C-6	女	24	2	2	特教	特教班	3
C-7	女	47	X	1	普教	0	9
C-8	女	35	14	3	普教	1	3
C-9	女	38	**19**	**5**	普教	4、6	5
C-10	女	36	**16**	**6**	普教	4、5	8

（续表）

受访者代码	性别	年龄（岁）	普教年资	特教年资	有/无教师证	任教年级	共指导几个随读班
C－11	男	30	6	3	普教	3	10
C－12	女	44	18	6	普教	特教班	20
H－13	女	43	0	23	特教	4	1
H－14	女	38	0	20	特教	2、4	3
H－15	男	29	2.5	2.5	普教	1—6	30
H－16	女	47	27	0.5	普教	X	10
HR－17	女	40	20	2	普教	6	1

注：X表示未填写，粗体表示明显错误。

表 4－6　受访者基本信息（2）

受访者代号	任教学科	有特教背景	指导特殊儿童类别	指导几位特殊儿童	组织活动频率	活动形式
C－1	品德与生活 品德与社会 校本课程	研习2周	感统失调	2	每两周1次	培训、听课、交流
C－2	美术	特教师专	孤独症、智障	3	每周1次	会议
C－3	X	X	听障、智障	12	每月1次	会议、交流
C－4	专题	研习18小时	孤独症、智障、脑瘫	6	每学期1次	培训、座谈
C－5	语文	X	听障、智障、学障、行为问题	10	每月1次	培训、听/评课、交流、评议
C－6	数学	特教本科	孤独症、智障、脑瘫	12	每两周1次	会议
C－7	X	X	智障	9	每学期2次	会议
C－8	语文	X	智障、多动	7	每月1次	会议、交流
C－9	劳动技术	研习2小时	轻度智障	9	每两周1次	培训、听/评课
C－10	语文	研习2小时	智障	13	每周1次	会议

（续表）

受访者代号	任教学科	有特教背景	指导特殊儿童类别	指导几位特殊儿童	组织活动频率	活动形式
C-11	数学	研习10小时	智障、听障、肢障	18	每月1次	交流
C-12	语文、数学	研习10小时	孤独症、智障、多动	18	每周1次	会议、教研
H-13	X	特教本科	多动	1	每周1次	听课、沙盘、交流
H-14	语文	研习	学障、多动	4	每月1次	会议
H-15	特教	特教硕士	孤独症、多动、脑瘫、感统失调	35	每周1次	座谈
H-16	X	研习20小时	孤独症、智障	12	每两周1次	会议
HR-17	语文	研习1周	智障、精神障碍	2	X	X

注：X表示未填写。

本书访谈教师学校所在学区：C区12人（71%），H区5人（29%）。无法平均取样是因为时间先后的关系，虽先联系的是H区主任，但因有会议耽搁，C区主任已先安排妥并联系受访教师，H区所剩的时间不多，因此受访教师较少。

教师的性别严重失衡问题由来已久，此次的17名受访者中仅2名男性，女性为男性的7倍之多。与王雁、肖非等人的研究相符。① 从信息上看，两位男性教师所指导的随读班分别为10个与30个，位于本次访谈者的前三名。资源教师大部分有普教经验，占82%，了解普教的学业压力，因此较能体谅随读班教师的辛劳（教师HR-17这样表示）。

在资源教师中，最年轻的24岁，最年长的47岁。年龄分布为：20—29岁的共3位，占18%；30—39岁的共8位，占47%；40—49岁的共6位，占35%。可以看出，30—39岁的年龄层几乎占了一半，年轻教师参与的极少，可能与其缺少经验有关，毕竟资源教师必须指导随读班教师，太年轻的教师对年长的教师来说，说服力相对弱些。

---

① 王雁，肖非，朱楠，等.中国特殊教育学校教师队伍现状报告[J].现代特殊教育，2011(10)：4-9.

两区资源教师指导随读班班级数，最少的0个班，最多的30个班，有2人任职于特教班，其余都在普教兼课，分散于1至6年级，4年级的最多(6)，其次是1年级(5)。多数受访者兼课是由于学校编制的问题，一般学校没有资源教师的正式编制，如果不兼课，恐怕无法解决这个最实际的问题。教师兼课的科目多种多样，但大部分还是在重点科目上，如语文、数学(语文出现6次、数学出现3次)。

由于资源教师多数为普教出身，仅有4位为特教专业毕业，其中1位师专、2位本科、1位硕士，其他教师的特殊教育专业除自学外，均通过参加特教研习获得，为从2小时到20小时、1周、2周不等的短期培训。

资源教师所指导的特殊儿童障碍类别，基本上与表4-3所调查的差异性不大，以智障学生最多(12)，孤独症(6)与多动(5)次之。这与医院诊断有直接关联。“智障小孩，都有智商证明的。没有证明的不能收”，有“专门的机构来鉴定，基本上是北京三院、六院”。教师AHCL这样表示。每位资源教师指导的特殊儿童数量最多者为35人，最少的1人。指导学生数最多的前3名分别为35人、18人和13人。

组织活动或研习培训也是资源教师的工作之一，各校无太明显差异，普遍每周或每两周一次(5,4)及每月一次(5)。活动形式以会议和交流的方式最多(9,6)，培训、听课的次之(4,4)。

有6位教师接受了研究者的访谈，研究者征得4位受访者的同意，以录音笔记录了访谈过程，随后由研究者逐字转为文本，他们分别是：教师PZCW(2分43秒)、教师AHCL(59分19秒)、教师SXCZ(22分46秒)及教师SFCL(19分48秒)。另外2位由研究者以快速笔记方式记录，访谈时间原定每人40—50分钟，但实际花费时间有长有短，PZCW被访时间最短，时间最长的是AHCL。

(三) 数据的处理

本部分采用主题分析法(Thematic Analysis)进行文本资料的分析。所谓主题分析法，是指将搜集到的相关资料通过系统分析来寻找与研究主题相关的信息，以捕捉文本背后的深层意义。高淑清提出了主题分析法的两个分析架构，即“诠释循环”与“诠释螺旋”[①]。诠释循环是指“整体—部分—整体”的循环，对整体事物的理解有赖于对部分的理解，而需理解部分，要注意其所存在的整体脉络，因此唯有从

① 高淑清.现象学方法及其在教育研究上的应用[A].中正大学教育研究所.质的研究方法[M].高雄：丽文出版社，2000：95-132.

全方位角度进行理解，才能对现象有完整的认识。① 诠释螺旋则是以既有的理解为基础，在进一步理解的过程中产生新的理解（第二层理解），再以第二层的理解为基础继续沟通、对话，又产生不同的理解（第三层理解），以此类推，持续进行，直到掌握意义为止。②

第三节　残疾学生安置模式的问卷调查与研究

一、残疾儿童在校发展状况

残疾儿童在学校中的发展情况主要包括社会交往、生活满意度、行为表现与课堂表现等几个维度。

（一）残疾儿童在特殊学校中的发展情况

调查结果表明，残疾儿童在特殊学校中的社会交往发展情况和生活满意度较好。表 4 - 7 显示，在社会交往方面，特殊教师比较赞同“残疾学生能够与老师、同学人际关系良好”（$M=3.7$）；“残疾学生在班上有自己的好朋友”（$M=3.81$）；“残疾学生在班上是受关注的”（$M=3.81$）。而在生活满意度方面，特殊教师也比较支持“残疾学生对学校的生活是满意的”（$M=3.61$）；“残疾学生在学校学习是开心的”（$M=3.80$）；“残疾学生在学校是自信的”（$M=3.51$）。

相比之下，残疾儿童在特殊学校中的行为问题则比较严重，反映行为问题的题项“残疾学生在班上情绪好，很少发脾气”“残疾学生在班上问题行为少”“残疾学生上课不会干扰课堂秩序”上平均分分别为 2.81、2.63 和 2.72，均在 3 分以下。

调查结果也显示，残疾儿童在课堂上的表现一般。特殊教师对于“残疾学生上课认真听讲”“残疾学生上课积极回答问题”等问题基本持中立态度，平均分分别为 3.06 和 3.08。

综合残疾儿童在特殊学校中各方面的发展，研究表明，残疾儿童的社会交往与生活满意度发展较好，但是课堂表现一般，并且存在着比较严重的行为问题。

① 洪福财. 从“诠释学”观点谈教育研究结果的解释与应用[J]. 台北师院学报，1998(11)：85 - 108.
② 杨深坑. 教育学科学性之诠释学分析[J]. 台湾师范大学教育研究所集刊，1986(28)：33 - 73.

表 4-7　残疾儿童在特殊学校中的发展情况

	课堂表现	社会交往	问题行为	生活满意度
平均数	3.07	3.78	2.7	3.6
人数	227	225	223	228
标准差	0.91	0.70	0.90	0.81

（二）残疾儿童在随班就读中的发展情况

从表 4-8 残疾儿童在随班就读中的发展情况数据可以看出，普通教师对残疾儿童在随班就读中的社会交往情况和生活满意度比较认可。反映残疾儿童社会交往的题项“残疾学生与老师、同学人际关系良好”“残疾学生在班上有自己的好朋友”平均分分别为 3.4 和 3.36，特别是“残疾学生在班上是受关注的”更是达到了 3.9。在残疾儿童的生活满意度方面，反映残疾儿童生活满意度的“残疾学生对学校的生活是满意的”“残疾学生在学校学习是开心的”等题项的平均分分别为3.62 和 3.61，但在“残疾学生在学校是自信的”这个问题上平均分只达到 3.05，表明普通教师对于残疾学生在普通班级中的自信心情况持中立态度，并不认为残疾学生有较强的自信。

从问题行为方面来看，残疾儿童在随班就读中仍然存在着一定的情绪与行为问题。反映残疾儿童情绪与行为问题的题项“残疾学生在班上情绪好，很少发脾气”“残疾学生在班上问题行为少”“残疾学生上课不会干扰课堂秩序”平均分分别为 2.95、2.64 和 2.81，都在 3 分以下。

在课堂表现方面，普通教师认为残疾学生表现较差，并不是很认同“残疾学生能够上课认真听讲”(M=2.6)和“积极回答问题”(M=2.21)。

综合以上数据分析，残疾儿童在随班就读中的社会交往与生活满意度发展较好，但课堂表现较差，并且仍然存在着一定的行为问题。

表 4-8　残疾儿童在随班就读中的发展情况

	课堂表现	社会交往	问题行为	生活满意度
平均数	2.41	3.58	2.84	3.42
人数	135	132	134	135
标准差	1.03	0.94	1.08	0.89

（三）残疾学生在特殊学校与随班就读中发展情况的比较

第一，特殊教师与普通教师在残疾学生课堂表现的态度上反差较大，T 检验显示二者之间存在显著差异（$t=3.94, p<0.001; t=7.53, p<0.001$）。特殊教师认为残疾学生在课堂上的表现一般，并不是很差；而普通教师则认为残疾学生在课堂上的表现较差，并不能够认真听讲和积极回答问题。

第二，在社会交往方面，尽管从整体上来看，普通教师与特殊教师都比较认可残疾学生的交往发展，但是 T 检验分析显示，特殊教师在残疾学生的人际关系和交友两个问题上的平均分还是显著高于普通教师（$t=3, p<0.01$；$t=4.22, p<0.001$）。这表明，与普通教师相比，特殊教师更加认可残疾学生的社会交往发展。

另外，残疾学生在特殊学校和普通学校中差异比较大的是是否有自己的好朋友和是否是自信的。尽管特殊教师和普通教师在“残疾学生在班上有自己的好朋友”这个问题上的回答都超过了 3 分，但是 T 检验显示，二者之间还是存在着显著差异，即特殊教师认为残疾学生在此问题上表现得更好。在“残疾学生在学校是自信的”这个问题上，普通教师与特殊教师的态度也不尽相同，特殊教师认为残疾学生在学校中比较有自信（$M=3.51$），而普通教师则对此持中立态度（$M=3.05$）。

第三，在残疾儿童的问题行为方面，特殊教师与普通教师之间的态度基本一致。T 检验显示，二者在三个问题的回答上均不存在显著差异，表明无论是在特殊学校还是在普通学校，残疾学生都存在着一定的行为问题。

第四，在残疾学生的生活满意度方面，就整体而言，特殊教师与普通教师都倾向于认为残疾学生的生活满意度较好，但是在残疾学生的自信问题上，二者之间的态度存在显著差异（$t=3.65, p<0.001$），普通教师基本上持中立态度，而特殊教师则更加积极。

通过上述对比我们可以发现，在特殊学校与普通学校这两种不同的教育安置形式下，残疾儿童在课堂表现、社会交往、问题行为与生活满意度等方面并不相同。在课堂表现方面，普通教师基本上持消极态度，而特殊教师则持中立态度，相对而言要好于普通教师；在社会交往方面，特殊教师比普通教师更加认可残疾学生的发展；在问题行为方面，特殊教师与普通教师均认为残疾儿童的行为表现较差，态度一致；在生活满意度方面，特殊教师与普通教师基本上都认为残疾儿童对学校生活比较满意，但特殊教师认为残疾儿童在特殊学校中表现得更加自信，如图 4－1 所示。

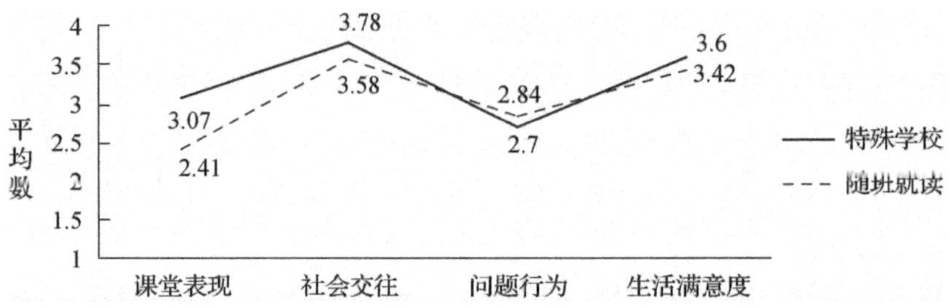

图 4-1　残疾儿童在特殊学校与随班就读中发展情况的比较

综合以上数据分析，尽管从某一方面来讲，残疾儿童在特殊学校与随班就读中的发展可能存在一些差异，但是从残疾儿童在特殊学校与随班就读两种不同安置形式中各方面的发展情况来看，他们在两种形式中的发展情况是比较一致的。但无论在哪种安置形式中，残疾儿童的社会交往与生活满意度都是发展得比较好的，而在课堂表现和情绪与行为问题方面则存在较大问题，如表 4-9 所示。

表 4-9　残疾儿童在学校中的发展情况

题目	人数	特殊教师		人数	随班就读教师		
		平均数	标准差		平均数	标准差	T
残疾学生上课认真听讲	232	3.06	1.007	135	2.60	1.167	3.94***
残疾学生上课积极回答问题	229	3.08	1.016	135	2.21	1.135	7.534***
残疾学生上课不会干扰课堂秩序	231	2.72	1.043	135	2.81	1.294	−0.7
残疾学生与老师、同学人际关系良好	229	3.70	0.828	134	3.40	1.076	3**
残疾学生在班上有自己的好朋友	231	3.81	0.897	136	3.36	1.140	4.224***
残疾学生在班上是受关注的	228	3.81	0.874	134	3.99	0.981	−1.79
残疾学生在班上情绪好，很少发脾气	227	2.81	1.035	136	2.95	1.231	−1.88
残疾学生在班上问题行为少	230	2.63	1.052	135	2.64	1.237	−0.08
残疾学生对学校的生活是满意的	230	3.61	0.898	135	3.62	0.937	−0.09

（续表）

题目	人数	特殊教师		人数	随班就读教师		
		平均数	标准差	人数	平均数	标准差	T
残疾学生在学校学习是开心的	230	3.80	0.880	136	3.61	1.020	1.83
残疾学生在学校是自信的	230	3.51	1.048	136	3.05	1.137	3.654***

二、特殊教师对不同教育安置形式的态度

（一）特殊教师对不同教育安置形式态度的整体分析

本书的调查结果表明，在关于残疾儿童应该接受何种教育安置方式问题上，特殊教师最支持特殊学校，其次是特殊班，对随班就读则持略微反对的态度。表4－10中的数据显示，特殊教师对特殊学校的态度平均分为4.09，介于比较同意与完全同意之间，特殊教师比较赞同残疾学生在特殊学校中接受教育；特殊教师对残疾儿童特殊班的态度平均分为3.3，介于中立与比较支持之间，特殊教师略微支持特殊班；特殊教师对随班就读的态度平均分为2.84，特殊教师对随班就读的态度略微消极。

表4－10 特殊教师对不同教育安置形式的态度

	N	M	SD
对特殊学校的态度	227	4.09	0.61
对随班就读的态度	233	2.84	0.45
对特殊班的态度	228	3.3	0.81

（二）特殊教师对不同安置形式态度的影响因素

为分析性别、年龄、教龄、专业、所教学科、授课年级等背景因素是否会影响到特殊教师对三种不同安置形式的态度，下面对各因素进行ANOVA方差分析。

表4－11显示，在对特殊学校的态度方面，特殊教师在不同性别、年龄、教龄、学历之间存在着显著差异，但在不同专业、所教学科、授课年级等变量上则不存在显著差异。在对随班就读和特殊班的态度中，特殊教师在不同性别、年龄、教龄、学历、专业等方面均不存在显著差异。可以看出，特殊教师在对待随班就读和特殊班问题上的态度比较一致，教师的态度不受这些因素的影响，而特殊教师对特殊学校

的态度则受到教师本身的性别、年龄、教龄和学历等众多因素的影响。

表 4-11　特殊教师背景变量的 ANOVA 分析

		性别	年龄	教龄	学历	专业	所教学科	授课年级
对特殊学校的态度	*F*	8.044**	3.457*	2.997*	7.784**	1.852	1.274	1.23
	Sig	0.005	0.017	0.019	0.001	0.091	0.258	0.278
对随班就读的态度	*F*	0.184	0.893	1.191	1.242	1.028	1.068	0.577
	Sig	0.669	0.475	0.314	0.294	0.359	0.387	0.831
对特殊班的态度	*F*	0.971	0.923	1.164	0.147	1.421	0.725	1.196
	Sig	0.325	0.332	0.324	0.964	0.244	0.63	0.303

1. 不同性别教师对特殊学校的态度

表 4-12 中数据显示，男性和女性教师对特殊学校态度的平均分分别为 3.89 和 4.16，二者都比较赞同残疾学生在特殊学校中接受教育，但 ANOVA 分析数据显示，$F=8.044$，$p<0.01$，这表明，相比于男性教师，女性教师更加赞同残疾学生在特殊学校中接受教育。

表 4-12　不同性别教师对特殊学校态度的比较

性别	人数	平均数	标准差	*F*	Sig
男	54	3.89	0.64	8.044**	0.005
女	171	4.16	0.58		

2. 不同教龄教师对特殊学校的态度

在教龄方面，方差分析数据显示，$F=2.997$，$p<0.05$，不同教龄的教师在对特殊学校的态度上存在着显著差异。然而，HSD 事后多重比较显示，只有 5 年以下和 20 年以上教龄的教师之间存在显著差异（$F=0.015$，$p<0.05$），即 20 年以上教龄的教师（$M=4.28$）比工作 5 年以下的教师（$M=3.9$）更加支持特殊学校。另外，尽管其他教龄阶段的教师不存在显著差异，并且图 4-2 中不同教龄的特殊教师对特殊学校的态度曲线也呈现出曲折变化状态，但是 Pearson 相关分析显示，教龄与态度之间存在显著正相关（$r=0.191$，$p<0.01$），即工作时间越长，特殊教师对特殊学校越认同。因此，综合分析可以发现，随着教龄的增长，特殊教师对特殊学校的支持度在不断提高。

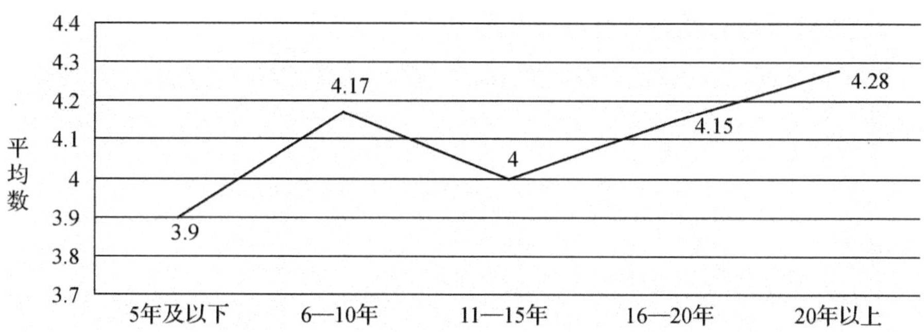

图 4－2　不同教龄的特殊教师对特殊学校的态度

3. 不同年龄教师对特殊学校的态度

在年龄方面，表 4－11 中数据显示，$F-3.457$，$p<0.05$，不同年龄的特殊教师对特殊学校的态度之间存在显著差异。通过 LSD 事后多重比较发现，36—45 岁、45 岁以上的特殊教师在对特殊学校的态度上与 25 岁以下、25—35 岁的特殊教师之间存在显著差异（$p<0.05$）。Pearson 相关分析显示，$r=0.201$，$p<0.01$，特殊教师的年龄与对特殊学校的态度之间存在显著正相关，即特殊教师随着年龄的增长，对特殊学校的支持度不断提高（见图 4－3）。另外，虽然不同年龄的特殊教师对随班就读的态度之间不存在显著差异，但 Pearson 统计也显示，特殊教师的年龄与对随班就读的态度之间存在显著负相关（$r=-0.207$，$p<0.05$），即特殊教师年龄越大，对随班就读越不认同（图 4－3）。

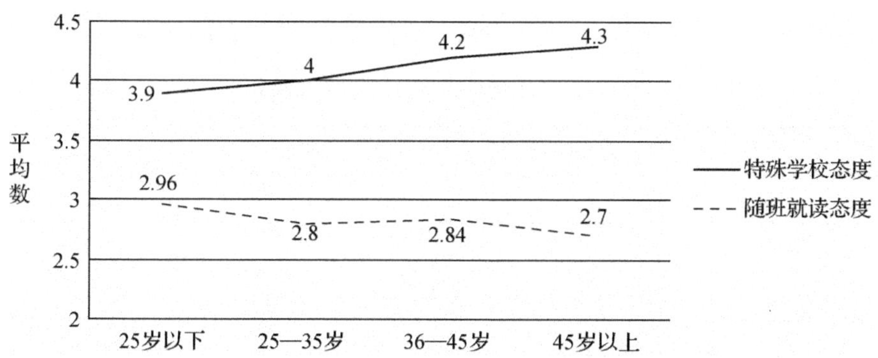

图 4－3　不同年龄段的特殊教师对特殊学校与随班就读态度的比较

从图 4－3 中也可以进一步分析发现，随着教师年龄的增大，特殊教师支持特殊学校的态度趋于增强，反对随班就读的态度也是趋于增强，教师对两种不同安置形式的态度的对立性趋于鲜明。

4. 不同学历的教师对特殊学校的态度

在学历方面，表 4－13 中数据显示，不同学历的教师在对特殊学校的态度上存在显著差异（$F=7.784$，$p<0.01$）。

表 4－13　不同学历的教师对特殊学校态度的比较

学历	人数	平均数	标准差	F	Sig
专科	37	4.38	0.46	7.784	0.001
本科	168	4.13	0.58		
硕士研究生	20	3.75	0.72		

进一步进行 HSD 事后多重比较分析，三个学历段的教师之间都存在显著差异。专科学历的教师（$M=4.38$）对特殊学校态度的平均分显著高于本科学历的教师（$M=4.13$，$p<0.05$），而本科学历的教师又显著高于硕士研究生阶段的教师（$M=3.75$，$p<0.05$）。这表明，特殊教师的学历越低，对特殊学校就越赞同。

5. 年龄、教龄与学历之间的关系

对本书所选样本的背景变量进行分析发现，特殊教师的年龄、教龄、学历之间均存在显著相关。数据显示：① 年龄与教龄之间呈显著正相关（$r=0.831$，$p<0.001$），即教师的年龄越大，特殊教育的教龄越长，可见本书中所选的特殊教师基本上都是始终坚持在特殊教育岗位上的；② 年龄与学历之间存在显著负相关（$r=-0.321$，$p<0.001$），教师的年龄越大，学历越低；③ 教龄与学历之间存在显著负相关（$r=-0.372$，$p<0.001$），教师的教龄越长，学历越低（表 4－14）。

表 4－14　特殊教师影响因素的相关矩阵

	年龄	教龄	学历
年龄	1	—	—
教龄	0.8314^{***}	1	—
学历	-0.3214^{***}	-0.3724^{***}	1

通过以上分析可以发现，性别、年龄、教龄、学历是影响特殊教师对特殊学校态度的主要因素，具体表现为：女教师比男教师更加支持特殊学校；年龄越大、教龄越长、学历越低的教师，越支持特殊学校。

三、普通教师对不同教育安置方式的态度

（一）普通教师对残疾儿童不同教育安置方式态度的整体分析

调查结果发现，普通教师同样最支持残疾儿童在特殊学校中接受教育，其次是特殊班，对随班就读则是略微反对。表 4 - 15 中数据显示，普通教师对特殊学校态度的平均分为 4.2，对特殊班态度的平均分为 3.42，对随班就读态度的平均分为 2.9，特殊学校态度＞特殊班态度＞随班就读态度。

表 4 - 15　普通教师对不同安置方式的态度

	人数	平均数	标准差
特殊学校态度	131	4.2	0.55
随班就读态度	130	2.9	0.54
特殊班态度	128	3.42	0.8

（二）普通教师对不同教育安置方式态度的影响因素

从各具体背景变量上来看，在对待特殊学校与特殊班的态度方面，普通教师在不同性别、年龄、教龄、学历、专业、所教学科等变量上均不存在显著差异，态度比较一致。在对待随班就读的态度上，普通教师在随班就读教学年限、所教学科之间存在显著差异，而在性别、年龄、教龄、学历、专业等因素之间则均无显著差异。（见表 4 - 16）

表 4 - 16　普通教师背景变量对残疾儿童不同教育安置方式态度的 ANOVA 分析

		性别	年龄	教龄	学历	随班就读教学年限	专业	所教学科	授课年级
对特殊学校的态度	F	1.426	1.909	0.988	1.426	0.806	1.465	1.463	1.712
	Sig	0.235	0.131	0.417	0.235	0.547	0.217	0.228	0.094
对随班就读的态度	F	0.004	1.229	2.313	2.379	2.36*	0.979	3.123*	0.538
	Sig	0.947	0.302	0.061	0.125	0.044	0.422	0.028	0.844
对特殊班的态度	F	0.38	2.527	1.058	2.072	0.329	4.655	0.116	0.451
	Sig	0.539	0.061	0.38	0.153	0.895	0.002	0.951	0.904

1. 不同随班就读教学年限的教师对随班就读的态度

表 4 - 17 中的统计结果显示，$F=2.36$，$p<0.05$，在对随班就读的态度方面，不同随班就读教学年限的普通教师之间存在显著差异。

表 4－17　不同随班就读教学年限的教师对随班就读的态度

随班就读教学年限	人数	平均数	标准差	*F*	Sig
一年	31	2.72	0.68	2.36	0.044
两年	29	2.85	0.48		
三年	17	2.92	0.4		
四年	7	3.30	0.47		
五年	7	3.25	0.60		
五年以上	37	2.97	0.44		

进一步通过 LSD 进行事后比较，表 4－18 数据显示，教授一年残疾学生的普通教师与教授四年($MD=-0.58, p<0.01$)和五年($MD=-0.53, p<0.05$)残疾学生的普通教师之间存在显著差异，教授两年残疾学生的普通教师与教授四年残疾学生的普通教师之间也存在显著差异($MD=0.45, p<0.05$)，即在对待残疾学生随班就读问题上，教授一年残疾学生的教师比教授四年和五年残疾学生的普通教师而言趋于消极，教授两年残疾学生的普通教师比教授四年残疾学生的普通教师要趋于消极。

表 4－18　随班就读教学年限的事后比较

(I) 随班就读时间段	(J) 随班就读时间段	平均差(I—J)	标准差	Sig
一年	四年	−0.584**	0.22	0.009
一年	五年	−0.53*	0.22	0.017
两年	四年	−0.45*	0.22	0.042

从图 4－4 中可以发现，尽管普通教师对特殊学校的态度曲线出现曲折，但普通教师对特殊学校总体上持支持态度，不同随班就读教学年限之间不存在显著差异；但不同随班就读教学年限的普通教师对随班就读的态度则并不十分一致，并且是以随班就读教学四年为转折点，在此之前，普通教师对随班就读的态度是从不支持趋向于支持，但此年限之后，教师对随班就读的支持度开始降低。将普通教师对特殊学校与随班就读的态度进行对比可以发现，对于随班就读教学四年以下的教师而言，他们对特殊学校与随班就读的态度更加鲜明，基本上是明确地支持特殊学校，反对随班就读。但随着随班就读教学年限的增长，他们的这种截然对立的态度

趋于缓和，特别是随班就读教学四年的教师，他们开始倾向于支持随班就读，并同时赞成特殊学校。而随班就读教学年限在五年及以上的教师则在支持特殊学校的同时，对随班就读的态度又出现了消极的趋势。

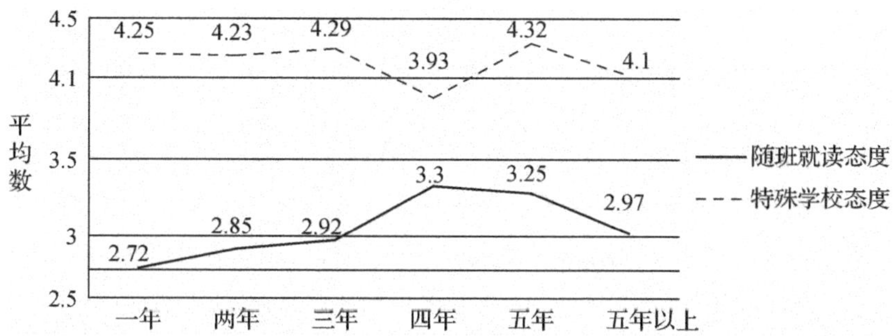

图 4-4　不同随班就读教学年限的教师对特殊学校与随班就读的态度

2. 不同学科的普通教师对随班就读的态度

对于教授不同学科的普通教师而言，方差分析显示，他们对随班就读的态度存在显著差异($F=3.123, p<0.05$)。Tukey HSD事后多重检验显示，语文与数学教师在对待随班就读的态度上存在显著差异，相比于数学教师的中立态度($M=3.07$)，语文教师($M=2.77$)在对待随班就读的态度上趋于消极($MD=-0.304, p<0.05$)。

表 4-19　不同学科的普通教师对随班就读的态度

学科	人数	平均数	标准差	F	Sig
语文	58	2.77	0.54	3.123	0.028
数学	38	3.07	0.57		
英语	18	2.83	0.5		
其他	14	3.06	0.29		

在普通教师对特殊学校的态度方面，尽管各因素之间不存在显著差异，但Pearson相关分析显示，普通教师的年龄与对特殊学校的态度之间存在显著正相关($r=0.183, p<0.05$)，即普通教师的年龄越大，对特殊学校越认同。普通教师的授课年级与特殊学校的态度呈正相关($r=0.19, p<0.05$)，授课年级越高，对特殊学校越认同。

通过对以上影响因素进行总结，本部分调查显示，随班就读教学年限和所教学科是影响普通教师对随班就读态度的主要因素。从事随班就读教学四年之间的普通教师对随班就读的态度是从不支持趋向于支持，但此年限之后，教师对随班就读的支持度开始降低；语文教师较数学教师对随班就读的态度更加消极。影响普通教师对特殊学校态度的因素包括年龄和授课年级两个方面，普通教师的年龄越大，对特殊学校越认同；授课年级越高，对特殊学校越认同。

四、普通教师与特殊教师对残疾儿童不同安置方式的态度比较

（一）普通教师与特殊教师对特殊学校态度的比较

调查中发现，特殊教师与普通教师在对待特殊学校的态度上有许多相似之处，他们之所以都比较赞同特殊学校，主要是由于他们都认为，在特殊学校中残疾儿童能够得到更加专业化的康复训练、专业设备和高质量的教育，能够获得教师更多的关注。例如，特殊教师与普通教师都比较认同“特殊儿童在特殊学校能接受到更专门的教育和训练”（$M_{特}=4.36$，$M_{普}=4.62$）、“特殊学校有专业化的教师和专业人员进行高质量的教育和康复”（$M_{特}=4.41$，$M_{普}=4.64$）、“特殊儿童在特殊学校比在普通学校得到老师更多的关注”（$M_{特}=4.22$，$M_{普}=4.03$）、“特殊学校有适合特殊儿童的专业设备和环境，对特殊儿童更有利”（$M_{特}=4.31$，$M_{普}=4.38$），特殊教师与普通教师在这些题项上的平均分都超过了 4 分。同时，数据也显示，特殊教师与普通教师都不认为残疾儿童在特殊学校中的社会交往与情感发展会受到消极影响（$M_{特}=2.48$，$M_{普}=2.81$），反而认为“特殊学校比普通学校更有利于特殊儿童心理健康发展”（$M_{特}=3.86$，$M_{普}=4.01$）。（见表 4－20）

表 4－20　普通教师与特殊教师对特殊学校的态度

题目	特殊教师			普通教师		
	人数	平均数	标准差	人数	平均数	标准差
特殊儿童应该在特殊学校上学	238	3.78	1.084	137	3.82	1.190
特殊学校比普通学校更有利于特殊儿童心理健康发展	237	3.86	1.147	137	4.01	1.157
重度特殊儿童应该在特殊学校接受教育	237	4.25	1.155	136	4.79	0.731
特殊儿童在特殊学校能接受到更专门的教育和训练	235	4.36	0.891	133	4.62	0.840
特殊学校对特殊儿童的社会交往与情感发展有消极影响	232	2.48	1.286	132	2.81	1.291

（续表）

题目	特殊教师			普通教师		
	人数	平均数	标准差	人数	平均数	标准差
特殊学校有专业化的教师和专业人员进行高质量的教育和康复	232	4.41	0.878	132	4.64	0.763
特殊儿童在特殊学校比在普通学校得到老师更多的关注	235	4.22	1.031	133	4.03	1.161
特殊学校有适合特殊儿童的专业设备和环境，对特殊儿童更有利	234	4.31	0.879	133	4.38	0.967

（二）普通教师与特殊教师对残疾学生随班就读态度的比较

在对待残疾儿童随班就读的态度方面，调查数据显示，特殊教师与普通教师既有相似之处又有不同。一方面，特殊教师与普通教师都并不是很赞同残疾儿童应该在普通教室中接受教育（$M_{特}=2.66$，$M_{普}=2.64$）。他们认为残疾儿童并不能够在普通学校中学到更多的知识（$M_{特}=2.84$，$M_{普}=2.87$）或者自信心能够得到提高（$M_{特}=2.49$，$M_{普}=2.95$）。他们认为，普通教师在教育残疾儿童方面缺乏必要的知识与技能（$M_{特}=3.88$，$M_{普}=4.11$），也没有时间和精力来教育残疾儿童（$M_{特}=3.71$，$M_{普}=3.86$）。而在残疾学生进入普通课堂中对于普通教师是否公平的问题上，特殊教师与普通教师持对立的态度（$t=5.3$，$p<0.001$）。数据显示，普通教师倾向于认为，在他们的教学负担已经很重的情况下让残疾学生进入普通教室中对他们来说是不公平的（$M=3.48$），而特殊教师则并不认为残疾学生进入普通教室中对普通教师而言是不公平的（$M=2.77$）。另外特殊教师往往认为残疾儿童在普通学校中会遭受到其他同学的歧视与欺负（$M=3.83$），而普通教师对此保持中立态度（$M=3$），表明他们在教育残疾儿童的实践中发生其他学生歧视与欺负残疾儿童的情况虽然存在，但并不多见。（见表 4-21）

表 4-21　普通教师与特殊教师对随班就读的态度

题目	特殊教师			普通教师		
	人数	平均数	标准差	人数	平均数	标准差
特殊儿童在普通学校能够学到更多的知识	238	2.84	1.182	136	2.87	1.325
特殊儿童应该在普通教室里接受教育	235	2.66	1.144	133	2.64	1.322

（续表）

题目	特殊教师			普通教师		
	人数	平均数	标准差	人数	平均数	标准差
普通学校比特殊学校更有利于特殊儿童社会交往能力的发展	234	3.24	1.177	133	3.53	1.277
普通学校教师没有时间和精力教育特殊儿童	235	3.71	1.221	133	3.86	1.093
特殊儿童在普通学校自尊与自信会提高	235	2.49	1.341	133	2.95	1.176
普通儿童会因为特殊儿童进入课堂而影响学习	235	2.87	1.199	133	3.14	1.274
让特殊儿童进入普通班对教学工作本来很重的教师来说是不公平的	235	2.77	1.214	132	3.48	1.238
特殊儿童在普通学校会受到同伴的歧视和欺负	234	3.83	1.089	133	3.00	1.267
普通学校教师缺乏教育特殊儿童的知识和技能	234	3.88	1.022	132	4.11	1.024

（三）普通教师与特殊教师对特殊班态度的比较

普通教师与特殊教师对特殊班的态度基本上也比较接近。从调查结果来看，无论是特殊教师还是普通教师都倾向于认为，与普通学校随班就读相比，普通学校设立特殊班比在普通班中随班就读更有利于残疾儿童的发展，体现在教学环境、康复、关注度等方面。他们都倾向于认为特殊班的教学环境比普通班更适合特殊儿童（$M_{特}=3.63$，$M_{普}=3.54$），也比普通班能够提供更加专业化的教育和康复（$M_{特}=3.50$，$M_{普}=3.71$），并且普通教师比特殊教师更加认为在特殊班内学生能够得到更多的关注（$M_{特}=3.49$，$M_{普}=3.82$；$t=-2.65$，$p<0.05$）。

而对于特殊班相对于特殊学校的优势，普通教师与特殊教师在残疾儿童的学习（$M_{特}=3.08$，$M_{普}=3.07$）和心理健康发展方面基本持中立态度，而对于残疾学生在特殊班中的社会发展上则倾向于认为特殊班比特殊学校更有利于残疾学生的社会交往能力的发展。（见表 4－22）

表 4-22　普通教师与特殊教师对特殊班的态度

题目	特殊教师			普通教师		
	人数	平均数	标准差	人数	平均数	标准差
普校设立的特殊班的教学环境比普通班更适合特殊儿童	238	3.63	1.183	135	3.54	1.320
普校设立的特殊班比普通班更能够提供专业化的教育和康复	236	3.50	1.354	136	3.71	1.333
普校设立的特殊班比特殊学校更有利于特殊儿童学业发展与进步	238	3.08	1.177	133	3.07	1.338
普校设立的特殊班比特殊学校更有利于特殊儿童社会交往能力的发展	235	3.38	1.146	133	3.45	1.158
特殊儿童在普校设立的特殊班比在普通学校得到老师更多的关注	233	3.49	1.263	133	3.82	1.072
普校设立的特殊班比特殊学校更有利于特殊儿童心理健康发展	233	2.99	1.205	131	3.11	1.219
普校设立的特殊班比特殊学校和普通班更适合特殊儿童	232	2.91	1.186	133	3.15	1.288

五、特殊教师与普通教师对残疾儿童安置形式态度的总结

研究结果表明，特殊教师与普通教师对残疾儿童三种不同教育安置形式的态度倾向比较一致。T 检验显示，普通教师与特殊教师对特殊学校（$t=-1.75$，$p>0.05$）、随班就读（$t=-1.185$，$p>0.05$）、特殊班（$t=-1.496$，$p>0.05$）的态度不存在显著差异，二者都最赞同特殊学校，其次是特殊班，对随班就读则均略有些不赞同。（见图 4-5）

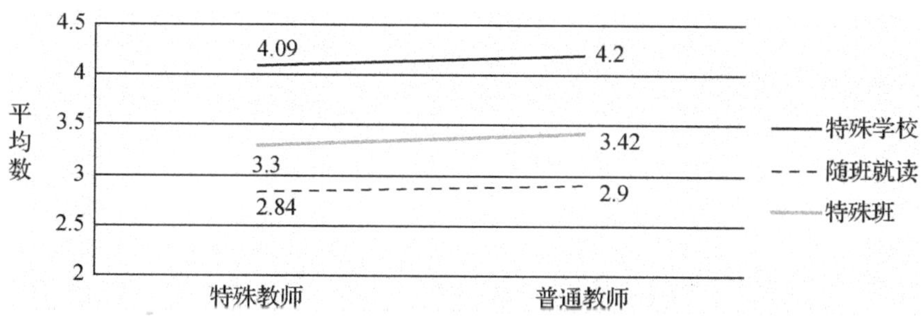

图 4-5　特殊教师和普通教师对残疾儿童不同安置形式的态度比较

六、特殊教师与普通教师的教学实践

（一）特殊教师的教学方法

从调查中可以发现，当前大部分特殊教师能够经常使用各种教学策略、教学辅具对残疾儿童进行教育，采用弹性的标准对残疾儿童进行评价，及时对他们的表现进行反馈，并且能够经常注意引导残疾儿童的积极行为、纠正不良行为，积极与残疾儿童家庭合作，共同促进残疾儿童的各方面发展，但在个别化教学与教师合作方面做得还不够。

调查数据显示，当前大多数特殊教师能够经常使用各种教学辅具（80.2%）、分层教学（67.1%）来对残疾儿童进行教育；并且有63.0%的教师能够经常与学生的家长进行合作，80.6%的教师能够积极指导和纠正学生的问题行为，85.7%的教师会支持与引导学生的正面行为。在学习上，81.5%的教师能够经常在学生遇到困难时及时提供帮助，62.8%的教师能够经常根据学生的能力水平弹性布置作业，70.5%的教师能够对学生的表现进行及时监督和反馈。但数据也显示，只有不到一半的特殊教师经常为残疾儿童制订个别化教学计划（49.3%），并且经常使用个别化教学方法来教学（50.7%），有相当一部分教师只能达到“有时这样做”的水平，而并不能将个别化教学作为常态化的方法。另外，数据显示，经常进行协同教学的教师比例只有47.5%，不到一半，教师之间的合作性还不够。（见表4-23）

表4-23　特殊教师的教学实践

题目	从不这样做(%)	偶尔这样做(%)	不清楚(%)	有时这样做(%)	经常这样做(%)
我为特殊儿童制订个别化教学计划	2.3	14.3	0.5	33.6	49.3
我使用个别化教学的方法来教学	2.8	9.2	—	37.3	50.7
我和其他教师共同合作，对特殊儿童进行协同教学	7.8	16.1	1.4	27.2	47.5
我利用各种教学辅助工具（例如直观教具、玩具、图片等）针对特殊儿童进行教学	—	1.8	0.9	17.1	80.2
我根据学生的能力高低实行分层教学	0.9	3.3	0.5	28.2	67.1
我常和学生的监护人沟通，将学生的学校教育和家庭教育结合起来	1.4	5.6	0.9	29.2	63.0

（续表）

题目	从不这样做（%）	偶尔这样做（%）	不清楚（%）	有时这样做（%）	经常这样做（%）
对于特殊儿童的问题行为，我会进行耐心的指导与纠正	—	1.8	0.5	17.1	80.6
对于特殊儿童的正面行为，我会进行积极的支持与引导	—	0.5	0.5	13.4	85.7
当学生学习上遇到困难时，我能够理解并及时提供帮助	—	0.5	—	18.1	81.5
我根据学生的能力水平弹性布置作业	1.9	4.2	0.9	30.2	62.8
我对学生的表现进行及时监督、反馈	—	2.8	1.8	24.9	70.5
我根据学生特点对教室空间（例如座位、间隔等）进行调整	1.4	5.1	1.4	30.9	61.3

（二）普通教师的教学调整

从调查结果中可以看出，大部分教师能够"有时"或"经常"进行一定的教学调整以适应残疾学生的学习。表 4 - 24 中的数据显示，在教学与课程调整方面，78.6%的普通教师经常能够降低残疾儿童的教学目标与要求，71.8%的教师能够采用弹性的标准来评价残疾儿童，但只有 23.8%的教师能够经常调整教学的节奏、控制课程的进度。在个别化教学与辅导方面，50.8%的教师能够经常为残疾儿童制订个别化教学计划，43.7%的教师能够经常使用个别化教学的方法，然而却只有 38.1%的教师能够经常对残疾儿童进行各种形式的个别辅导。另外，多数教师都能采用同伴辅导的方式促进残疾儿童的积极融入。数据显示，72.8%的教师安排了"小伙伴"帮助班上的残疾儿童，78.2%的教师鼓励正常儿童与残疾儿童互相帮助、互相学习，79%的教师鼓励正常儿童积极与残疾儿童交往。在对残疾儿童的关注方面，尽管只有 33.3%的教师能够经常做到为残疾儿童投入足够的教学时间和精力，但是从数据中还可以看出，58.1%的教师会经常在课堂上专门针对残疾儿童的能力设计问题，给予残疾儿童回答问题的机会，并且在残疾儿童学习上遇到困难时，有 69.4%的教师能够理解并提供帮助。

表 4-24　普通教师的教学调整

题目	从不这样做(%)	偶尔这样做(%)	不清楚(%)	有时这样做(%)	经常这样做(%)
我为特殊儿童制订个别教学计划	4.8	12.7	0.8	31.0	50.8
我使用个别化教学的方法来教学	4.8	12.7	1.6	37.3	43.7
我调整教学的节奏、控制课程的进度以适应特殊儿童	10.3	20.6	0.8	44.4	23.8
我降低特殊儿童的教学目标、要求	0.8	3.2	1.6	15.9	78.6
我使用小组讨论、合作学习的方法来帮助特殊儿童	1.6	7.9	0.8	31.7	57.9
我为特殊儿童投入足够的教学时间和精力	0.8	19.8	3.2	42.9	33.3
我对特殊儿童进行各种形式的个别辅导	4.0	16.7	0.8	40.5	38.1
我常和其他教师共同探讨如何教育特殊儿童	0.8	19.2	0.8	28.0	51.2
我安排“小伙伴”帮助班上的特殊儿童	1.6	5.6	0.8	19.2	72.8
我对特殊儿童使用弹性的评价标准并据此布置作业、表扬学生	—	7.3	1.6	19.4	71.8
我鼓励正常儿童积极与特殊儿童交往	—	4.0	0.8	16.1	79.0
我鼓励正常儿童与特殊儿童互相帮助、互相学习	—	4.0	—	17.7	78.2
我对特殊儿童的行为表现进行及时监督、反馈	—	10.6	—	26.8	62.6
当特殊儿童学习上遇到困难时，我能够理解并提供帮助	—	6.5	0.8	23.4	69.4
我会针对特殊儿童的能力设计问题，给他回答问题的机会	1.6	13.7	—	26.6	58.1

七、结论与建议

（一）残疾学生的发展情况分析

本书的调查结果表明，残疾学生在特殊学校与普通学校随班就读中的社会交往发展较好，生活满意度也较高，但同时都存在着一定的行为与情绪问题；在课堂表现方面，特殊教师认为残疾学生表现一般，而普通教师则认为残疾学生的课堂表现较差，不能够很认真地听课和积极回答问题。另外，普通教师对班级中残疾学生自信的感知明显低于特殊教师对特殊学校中残疾学生自信的感知。对于残疾学生在不同安置环境中课堂表现的差别，笔者认为这是由于普通教师将残疾儿童与普通儿童无意识对比的结果，而残疾儿童自信心方面的差异则是残疾儿童自身将自己与普通儿童进行对比导致残疾儿童自信心不足。

当前国内关于特殊学校中残疾儿童发展的调查研究并不多，研究者更关注的是残疾儿童在普通学校中的发展情况。杨希洁的研究表明，残疾学生在随班就读学校中，其学业成就、自信心、社会交往能力等方面均获得较好的发展，而且他们对学校的满意度比较高。① 钱丽霞、江小英在调查中发现，特殊儿童在普通学校中社会交往能力方面的发展是最为突出的，但是特殊儿童管理财务和解决生活中的问题等基本日常生活的能力还不高，自律性、主动性发展非常不足。② 这些研究与本书中关于残疾儿童在普通学校中的社会交往与生活满意度方面的结论比较一致，但在本书中我们还发现，残疾儿童在普通学校中的课堂表现并不好，行为问题也比较多，这与其他研究略有不同。

国外研究者对残疾儿童不同教育安置形式下的发展情况进行了大量的对比研究。尽管到目前为止，国外关于不同教育安置条件下特殊儿童学业发展的研究并没有达成普遍一致的意见，但多数研究者认为，残疾儿童在隔离环境中的学业发展要优于在全纳教育环境中的学业发展③，Salend，Duhaney Peetsma，Lindsay 等人的研究也均得出了类似的结论。这与本书的研究结果比较一致。在关于残疾儿童在不同安置模式中社会交往的研究方面，本书发现残疾儿童在特殊学校和普通学校中均能获得较好的社会能力发展，而国外的研究结果则显示，残疾儿童在融合性的环境中社会性发展要优于隔离情况下的发展(Pam，Lori，1997；Batya，2002)。④⑤ 他们认为，普通教室为残疾儿童社会交往提供了现实的环境，为残疾学生与健全学生相互接纳与交往提供了机会。全纳教育使残疾学生在同伴交往频率、获得社会支持以及与同伴建立长久的友谊关系、同伴接纳、对学校的态度和自我概念等方面

---

① 杨希洁. 随班就读学校残疾学生发展状况研究[J]. 中国特殊教育，2010(7)：3－10.

② 钱丽霞，江小英. 对我国随班就读发展现状评价的问卷调查报告[J]. 中国特殊教育，2004(5)：1－5.

③ 颜廷睿，邓猛. 西方全纳教育效果的研究分析与启示[J]. 中国特殊教育，2013(3)：3－7.

④ Hunt P.，Goetz L.. Research on inclusive educational programs，practices，and outcomes for students with severe disabilities[J]. The Journal of Special Education，1997，31(1)：3－29.

⑤ Elbaum B.. The self-concept of students with learning disabilities：A meta-analysis of comparisons across different placements[J]. Learning Disabilities Research & Practice，2002，17(4)：216－226.

得到一定改善。因此，全纳教育在促进残疾学生社会交往方面比隔离环境更具优越性。究其原因，笔者认为这主要是由于国内外特殊学校的形式不同所导致的，国外的特殊学校多数都是寄宿制学校，而国内则存在大量的非寄宿制特殊学校，即使是寄宿制学校也往往是建立在市区当中，与外界接触较多，因此残疾儿童在特殊学校中社会交往能力也能得到一定的发展。

（二）教师对残疾儿童安置形式的态度分析

本书的调查结果显示，特殊教师与普通教师对残疾儿童教育安置形式的态度并不存在显著差异，他们都比较赞同残疾儿童应该在特殊学校中接受教育，其次是特殊班，对残疾儿童随班就读则持略微消极的态度。在我国残疾儿童的教育安置形式中，特殊学校作为隔离性教育环境的代表，随班就读则作为国际融合教育本土化的产物。从本书研究结果可以看出，特殊教师与普通教师都更加认可隔离式的教育环境，且隔离程度越高，支持度越高。对于出现这种态度的原因，结合本书的研究与已有文献，笔者认为主要有以下几个方面。

第一，特殊教育学校具有较丰富的特殊教育资源。本书的研究发现，特殊教师与普通教师普遍认为，与融合性的随班就读相比，特殊学校有更加专业化的教育与康复条件、专业设备与环境；残疾学生在特殊学校中，由于学生相对比较少，他们能够获得更多的关注。《中国教育经费统计年鉴》(2006)的数据表明，尽管我国的特殊教育投入经费是逐年增加的，但是基本上都是对特殊教育学校中残疾学生的资助，是否有专门针对随班就读的残疾儿童的教育经费尚不清楚。① 第二，残疾学生在融合环境下的发展情况并不乐观。本书的研究表明，在普通班级中，残疾儿童并不能够学到很多的知识，自信心也不高。其他学者的研究也已经证实，在随班就读中残疾学生所需要的特殊教育以及语言治疗、物理治疗等相关服务都得不到充分的满足。② 第三，我国随班就读发展过程中出现了众多的问题。例如随班就读教师接受的培训较少，特殊教育相关的知识缺乏，专业化发展水平较低（王雁、莫春梅，2009；李拉，2012）③④；大多数学校缺乏落实随班就读工作方面的经费，经费的

---

① 谢敬仁，钱丽霞，杨希洁，等.国外特殊教育经费投入和使用及其对我国特殊教育发展的启示[J].中国特殊教育，2009(6)：17－24.

② 肖非.中国的随班就读：历史·现状·展望[J].中国特殊教育，2005(3)：3－7.

③ 王雁，莫春梅.论我国教育硕士专业培养体系中增设特殊教育专业的必要性与可行性[J].教师教育研究，2009(6)：15－19.

④ 李拉.专业化视野下的随班就读教师：困境与出路[J].教育理论与实践，2012(23)：34－36.

缺乏导致教师培训活动、科研活动和资源教室建设方面无法按照要求运行(彭霞光,2011;王洙、杨希洁、张冲,2006)[①][②]。第四,作为学校领导的校长更加注重升学率,忽视随班就读。普通学校教师的工作量大,工作压力大,课业负担比较重(钟经华、孙颖、张海丛,2011)。[③] 这些原因共同导致了当前教师对隔离性教育环境的偏向。

国外关于普通教师对融合教育的态度研究结果并不一致。有研究显示,普通教师非常相信融合教育,他们认为可以通过教学调整来促进残疾儿童的发展。也有一些研究发现,普通教师对于全纳教育的理念大部分是持支持态度的,但如果将残疾学生安排到他们班级里去,他们的态度则会发生消极的变化。但是总的来说,西方国家的普通教师与特殊教师对融合教育的理论与实践的认同度都在不断地提升。

分析国内外教师对融合教育态度的差异,笔者认为,西方发达国家的特殊教育法律、融合学校内特殊学生的评估与安置、融合课程与教学、支持体系的建构等方面的发展都比较完善,整个社会的融合教育理念也比较普遍,因此教师对融合教育也是越来越认同。在我国,特殊教育学校在残疾儿童教育与康复方面相对于随班就读而言更加专业化,残疾儿童在融合教育环境下的发展不乐观,随班就读本身就存在众多的问题,这些都是导致当前我国的特殊教师与普通教师都倾向于隔离式的教育环境的重要原因。

(三)教师对残疾儿童教育安置形式态度的影响因素分析

1. 影响特殊教师态度的因素分析

本书的研究发现,特殊教师对残疾儿童在特殊学校中接受教育的态度受到特殊教师的性别、年龄、教龄、学历等因素的影响,而与特殊教师的专业、所教学科和授课年级等因素无关。教龄越长、年龄越大、学历越低的特殊教师越赞成特殊学校。究其原因,笔者认为,首先,教龄较长、年龄较大的教师由于在特殊学校中工作的时间比较长,对特殊学校的认同感与归属感比年轻教师更加强烈。其次,由于有了长时间的工作经验,他们在教育残疾儿童方面比年轻教师更加得心应手,因此认为残疾儿童更加适合在特殊学校中接受教育。最后,年龄较大的教师对融合教育

① 彭霞光.中国全面推进随班就读工作面临的挑战和政策建议[J].中国特殊教育,2011(11):15-20.

② 王洙,杨希洁,张冲.残疾儿童随班就读质量影响因素的调查[J].中国特殊教育,2006(5):3-13.

③ 钟经华,孙颖,张海丛.北京市普通中小学教师对随班就读态度的调查[J].现代特殊教育,2011(9):12-14.

理念接受得比较缓慢或者有抵制的现象。另外，研究还发现，女性教师比男性教师更加赞同残疾学生在特殊学校中接受教育。对于这种现象，研究者认为主要是样本选择的问题，从对样本的分析来看，男、女性教师的比例大约为 1∶3，并且女性教师中 10 年以上教龄的教师超过了 50%，而男性教师则低于 50%。因此，笔者推想，这种性别上出现差异的原因仍然是与教龄和年龄上产生差异的原因是一致的。

在影响特殊教师对随班就读态度的因素中，研究发现，不同性别、年龄、教龄、学历、专业和执教科目的特殊教师之间在对随班就读的态度上不存在显著差异，这与已有的其他学者的研究比较一致。例如，韦小满、袁文得在调查北京市特殊教师对随班就读的态度时发现，特殊教师对随班就读的态度不受教龄、性别及是否修读过特殊教育课程的影响。[①] 彭霞光的研究也表明，教师的性别、所教的科目、职称、年龄等因素对特殊教师的态度影响不显著。[②] 但是本书的研究还发现，尽管不同年龄的特殊教师对随班就读的态度不存在显著差异，但是特殊教师的年龄却与他们对随班就读的态度之间存在显著相关，即特殊教师年龄越大，越反对残疾儿童随班就读。

2. 影响普通教师态度的因素分析

从普通教师对特殊学校的态度调查中发现，性别、教龄、学历、专业、所教学科、随班就读教学年限等因素没有显著影响普通教师对特殊学校的态度，只有年龄与这种态度存在正相关。这说明普通教师对特殊学校的态度是比较一致的，较少受其他因素影响。

在普通教师对融合教育的态度方面，西方研究证实，普通教师对待融合教育的态度受到教学年限、年级和所教的学科、教特殊学生的经验以及接受的培训等方面的因素影响（Podell，Tournaki，2007）[③]。例如，Villa，Thousand，Meyers 的研究显示，教育残疾学生经验丰富的教师对融合教育有更积极的态度。[④] Stauble 的研究结果显示，教师培训对教师的态度有着最大的影响；教学年级越高，教师对融合教

① 韦小满，袁文得. 关于普小教师与特教教师对有特殊教育需要学生随班就读态度的调查[J]. 中国特殊教育，2000(3)：31－33.

② 彭霞光. 特殊学校教师对随班就读的态度调查研究[J]. 中国特殊教育，2003(2)：10－15.

③ Podell D. M.，Tournaki N.. General and special educators' predictions of student success as a function of learner characteristics and teacher experience[J]. Teacher Education and Special Education，2007，30(4)：249－263.

④ Villa，R. A.，Thousand，J. S.，Meyers，H.，Nevin，A.. Teacher and administrator perceptions of heterogeneous education[J]. Exceptional Children，1996，63(1)：29－45.

育的态度越消极。[①] 这些研究结论与本书的研究不尽相同，本书的研究发现，不同性别、年龄、教龄、学历、专业和年级的普通教师对待随班就读的态度上并无显著差异，只有不同教学年限、执教不同学科的普通教师之间存在显著差异。

研究发现，随班就读教学年限与教师对随班就读的态度之间并不是呈正相关的，也就是说并不是普通教师教育残疾学生的时间越长、经验越丰富，就对随班就读越支持。以随班就读教学四年为转折点，在此教龄段之前，普通教师对随班就读的态度是从不支持趋向于支持，但此教龄段之后，教师对随班就读的支持度开始降低。将普通教师对随班就读与特殊学校的态度进行对比可以发现，对于随班就读教学四年以下的教师而言，他们对特殊学校与随班就读的态度更加鲜明，基本上是明确地支持特殊学校，反对随班就读。但随着普通教师随班就读年限的增长，他们的这种截然对立的态度趋于缓和，特别是随班就读教学四年的教师，他们开始倾向于支持随班就读，并同时赞成特殊学校。而随班就读教学年限在五年及以上的教师则在支持特殊学校的同时，对随班就读的态度又出现了消极的趋势。本书研究中发现的随班就读教学年限对普通教师态度的影响与西方的融合教育发展早期研究有相同之处。Center 等人指出，工作七年以下的教师比有更长的教学年限的教师更加支持融合教育，普通教师在工作一定年限之后，对融合教育会有一个态度上的转变过程。[②]

对于有较长的随班就读工作经验的教师对随班就读的态度趋于消极，不能不说是我国随班就读发展的一个遗憾。从理论上讲，他们有着丰富的随班就读工作经验，在普通学校中不仅承担着随班就读的主要工作，还需要宣传与推广随班就读。但在本书的研究中却发现，随班就读教学年限在四年以上的教师对随班就读的态度却越来越消极，这势必影响随班就读工作的进一步发展。

（四）特殊教师与普通教师的教学实践

1. 特殊教师的教学方法

特殊教育学校需要探索并运用多种有效的、高质量的教学策略来满足学生多样化的学习需要。[③] 本书的研究表明，特殊教师经常使用教学辅具、引导残疾儿童

---

① Stauble K. R.. Teacher's attitudes toward inclusion and the impact of teacher and school variables[D]. Louisville: University of Louisville, 2009.

② Center Y., Ward J., Parmenter T., Nash R.. Principals' attitudes towards the integration of disabled children into regular schools[J]. Exceptional Children, 1985, 32(3): 149-160.

③ 邓猛，景时. 特殊教育最佳实践方式及教学有效性的思考[J]. 中国特殊教育，2012(9): 3-8.

行为、辅助残疾儿童学业等方面的比例均超过60%，可见，多数特殊教师都能够采用恰当的教学方法来教育残疾儿童。但研究也显示，特殊学校中只有一半左右的教师能够制订个别化教学计划，使用个别化教学策略，但经常进行合作教学的教师却不足一半。个别化教育计划规划和指导一个特殊学生在学校接受的特殊教育的方方面面，描述了学生的教育需要，确定了学生要达到的教育目标，明确了学生的教学进程和进步的评价标准，因此当前特殊教师在个别化教育计划、个别化教学和协作教学方面仍然有待加强。

2. 普通教师的教学调整

普通学校要实现融合教育倡导的让所有儿童都在普通教室里接受高质量的、适合他们独特的学习需要的教育，就必须重视调整普通教室里教学的形式、内容与具体策略，以使有特殊教育需要的学生能够和正常儿童一起充分、平等地参与学校的教学活动。① 通过对普通教师教学调整方面的调查，我们发现，首先，普通教师在涉及残疾儿童自身的学习方面能够体现更多的调整，例如调整针对残疾儿童的教学目标与要求、评价标准、作业要求等方面，但正式的课堂教学则并不能够经常进行调整，例如教学的节奏和课程的进度。这表明，普通教师往往是在不影响普通学生教学的前提下对残疾儿童的教学进行一定程度的调整。其次，尽管有一半的教师能够经常制订个别化教学计划，但真正经常使用个别化教学方法和对残疾儿童进行个别化辅导的教师却不足一半，多数教师在个别化教学的调整方面只能做到“有时”，残疾儿童随班就读的个别化教学方面仍然不容乐观。最后，调查显示，70%以上的教师经常鼓励残疾学生与普通学生之间进行相互交往与学习，表明当前普通教师特别注重使用同伴辅导的方法来促进残疾学生的学习，并且非常注重残疾儿童与普通儿童之间的互动。

第四节　资源教师安置模式态度的访谈与研究

一、资源教师的角色认知分析

“您知道您是资源教师吗？”（见表4-25）之所以设定这样的问题是因为资源

① 邓猛. 普通小学随班就读教师教学调整策略的城乡比较研究[J]. 中国特殊教育，2005(4)：65-70.

教师一般都兼任普教课程，事实上应该说，是普教科任教师兼任资源教师工作，所以恐有对资源教师的角色认识不清的疑虑。所幸调查显示，所有资源教师都知道自己的角色定位。值得注意的是，他们在担任资源教师的同时，还受到来自普教各种课业成绩的压力，在这样的情境下还能否清楚认识资源教师的角色，明白自己在此角色中的功能？结果表明，受访者均清楚地知道自己是资源教师的角色，这有助于厘清资源教师的工作目标和责任。

表 4 - 25　您知道您是资源教师吗？

C - 1	是
C - 2	是
C - 3	知道
C - 4	是
C - 5	X(没回答)
C - 6	知道
C - 7	知道
C - 8	知道
C - 9	知道
C - 10	知道
C - 11	知道
C - 12	知道
H - 13	是
H - 14	是
H - 15	是
H - 16	知道
HR - 17	是

二、资源教师的专业化认知分析

受访者对于“资源教师与普教教师最大的不同”（见表 4 - 26）问题的回答包罗万象，研究者将其表述归纳为三个领域：一为服务对象不同；二为专业领域不同；三为情感态度不同。

其中，认为专业领域不同的最多，包括：扎实的特教专业知识、工作方式方法和内容不同、了解心理学知识、具备普特知识、制订个别化教育计划、个别支持、开展补偿训练、提供课堂教学支持、筛查、有一定教育教学经验、了解学生发展规律、对学生的评价更全面更客观、对学生的指导帮助更有针对性等。

其次是服务对象不同：给予特殊对象相应的服务、满足特殊需求、需多与家长沟通、服务面广、负责范围不同。

最后是情感态度不同：爱心、耐心、费心、包容、职业观。

说明资源教师都非常清楚特殊教育的专业性，对于他们所服务的对象——特殊需要儿童的"特殊"也相当了解，所必须付出的爱心、耐心其实无异于普教，只是对特殊儿童需要付出更多。证明资源教师对自己的角色功能有着深刻的认识。

表 4-26　资源教师与普通教师最大的不同(请列举三项)

C-1	对心理学更了解、给予特殊对象相应的服务、扎实的专业知识
C-2	知识、能力、职业观
C-3	个别化教育、融合
C-4	辅导对象不同、方式方法不同、理论背景不同
C-5	了解差异、满足特殊需求、给予特殊帮助
C-6	专业、服务面广、工作态度
C-7	有爱心、耐心，有一定教育教学经验，知道心理学知识
C-8	掌握更专业的心理学知识，对学生的评价更客观、更专业，对学生的指导帮助更有针对性
C-9	个别支持、制订个别化教育计划、开展补偿训练
C-10	对学生和教师的服务对象不同
C-11	专业方法、负责范围、工作领域
C-12	筛查、制订个别化教育计划、训练，课堂教学支持
H-13	—
H-14	具备普特知识、了解学生发展规律
H-15	主要教育对象、专业技能、工作方式和内容
H-16	有特教知识、有经验、有专长
HR-17	费心、包容，需多与家长沟通

三、资源教师的融合态度分析

根据表 4－27 的调查，所有受访者对“您认为残疾学生是否应该在普通学校就读?”的回答基本上都是肯定的，部分认为不是全部都适合，只有轻度障碍者可以。至于理由，资源教师倾向于从孩子受教育权的公平性、有利于各方面发展及融合的角度看待此问题。另外，还有教师提到“因为他们毕竟人少，离家近”，考虑了特殊学生就学便利性的问题。

无论是回归主流的思潮、融合教育的理想或者是站在人权的角度，对特殊儿童的安置应该是没有程度区别的，即使中重度特殊儿童也享有一般儿童所有的权利，他们需要的是一个接纳的环境，一个接纳的社会环境与教育情境，这个道理其实资源教师们都清楚。但在目前我国社会应试教育体制下，普教教师的压力原本就大，有些学校生师比又太高。“过去是 20—25 个中有 1—2 位特殊需要儿童，而且都是持证的，现在是 35 个左右。”教师 SXCZ 说。而教师的身体、心理的承受力有限，很难兼顾到特殊需要儿童的教育，这点是我们能够理解的。教师 SXCZ 这样说：

> （我们希望）他更好一点（指高功能），与其他人接触更好一点，情绪更平稳一点。我们过去也在其他学校见过，小孩挺好就是情绪不稳定，所以他也很难与人互动。我们都是在特教班情绪调整得差不多，再放到普教班。就是有的时候，正常孩子学到了不良行为，家长也会不满意。特别有些孩子喜欢亲人、随便乱叫人。这样的问题，教师都会两个月或一个月上报一次。我们没有太专业的能力，只是见到问题就解决问题，例如孩子随便叫人、不写作业。目前，大部分都能解决，也有解决不了的。

由此可见，对于在随读班的特殊儿童的教育还脱离不了普教模式，甚至还有课业要求，如果特殊儿童影响到正常儿童的学习，无论家长还是教师都无法接受，这些是“问题”还是“观念”需要改变，都是我们该进一步深思的。

表 4－27　您认为残疾学生是否应该在普通学校就读？为什么？

C－1	应该，每个孩子都有接受教育的权利
C－2	是，享受公平教育

（续表）

C－3	程度较轻者适合普校，利于全面发展
C－4	轻度可以，利于适应社会
C－5	应该，更好地融入主流
C－6	是，平等参与
C－7	应该，避免孩子产生自卑情绪
C－8	可以，轻度残疾的学生与普通学生在一起，利于他们的心理健康发展
C－9	应该，因为这样有利于残疾学生更好地融入社会
C－10	可以，因为他们毕竟人少，离家近
C－11	是，与人融合，便于交流和提高团队意识
C－12	根据情况，轻度应该，融合有助于适应社会
H－13	轻度学生可以，轻度学生有一定认知能力
H－14	程度好的可以
H－15	是，他们是社会的一员，不应当被隔离
H－16	是
HR－17	应该，与普生交往

四、资源教师的融合价值认知分析

资源教师都认可随班就读对特殊儿童有正面意义，研究者又询问了“您认为残疾学生在普校就读有没有潜能？有没有前途？”（见表 4－28），“普校教育对他们有没有帮助？”（见表 4－29）。教师们的回答呈两极化，但大部分还是持肯定的态度，不太乐观的有 3 位，持否定态度的有 2 位。

这两个问题的正面回答可以反映资源教师的积极态度与对随班就读前景的乐观态度，可是现实中的确有部分儿童在现有体制下比较难被接受，比如中重度者、情绪行为障碍者，他们无法自理、无法自制，因此会对班级秩序、教师教学造成一定的影响，他们甚至需要特殊器材的协助或其他人员的帮助，但就现有学校经费或家长承受力来说，还不可能实现。这也是资源教师对学生就读普校不太乐观甚至持否定态度的原因。

将表 4－28 与表 4－29 做对比，先前不太乐观的 3 位教师中仍有 2 位即 H－13 与 C－5 教师态度一致，并不肯定就读普校对这些特殊儿童有帮助。他们认为普校的教学，也就是一般课程对特殊儿童没有帮助，他们需要的是与实践有关的活动。这就是制订个别化教育计划在教育特殊儿童时的重要性，随读班普教教师如何评价这些特殊儿童，并给予适当教育，这才是关键所在。多数教师认为，特殊儿童就读于普校对他们还是有正面意义的。多数教师认为在以下方面对特殊儿童有利：利于全面发展、对学生身心有帮助、普及文化知识、提高素质、对于今后融入社会有很大帮助、让他们看到自己与别人的不同、学会接受别人的帮助并帮助别人、认识社会、培养交往意识。

表 4－28　您认为残疾学生在普校就读有没有潜能？有没有前途？

C－1	有，如果教育得当也有前途
C－2	有，有
C－3	有，有
C－4	有，职业培训有前途
C－5	有，但不一定
C－6	有，有
C－7	有潜能，也有前途
C－8	有潜能，有前途
C－9	有潜能，有前途，孩子与人交往能力、沟通能力、合作能力都得到提升
C－10	有潜能的发展和前途
C－11	有，有
C－12	有潜能，扬长、补偿同步进行，不过重度或情绪有严重问题的应先在专门机构训练
H－13	会有一些潜能，但没有更好的前途
H－14	有，提倡融合教育
H－15	有，如果教育资源能满足他们成长的需求，就有前途
H－16	有，有
HR－17	轻度可以，太渺茫

表 4－29　普校教育对他们有没有帮助？

C－1	有
C－2	有

（续表）

C-3	有，利于全面发展，对学生身心有帮助
C-4	有，普及文化知识，提高素质培养
C-5	教学没有，活动实践有帮助
C-6	有
C-7	有帮助
C-8	有，对于今后融入社会有很大帮助
C-9	有帮助，让他们看到自己与别人的不同，得到别人的帮助并帮助别人
C-10	有帮助
C-11	有
C-12	有帮助，认识社会，培养交往意识，融入社会
H-13	有一些
H-14	有
H-15	有
H-16	有
HR-17	有

本部分所分析的资源教师角色认知，在访谈的内容中呈现了正向指标，那就说明绝大多数的资源教师都清楚自己的角色，也对特殊儿童就读普校有较积极的回应。当教师意识到这层意义，在态度、情感上就能将自己调整至适当位置，这种从心态上的转变类化到实际教学情境中是十分重要的，可视为个人专业成长的一部分。

五、资源教师对特殊教育专业技能的需求

资源教师对“自己是否能胜任目前的工作”大多持肯定的态度，有 2 人不确定，3 人否定；“最需要学习的专业”可分为特殊教育、心理学与其他。其中，特殊教育的需求又可分为理论与实际操作两方面，后者明显多于前者，可见资源教师对于工作上渴望学习的迫切性与多样性，值得相关单位关注。心因性疾病也开始挑战资源教师的专业能力，目前北京做相关诊断的医院，并无对此项做确切评估的工具，无法开具证明。而普教教师眼中的“心理障碍”“精神障碍”与多动症只能根据观察来分辨，相较于一般儿童的发展常模做判断，并没有客观的量表来评估。

这样的需求结构，主管单位方却迟迟未作出相关的回应和决策，到底是因为基本信心不足，还是特殊需要学生的类别太过多元，以致资源教师无从下手，或者还有其他原因，这些都值得进一步探究。

第五节　残疾儿童教育安置模式建议

一、研究结论

尽管融合教育缺乏实证研究的证明，却在20世纪90年代以来成功地导致了对传统的隔离特殊教育体系的完全否定。① 在西方，隔离的教育及安置模式已经为人们所抛弃，融合教育成为特殊教育的主要实践方式。尽管仍然存在着诸多争议，但这些争议的焦点已经不再是残疾儿童是应该被融合还是隔离，而是融合的程度，即残疾儿童是应该完全融合还是部分融合。② 当前西方学者关于残疾儿童不同教育安置形式的讨论也转移到了资源教室与全日制普通班这些体现不同融合程度的安置形式的比较之上。③ 对于何种方式才是残疾儿童的最佳安置方式这个问题，西方研究者也没有达成广泛的共识。尽管倡导完全融合(full inclusion)的激进主义者与主张部分融合(selective inclusion)的渐进主义者尽量相互协调，以避免特殊教育领域的完全决裂，例如，2000年，Fuchs, Jordan, Kauffman, Rueda, Schiller, Skrtic等代表两派的十五位学者共同发表文章*Bridging the Special Education Divide*，力图协调二者之间的差别，并认为最终双方会走向一致，但十余年过去，双方观点的差异不仅没有缩小，反而争吵得更加激烈。④

当今西方各国在特殊教育的实践上也呈现出不同的发展模式。在美国，决定残疾儿童安置形式的仍是"最少受限制环境"原则，4%的残疾学生完全被安置在隔离的环境中，96%的残疾学生在普通学校的普通班、资源教室中接受教育，75%的

---

① 邓猛，肖非. 隔离与融合：特殊教育范式的变迁与分析[J]. 华中师范大学学报(人文社会科学版)，2009(4)：134-140.

② 邓猛，潘剑芳. 关于全纳教育思想的几点理论回顾及其对我们的启示[J]. 中国特殊教育，2003(4)：1-7.

③ 邓猛. 双流向多层次教育安置模式、全纳教育以及我国特殊教育发展格局的探讨[J]. 中国特殊教育，2004(6)：1-6.

④ Baglieri, S., Valle, J. W., Connor, D. J., Gallagher, D. J.. Disability studies in education: The need for a plurality of perspectives on disability[J]. Remedial and Special Education, 2011, 32(4): 267-278.

学生在普通教室中的时间超过了一天时间的40%。① 意大利则完全采取一元的特殊教育发展体系，并将完全融合的政策体现到了一系列国家立法上，规定学生不论其残疾多么严重，都有在普通班级接受义务教育的权利。通过这种方式，意大利在普通学校建立了强有力的支持系统，将几乎所有的学生融入主流教室之中。② 在芬兰，隔离式特殊教育仍然在特殊教育的发展中占据着很重要的地位。芬兰对特殊儿童的安置方式主要有完全融合的普通教育、部分时间特殊教育、特殊班级以及特教学校四种形式，2010年，这四种安置形式的残疾儿童人数分别为13 857、11 273、15 156、6 406。③ 因此，尽管融合教育已经成为国际特殊教育发展的主要趋势，但各国在实现融合的道路上还是呈现出多样化的发展模式。

1988年，我国确立了以特殊教育学校为骨干，以普通学校随班就读和附设特教班为主体的特殊教育发展模式。经过多年的发展，作为最典型的隔离式特殊教育的特殊学校与我国实施融合教育的本土化代表的随班就读成为残疾儿童接受教育的主要安置形式，我国的特殊教育形成了一种二元体系。在这种二元体系中，特殊学校与随班就读是相辅相成的。特殊学校发挥着两种作用：一是为不能在普通学校中接受教育的中重度残疾儿童提供特殊教育；二是成为随班就读的资源中心，为随班就读的发展提供残疾鉴定、教师培训、咨询、专业指导等各个方面的服务。

截至2012年，根据我国《2012年全国教育事业发展统计公报》的统计数字，普通小学、初中随班就读和附设特教班招收的残疾学生已经分别占特殊教育招生总数和在校生总数的53.30%和52.74%。2014年，教育部出台了《特殊教育提升计划(2014—2016年)》，提出特殊教育发展的总体目标就是"全面推进全纳教育，使每一个残疾孩子都能接受合适的教育"，并提出要"扩大普通学校随班就读规模，尽可能在普通学校安排残疾学生随班就读"。可见，融合教育也已成为我国特殊教育发展的基本趋势，融合教育开始由重视量向重视质的方向发展。然而本书的研究结果表明，在特殊教育一线的特殊教师与普通教师却都比较倾向于隔离式的教育安置地点，且隔离性越高，支持度越高。这表明我国的特殊教育发展目前正处于融合与隔离发展的冲突时期，这种冲突就体现在国家的融合教育政策与实践中的特殊教育工作者的态度之间。对于这种冲突的原因，笔者认为，主要是由于长期以来

---

① Smith, Polloway, et al. Teaching students with special needs in inclusive settings[M]. London: Pearson Education, 2012: 9.

② 余强. 意大利完全全纳教育模式述评[J]. 中国特殊教育, 2008(8): 15 - 20.

③ 杜林, 雷江华. 芬兰特殊教育的发展及启示[J]. 现代特殊教育, 2013(1): 60 - 61.

我国的随班就读带有明显的实用主义色彩，主要目的是解决有特殊教育需要儿童上学读书的问题，提高整体的入学率。这种以解决入学率为目的的随班就读只重视数量而忽视残疾学生学习的质量，必然会引起教师们的消极反应。因此，目前我国特殊教育发展中所遇到的矛盾与冲突也可以理解为融合教育从重视数量向重视质量过渡过程中所导致的一个结果，一种转型期的矛盾。在解决这种矛盾的同时，我们也必须明确，无论残疾儿童在哪里接受教育，为他们提供有质量的课程与教学才是关键，而不仅仅是解决一个安置地点问题。正如Zigmond指出的，安置地点本身并不能让特殊教育更加特殊或者更加有效，有效的教学策略和个别化的教学辅导才是特殊教育的关键。①

二、对策与建议

（一）加强普通教师与特殊教师在融合教育方面的培训，推动普校与特校教师对融合教育的态度转变

教师在融合教育的实施中扮演着非常重要的角色。许多研究结果显示，融合教育能否取得成功取决于教师对融合教育的态度。②③④教师包容残疾学生的意愿和教师对融合教育的支持程度极大地影响他们在融合教育实施过程中的努力程度。然而，本书的研究却表明，当前我国的特殊教师与普通教师对融合教育的支持程度较低，二者都比较倾向于隔离性的教育环境，这明显与国际特殊教育发展的融合趋势相违背，也不利于我国融合教育事业的发展。2014 年出台的《特殊教育提升计划（2014—2016 年）》将我国特殊教育发展的总体目标定位于“全面推进全纳教育，使每一个残疾孩子都能接受合适的教育”，因此转变教师对融合教育的态度、推动融合教育的发展已成为特殊教育发展的关键要素。

本书及其他学者的研究表明，提高教师的学历、对普通教师进行融合教育方面的培训，能使教师对融合教育形成较为稳定的积极态度（Lifshitz, et al.，2004；

---

① Zigmond N.. Where should students with disabilities receive special education services? Is one place better than another? [J]. The Journal of Special Education, 2003, 37(3): 193-199.

② Cook B. G., Semmel M. I., Gerber M. M.. Attitudes of principals and special education teachers toward the inclusion of students with mild disabilities[J]. Remedial and Special Education, 1999, 20(4): 199-256.

③ Salend S. J.. Creating inclusive classrooms: Effective and reflective practices (4th ed.)[M]. Upper Saddler River, NJ: Merrill Prentice Hall, 2000.

④ Van Reusen, A. K., Shoho, A. R., Barker, K. S.. High school teacher attitudes toward inclusion[J]. High School Journal, 2001, 84(2): 7-20.

Podell, Tournaki,2007;Salend, Duhaney,1999)。[①] 提高教师的学历、对普通教师进行教育培训,能够拓宽他们的教育视野,使其更加深入地理解残疾儿童,从而为残疾儿童融入他们班级中奠定良好的思想与理念基础。然而,我国在实施融合教育的过程中却存在着普通教师职前与职后接受特殊教育严重不足的严峻现实。据统计,截至 2012 年,我国特殊教育学校共有 1 853 所,在校残疾学生 37.88 万人。然而,当前只有北京师范大学、北京联合大学、南京特殊教育师范学院等 52 所高校设置了特殊教育(师范类)专业,并且这些学校的特殊教育课程极少向普通师范类专业开放。特殊教育与普通教育教师培养之间存在着森严的壁垒。其他研究者的研究也表明,普通教师的职后培训严重缺乏。[②][③]因此,国家应该采取优惠政策,提供更多的资源,鼓励和支持更多师范院校开设特殊教育专业,培养特殊教育人才。在普通师范教育中应增加特殊教育课程,打通特殊教育与普通教育之间的壁垒,加强普通教师在融合教育方面的职前培训。同时,国家也应该扩大对普通教师的融合教育的职后培训,帮助教师树立正确的融合教育理念和残疾观,最终改变对融合教育的态度,形成积极的融合教育观。

(二)推进特殊学校职能转变,为随班就读提供丰富的资源支持

本书的研究结果显示,特殊教师与普通教师之所以更加支持特殊教育学校,其中很重要的一个原因就是特殊学校拥有较丰富的特殊教育资源、更加专业化的教育与康复条件、专业设备与环境。从当前的发展趋势来看,尽管国家对随班就读的投入不断加大,但特殊学校与随班就读之间的差距短时间内不会改变。另外,从调查中可以发现,即使是特殊教育教师也是非常支持隔离式教育的,可见特殊教育学校在现阶段还有相当高的支持率,短时间之内也不可能如西方国家一样完全取消。在此情况下,国家应重新对特殊学校进行角色定位,推进特殊学校的职能转变,使特殊学校成为融合教育的支持者。特殊教育学校具有较丰富的特殊教育资源,因此他们可以有效利用这些资源为随班就读服务,例如,为本地区随班就读儿童、家长、教师、学校及行政管理者提供必要且恰当的支持和服务;作为评估体系的中心协调员角色,为评估进行资料收集和准备,联络专业人员(如医生、心理学专家、特殊教育专业人员、教师)、家长和儿童,联系专业机构和准备评估工具等,切实发挥

① 钟经华,孙颖,张海丛.北京市普通中小学教师对随班就读态度的调查[J].现代特殊教育,2011(9):12-14.

② 朱楠,赵小红,刘艳虹.随班就读学校氛围案例研究[J].中国特殊教育,2009(3):24-28.

③ 李泽慧.近二十年我国随班就读教师培养研究回顾与反思[J].中国特殊教育,2010(6):8-12.

特殊学校的“培训中心”职能和巡回指导职能。[①]

（三）优化特殊教育资源分配，为随班就读的发展提供切实的资源保障

充足的教育资源是保证特殊教育发展的必要条件，特别是对于随班就读的残疾儿童来说，他们由于自身的残疾仍然需要康复师、心理咨询师以及资源教师来进行康复训练和个别化辅导与教学。然而，尽管当前我国普通小学、初中随班就读和附设特教班招收的残疾学生已经分别占到特殊教育招生总数和在校生总数的53.30%和52.74%，但随班就读的投入仍是整个基础教育中最薄弱的环节。据教育年鉴公布的官方数据，1998—2008年特殊教育学校教育经费总数和特殊教育学校学生人均国家财政性教育经费逐年增加，10年净增加22.58亿元，而占特殊儿童在校生人数五成以上的随班就读经费则增加缓慢，除了个别省（市）教育厅有专门的常规性的随班就读经费外，大多数地方都没有专门的拨款，有16.05%的随班就读学校上级部门从来没有专门拨款，38.46%的随班就读学校有上级拨款但非常少，且不是常规性拨款。

近年来国家已经认识到随班就读资源缺乏的情况，并开始不断加大对随班就读的投入力度。《特殊教育提升计划（2014—2016年）》中明确规定，“义务教育阶段特殊教育学校生均预算内公用经费标准要在三年内达到每年6 000元，有条件的地区可进一步提高。目前标准高于每年6 000元的地区不得下调。随班就读、特教班和送教上门的义务教育阶段生均公用经费参照上述标准执行”，“支持承担随班就读残疾学生较多的普通学校设立特殊教育资源教室（中心），配备基本的教育教学和康复设备，为残疾学生提供个别化教育和康复训练”。应建设适应不同类型与程度的残疾儿童的教育、康复、服务以及融合教育支持的多样化、多维度、多功能的环境，创设符合“通用设计”理念与现代科学技术发展的教学环境与氛围。在相关仪器与设备配置方面，应注重配备必要（而非昂贵）的、具有广泛适应性的设备，使之真正成为能够对教学与康复提供专业支持的技术与服务平台。

（四）促进社会观念的变革

改革一个特定社会的观念与传统是一个艰难而漫长的过程。幸运的是，我国有着悠久的扶弱助残、尊老爱幼的传统。接纳、教育残疾人的观念虽然在封建社会里没有被广泛地接受，但在新中国，尤其是改革开放以后随着社会观念的急剧变

---

① 朱楠，王雁. 融合教育背景下特殊教育学校职能的转变[J]. 中国特殊教育，2011(12)：3-8.

化、经济的日新月异，这一观念正为越来越多的团体、家庭、族群所接受。同时，在实施随班就读的过程中，各地都非常强调发动群众，通过标语、传单、登门宣传、广播、电视等多种媒介与方式，改变社会观念，提高公众对残疾与相关人道主义思想的认识，积极营造残疾儿童平等接受教育、参与社会生活的社会氛围，并取得了较好的效果。

值得注意的是，在我国，一方面，民众有同情、帮助残疾人的传统；另一方面，认为教育残疾人是浪费精力与时间的观念仍然普遍存在。尽管我国有助残、同情残疾人的优良传统，但在漫长的封建社会中，也产生了对残疾人的许多歧视与偏见，残疾人一直都生活在社会的最底层，社会公众对于残疾人的教育与其他平等权利还不能够完全接受。同时，我国的随班就读虽然在形式上与西方融合教育一样，是将特殊儿童安置于普通教室，但西方融合教育背后的平等、个性、多元等哲学观念并没有得到或很少得到强调。本书所访谈的农村与城市教育管理工作者都认为：要继续广泛宣传发动，培育良好的社会氛围，促进残疾儿童少年随班就读的发展。

创设一个和谐的、接纳的社会氛围对于随班就读工作的发展非常重要，还需要在这方面做更多的、长期的艰苦工作，特别是在受封建思想影响较深的农村地区，需要更多地进行宣传与发动来改变社会公众对残疾与特殊教育的固有看法。各地政府还要与各类社会团体、学校、专业组织与人员以及残疾儿童少年家庭更加紧密地合作，共同努力，采取适合当地情况的各种措施，持续地宣传社会公正、残疾人权利、教育公平等观念，逐步改变社会的价值观与氛围，这些都会对特殊教育的发展与社会变革产生长远的、积极的影响。

第五章　残疾儿童教育安置模式的个案调查研究

第一节　研究背景

西方以美国为代表的特殊教育经历了从隔离式特殊学校向特殊班、“双流向模式”、资源教室与全日制普通教室安置相互交织，并向完全融合过渡的过程。[①] 20世纪60年代以来，以民权运动为代表的西方社会价值观念的改变，使残疾人回归正常环境成为全社会的伦理与道德诉求。“瀑布式特殊教育安置服务体系”及其遵从的“最少受限制环境的原则”受到广泛的批评与质疑。[②] 20世纪80年代后，融合教育运动的发展又在特殊教育领域引起激烈的争论，并且将特殊教育领域分为相互对立的两个阵营，即部分融合与完全融合。[③] 特殊教育研究者对回归主流以及后来的全纳教育背景下不同教育安置形式的教育效能进行研究，以此寻求支持或者反对全纳教育的实证依据。多数研究者通过对比不同教育安置形式下残疾儿童在学业和社会能力方面的进步，以及调查家长和教师对全纳教育的态度来得出结论。

根据多数研究者的研究结果，我们可以得出以下结论。

(1) 全纳教育在促进残疾儿童的学业发展方面并没有产生实质性的影响，普通教育与特殊教育结合的资源教室模式更有利于残疾学生在学业方面的发展。

(2) 在社会性发展方面，全纳教育环境下残疾儿童比在隔离环境中表现出更积极的社会情感、沟通技巧与行为。

(3) 残疾儿童的家长对全纳教育的态度与他们对自己孩子的期望有较高相关性。

(4) 虽然普通教师对全纳教育的理念持积极态度，但由于缺乏经验、技能等方

---

① 邓猛. 从隔离到全纳——对美国特殊教育发展模式变革的思考[J]. 教育研究与实验，1999(4)：41－45.

② 邓猛. 双流向多层次教育安置模式、全纳教育以及我国特殊教育发展格局的探讨[J]. 中国特殊教育，2004(6)：1－6.

③ Villa, R. A., Thousand, J. S.. Restructuring for caring and effective education: Piecing the puzzle together [M]. Baltimore, Md.: Paul H. Brooks Pub., 2000.

面的原因，他们对残疾儿童在普通教室中发展的信心明显不足。①

无论是融合教育模式、隔离模式还是资源教室模式，它们可能在促进残疾儿童某些方面的发展上有比较突出的作用，然而，没有任何一种模式的有效性得到普遍的认同或者能够满足所有残疾儿童的教育需要。全纳教育未必是满足所有残疾儿童教育需要的最佳实践方式和最有效的教育安置形式。正如考夫曼（Kauffman）等人（2008）所言，并不存在唯一的、最好的安置形式，只有最大限度地发挥学生能力的多种合适的安置形式。② 尽管如此，西方各国传统的隔离式特殊教育机构体系已经崩溃。全纳教育，即在普通教室教育残疾儿童似乎逐步成为各国特殊教育的主要选择。这对于特殊教育体系的层次结构与安置体系产生了颠覆性的影响。

自 19 世纪末系统的特殊教育在我国诞生至 20 世纪 80 年代新中国进入改革开放时代的一百多年的历史中，隔离式的特殊教育学校是残疾儿童接受教育的唯一选择。无论是旧中国受西方宗教及当时特殊教育办学模式直接影响所创建的带有慈善性质的私立特殊教育机构，还是新中国成立后受苏联缺陷学模式影响的公立特殊教育学校，无疑都有一个基本信念：残疾学生应该在隔离的特殊教育学校中接受带有补偿康复性质的教育。单一的特殊教育学校模式成为残疾儿童少年接受教育的唯一方式。这种模式因为办学思想以及资源限制等原因，使得我国特殊教育的发展始终停留在生存空间狭小、发展迟缓的状态。

我国在 1988 年全国特殊教育工作会议上提出了以特殊学校为骨干、大量附设特教班与随班就读为主体的特殊教育发展模式。这一发展模式打破了传统的“以建设特殊学校”为特殊教育发展唯一选择的格局，因应国内残疾儿童入学的需求与国际融合教育的发展趋势，对我国残疾儿童义务教育的普及发挥着重大的作用。从本质上来看，我国实施的随班就读是我国特殊教育工作者根据我国国情探索出的实施特殊教育的一种形式。它改变了我国百余年来以建设特殊学校为唯一发展特殊教育途径的做法，以较经济的方式、较快的速度使特殊儿童就近进入邻近的普通小学接受义务教育。随班就读的出发点是为普及义务教育，使没有上学机会的残疾儿童能够因陋就简、克服各种困难“有学上、有书读”。融合教育是以西方个人自由、社会平等等社会观念为基础，目的是保证残疾儿童与正常儿童一样接受

---

① Marston, D.. A comparison of inclusion only, pull-out only, and combined service models for students with mild disabilities[J]. The Journal of Special Education, 1996,30 (2):121 - 132.

② ［美］Halahan P. D. ,Kauffman M. J. , Pullen. 特殊教育导论（第十一版）［M］. 肖非，等译. 北京：中国人民大学出版社，2010:50.

免费的、适当的教育，尽可能回归主流社会。从这方面来说，随班就读又不同于融合教育，是西方融合教育的形式与我国特殊教育实际的结合，是一种实用主义的融合教育模式。①

随着社会的发展和对教育水平要求的提高，这一格局显示出了越来越多的问题。但目前鲜有对我国特殊教育发展格局进行思考与探讨的声音，相关研究还比较缺乏。事实上，我国特殊教育发展格局与体系随着时代的要求与特殊教育理念的变化正在发生深刻的转变，其中也出现了很多问题。以随班就读为例，随班就读模式中的“随班混读”现象十分突出，教师的专业能力严重不足，残疾儿童在随班就读的班级中得不到专业的帮助，得不到应有的尊重、关注和重视。② 我们应该结合国际特殊教育发展的趋势，尤其是全纳教育的发展经验与教训，对我国特殊教育格局进行不间断的、立足于我国实际情况的分析与探索。西方衡量全纳教育是从比较不同特殊教育安置模式的角度入手的，我国也需要实证研究证明不同模式的效果，以此作为发展我国特殊教育格局的依据。

彭霞光指出，我国特殊教育面临几大挑战，其中包括：由三类残疾儿童教育向特殊需要儿童教育转变；教育形式由特殊学校教育逐渐向随班就读学校教育转变。③ 随班就读已有三十余年的历史，其间国家出台了各种政策大力推进随班就读工作的开展，并开始重视随班就读工作的质量，那么如今随班就读的实施效果如何，大力推进随班就读的实证依据是什么，特殊儿童在普通班级的生存状况是否得到改善，特殊儿童在普通班级是否能比在特殊学校得到更好的教育。这些问题目前还没有充足的数据来回答。从已有的研究来看，对于随班就读实施效果的评价较少，仅有少数研究涉及残疾学生在随班就读学校的发展状况。

彭霞光对特殊学校教师随班就读态度的调查结果进行了分析，结果表明，从总体上讲，教师对残疾儿童随班就读的态度是积极的，但仍存在一定程度的不够理解或偏见，甚至存在对残疾人拒绝、隔离的倾向。④

韦小满、袁文得发现：普小教师对随班就读持赞同态度的人数百分比明显低于特教教师。教师对有特殊教育需要的学生在普通班级随班就读的忧虑主要在于残疾学生的学习能力较差、教师专业知识和经验不够、缺少时间和精力以及同学关

---

① 邓猛，刘慧丽. 全纳教育理论的社会文化特性与本土化建构[J]. 中国特殊教育，2013(1)：15－19.

② 肖非，戚克敏. 搞好随班就读是解决残疾儿童教育问题的关键[J]. 中国特殊教育，2009(5)：3－4.

③ 彭霞光. 中国特殊教育发展面临的六大转变[J]. 中国特殊教育，2010(9)：3－8.

④ 彭霞光. 特殊学校教师对随班就读的态度调查研究[J]. 中国特殊教育，2003(2)：10－15.

系、教学条件、家长配合、学生的行为问题、教师态度、相应的政策、人员编制、校领导的关心和支持等方面。① 昝飞等人利用儿童行为量表对上海 282 名随班就读的残疾学生进行调查，发现大多数学生的社会能力发展低下，并且伴有较高的问题行为发生率，但随着年龄的增长，这些学生的社会能力有所提高，行为问题发生率有所下降。② 钱丽霞等对北京、天津、江西、湖北、江苏等地的校长、行政管理人员、专家进行调查，发现残疾学生在普通班级中能获得一定的发展，尤其是社会交往能力发展更为突出。③ 杨希洁以问卷调查的形式对北京、上海、江苏、湖北、贵州、四川、云南、广西、福建等地 47 所普通学校的随班就读特殊学生的教师、家长进行了问卷调查，对其中部分随班就读特殊学生及特殊学生的同班同学、家长、教师进行了访谈，并对其中 10 所学校进行了实地考察，结果发现：特殊学生的学业成就、自信心、社会交往能力状况良好，特殊学生对学校满意度高。④ 这三项研究都只考察了特殊儿童在普通学校就读这一静态时间段的生存状况，而没有将特殊儿童置于动态的发展状态中考察。因为从教育现实来看，目前我国众多特殊学生在随班就读的过程中，由于种种原因最终又被迫转回特殊学校，也有部分特殊学生曾在特殊学校就读然后转到普通学校随班就读，这两类特殊学生先后接受过两种形式的教育。教育是发展人的活动，其效果最终要依据学生的发展情况来判别，通过对特殊儿童在两种安置形式下生存状况的比较，能够更好地反映我国目前随班就读以及特殊学校两种安置形式对特殊儿童的教学效果以及存在的问题。

但目前，国内研究者并没有从特殊儿童在两种安置形式中转换的角度来思考我国随班就读以及特殊教育的发展状况。缺乏对比就缺乏说服力，让人无从判断随班就读环境中的学生是否真的能获得更好的发展，也很难真正发现影响两种安置形式效果的因素，从而找到合理的解决办法。基于此，研究者对曾在特殊学校和普通学校接受过教育的特殊学生以及他们的家长、教师、同伴进行调查，通过他们对特殊学校和随班就读两种安置形式的不同态度，来比较随班就读和特殊学校的教学效果，从而窥探两种安置形式的发展现状和存在的问题。

本章研究的主要内容围绕一系列重要的问题进行：我国现有特殊教育安置体

---

① 韦小满，袁文得. 关于普小教师与特教教师对有特殊教育需要学生随班就读态度的调查[J]. 中国特殊教育，2000(3)：31－33.

② 昝飞，刘春玲，陈建军. 随班就读学生与正常学生心理行为问题比较[J]. 中国特殊教育，2002(3)：29－32.

③ 钱丽霞，江小英. 对我国随班就读发展现状评价的问卷调查报告[J]. 中国特殊教育，2004(5)：1－5.

④ 杨希洁. 随班就读学校残疾学生发展状况研究[J]. 中国特殊教育，2010(7)：3－10.

系特点及其有效性如何？特殊学校及特殊班、随班就读究竟应该以何种比例发展与布局？在全纳教育思想影响下我国特殊教育体系应如何有效调整与布局？我国特殊教育体系应当如何结合当前和谐社会的建构和教育改革的要求完善与发展？

第二节　研究方法设计

一、总体研究思路

本章采用个案研究的范式进行。个案是对某种真实情况的描述，通常以文字记录的形式出现。个案所描述的事实或事件必须是真实存在的，并非想象或者杜撰出来的，并且描述要忠实于原事实或事件，立场中立，不包含主观的价值评论，因此个案是人们思考、判断和采取正确行动的基础。个案是一个封闭系统，是由一系列相关元素组成的有机整体，是由各个部分组成并且在自身的环境中运作的完整事件。① 用“封闭”这个词来限制是为了强调研究者应该确定个案中事件或事实的范围，即个案是什么以及不是什么。个案研究的方法是对各自独立的个案进行详细研究，一方面确认和描述现象，另一方面促进理论的发展。通过个案的收集，有助于详细地描述事物的现状，以便人们了解事物和发现问题；有利于将个案推广到现实生活中，解决普遍性的问题；有助于启发人们的认识，对研究对象寻求新的解释、观点和意义；等等。② 个案研究的目的是通过对“正在进行的事件”进行极详细的背景化分析，给读者一种“身临其境”的感觉。③ 在个案研究中，研究者通常选择一个对行为、组织或事件没有很大影响的场合并对其进行系统的研究。在个案研究中，研究者致力于对背景中的关系进行合并和梳理，希望这些背景和关系能够引起读者的共鸣。

本章主要调查那些在特殊学校和普通学校之间转换的残疾学生的经历和体验，从他们自身的经历出发探索不同安置模式对残疾学生产生的不同效果。个案

① Stake, R. E.. Case study methods in educational research[A]. In R. M. Jaeger. Complementary methods for research in education (2nd ed.)[M]. Washington, D. C: American Educational Research Association, 1997.

② Pol Ghesquière, Bea Maes, Roland Vandenberghe. The usefulness of qualitative case studies in research on special needs education[J]. International Journal of Disability, Development and Education, 2004, 51(2): 172.

③ MacDonald, B., Walker, R.. Case study and the social philosophy of educational research[A]. In D. Hamilton, Beyond the numbers game: A reader in educational evaluation [M]. Basingstoke, UK: MacMillan, 1977: 181-189.

研究的方式有助于集中研究这些相关人士的经历、态度与观点，从参与者自身的角度来理解不同的安置模式的利与弊。

一、研究对象的选取

本部分主要在深圳元平特殊教育学校和广东省中山市特殊教育学校选取研究对象。深圳元平特殊教育学校（以下简称元平特校）创办于 1991 年 12 月，是深圳市唯一一所为盲、聋哑和智障儿童青少年提供从学前教育到高中职业教育“一条龙”服务的综合性、全寄宿制特殊教育学校。截至调查时有教职工 160 名，教学班 34 个，盲、聋哑和智力障碍等各种残疾学生共 408 名，提供幼儿教育、义务教育和高中阶段教育，是中国规模最大的一所综合性、全寄宿制特殊教育学校。学校最显著的办学特色是在全国率先探索实践“教育、康复、就业一体化”特殊教育办学模式，即在对各类残疾学生进行思想文化教育的同时，加强康复训练和职业教育，并适当安排一部分毕业生留在校办企业就业（合同期为 2 年，期满后再分流多渠道就业）。

广东省中山市特殊教育学校（以下简称中山特校）是中山市教育局直属的一所学校，担负着为中山市残疾儿童青少年提供教育服务的重任。截至调查时，学校有 32 个教学班，381 名学生，106 名在编教师。学校设有多功能感官室、感觉统合训练室、个别训练室、体育康复室、体育馆、游泳池、大型游乐场等功能场室，配备感觉统合训练用具、运动治疗器械、蒙台梭利教具、奥尔夫音乐乐器等一批康复训练设施，建立网上教师信息管理库、多媒体辅助教学资源库、电子图书馆、SOT 语言认知训练康复系统，通过信息技术手段完善残疾学生的康复训练工作，开辟学生劳动基地，为学生的教育、康复提供良好的条件。中山特校秉承孙中山先生“平等、共享、人道、博爱”的办学理念，不断创新育人理念，以“尊重生命尊严，创造生命价值”为校训，大力开拓创新，努力探索特殊教育发展中山模式，打造“中山特殊教育平台”，通过不懈努力，实现了办学规模与内涵建设的同步飞跃。在教学改革过程中，学校探索了一套以平等为基础、以学生为中心、以活动为平台、以参与为手段、以共享为指导、以和谐为目标的“特殊教育和谐课程”体系，协调优化各种教育资源，逐步形成了“教育康复并重，体育艺术齐鸣”的办学特色，使残疾儿童得到适宜、和谐的发展。

研究对象选取的标准是必须兼具在普通学校和特殊学校的学习经历，并且有顺利进行访谈的语言交流能力。课题小组成员对个案以及相关人士，包括家长和教师进行了深入的访谈。

三、数据的收集和分析

本部分采用访谈的方法。访谈法是常见的质的研究方法，它的目的是发现不能够被直接观察到的事情，即了解人们对某件事情内心的想法：他们是如何想、如何感觉的。[①] 考虑到智力残疾学生的特点，封闭的、结构化的访谈方式并不适合。相关人员，例如教师和家长等，对于安置模式的变化更多的是根据自己的实际经验来判断，事先确定问什么问题并不适合当时的实际情况。课题小组决定采用开放式的、自由的访谈方式在学校的教室、操场等自然环境下自由地进行交谈，其优势是可以挖掘深入的、真实的信息。开放式访谈事先没有拟订好固定的访谈问题，访谈形式灵活，研究者只是起一个辅助作用，鼓励和激发访谈对象谈论他们认为重要的问题、发表自己的看法，了解他们使用的概念和语言表达方式。研究者根据研究对象日常生活的安排，与对方一起参加活动时根据当时情景自然而然地交谈，这种形式可以更加自然、真实和灵活地获得资料。[②]

访谈数据通过两个步骤进行处理。

(1) 转录。将笔记、录音设备记录下来的数据转录成打印文字形式，以便于进一步的分析。课题小组成员将录下来的内容忠实地转化为文字的形式，并记录下相应的访谈对象的姓名、性别、年龄等背景信息。

(2) 归类(coding，也被称为代码或译码)。一般而言，有两种形式的归类方法：归纳性归类(inductive or emerging coding)和预定的归类(priori coding)。归纳性归类是指直接从数据中获得类别与概念联系；预定的归类则指在研究之前就预先确定了类属以及它们之间的联系，然后通过数据来检测是否合适以及需要做何种修改。在本书的研究中，因为课题小组成员并不能预先确定访谈对象对于政策理解的模式并据此将其分类，因此，主要采取归纳性归类的方式进行数据处理。通过对记录的文字内容进行反复阅读，对照研究的问题与框架，从中找出有意义的词、短语或句子、段落，然后考虑使用一个合适的、更抽象、更具总结性的代码来称呼一组相近的内容，这就是一个概念性的联系或类别。这样，一系列类别就得以发现，课题小组成员

---

① Fraenkel, J. R., Wallen, N. E.. How to design and evaluate research in education (2nd ed.)[M]. New York: McGraw-Hill Pub., 1993:385.

② Johnson, B., Christensen, L.. Educational research: Quantitative and qualitative approaches[M]. Boston: Allyn and Bacon, 2000.

在此基础上就可以鉴别出这些类别之间的关系，并建立它们之间的理论联系。[1]

四、调查过程

访谈的过程如下：首先，课题小组利用与元平特校和中山特校的长期合作关系，到两校进行了座谈和了解，确定了研究对象。之后，通过电话联系，征得其家长的同意，向他们解释本书研究的目的、意义以及访谈的主要内容，保证对访谈的信息保密，并确定访谈的时间与地点。最后，访谈在学校教室或操场等场地随机进行，在聊天、谈话、共同玩耍等过程中进行，以便学生在熟悉研究者之后能够很好地表达他们的意见。整个访谈过程一般持续 3—5 天，根据实际情况决定是否停止、调整或者继续进行。访谈信息以笔录的方式记录。

针对其他相关人员的访谈则在征得访谈对象的同意后，向他们解释本书研究的目的、意义以及访谈的主要内容，并确定访谈的时间与地点。之后，访谈以面对面的形式进行：访谈者首先保证对访谈的信息保密，接着从较自由的话题开始，在气氛变得轻松后开启正式访谈。访谈视具体情况以集体座谈或单独面谈的形式进行。整个访谈过程一般持续 40—60 分钟，访谈问题的顺序根据当时情景灵活调整，要求访谈者能够根据访谈对象的回答即时提出相关的问题进行追问，使访谈更加有深度。访谈者使用录音设备记录访谈内容，少数访谈对象不同意使用录音设备，访谈者就用笔尽量完整地记录。

第三节　研究结果

以下针对个案的访谈结果陈述中，带问号的问句都是课题小组成员提出的问题。

一、陈某某的教育经历

（一）陈某某的访谈

陈某某，1998 年 10 月出生，是从普通学校回流到特殊学校的学生。父亲，烟厂职员，高中学历；母亲，全职在家，初中学历。智力和社会适应能力：韦氏量表测

---

① Creswell J. W.. Research design: Qualitative, quantitative, and mixed methods approaches (2nd ed.)[M]. Thousand Oaksl, Calif.: Sage Publications, 2003.

得智商45，中度智障，精神发育迟滞；社会适应能力量表得分99分，边缘水平。有残疾人证，智力残疾三级。情绪易激怒。

课题小组成员小赵在深圳元平特校长期实习，是陈某某比较信任的朋友。在该校的操场上，小赵和陈某某进行交谈。下午放学时谈到以前的普校，陈某某开始骂骂咧咧，很不愿意谈，聊了几句就跑开回家了。只好再次找时间谈，反复几次后，才完成了访谈，从孩子的回答来看，普校的经历的确是触目惊心，令人难以置信。

访谈结果解读：

陈某某是三级智力残疾学生，在对他访谈时，他很难用华丽的辞藻与流畅的语言表明他在普通学校所受到的摧残，也没有办法用动人的语言表明他对特殊学校的喜爱。但是，他使用了一些简单的语言向我们展示了他在普通学校所受到的非人的待遇。当被问到"喜欢在特殊学校还是普通学校"的时候，他明确地告诉访谈者"喜欢在特殊学校"，访谈者追问原因之后，他谈到"普通学校不好，那里的同学都欺负我"，"班主任老师上课让我出去"，甚至还会用棍子打他，所以陈某某不喜欢他原来的老师，也不喜欢在普通学校待着。通过这样的沟通，让人们感觉到这种教育不仅不是融合教育，甚至还打破了普通教育的底线，教师对学生体罚已经属于违法的范畴。

（二）家长访谈

陈某某的母亲全职在家，父亲是公司职员，家庭经济收入属于一般水平。

访谈地点：学生家里。

访谈结果解读：

从家长的反映来看，选择特殊学校是一件无可奈何的事情。因为孩子在普通学校一系列的问题没有办法得到很好的解决，特别是同学之间的关系难以妥善处理。在访谈中陈某某的妈妈说道："不愿意转的话，孩子受到的伤害会更大。他们班有一个叫胡某某的小孩经常打我的小孩，我就跟他妈妈沟通，我的孩子不懂事大家都知道的，您的孩子懂事，尽量少故意惹我的孩子。那个家长态度很不好，很凶，说一些骂人的话，说我孩子这么笨，活该。"这种无可奈何当然还有其他方面的原因，例如，"普通学校的学生和老师不接受这样的孩子"，"学业压力大，小孩也会欺负他"。还有一个重要的原因就是陈某某四年级时经历了班主任的更换，"读一年级的时候，那个老师还挺好，专门安排一个调皮的小孩来管我的小孩，如果我的小孩受人欺负了，打架了，就找那个学生"；"以前在杜老师班上，那些女孩都会教我的小孩写作业”;“杜老师以前会考虑到他的情况减少作业量的,没有写完也不会追究,尽力完成就行”。但是换了班主任之后,“开家长会,好像专门对付我的小孩,很看不顺眼,小孩成绩不好,又打架,拉了他的后腿”。显然,教师在融合教育的实施过程中起了非常重要的作用,甚至可以说教师直接决定融合是否能获得成功。从陈某某的经历来看,两位教师的教育方式差别很大。前面的教师使得他在普通学校能够留得住、学得好;后面一位教师则直接使他无法在普通教室生存下去,只好转到特殊学校。

结果发现,家长认为隔离式的特殊学校更加有利于孩子的自信心培养、人际交往,并能够提供更有针对性的教育,能够舒缓孩子的情绪,还能减轻家长本身的压力。这一方面与西方的研究结果如此的不同,西方关于融合教育的研究多数都认为,融合教育环境更能促进学生的自信与社会发展。

（三）普校班主任访谈

访谈地点:初中组班主任办公室。

访谈结果解读:

陈某某后一任班主任对融合教育是抱怀疑甚至否定态度的,认为如果大家都包容了,那就是一个真空的环境。他谈道,“同学之间的交往是一个方面,但是矛盾也是一个方面,你不管在哪里,都存在理解和矛盾。如果大家都包容,那就是一个真空的环境了,总是有对立的”。

当被问及陈某某在班上的主要情况时,这位老师表达了很多不满,他谈道,“他这个小孩生活不能自理。课堂上拉屎拉尿,以前也有,到了四年级还有这种情况”,“生活不能自理,性格又有缺陷”,“经常把办公室弄得臭气熏天,没办法控制自己,有段时间还特别频繁”。关于陈某某的同伴交往情况和学习情况,这位老师的原话是这样的:“他跟其他小孩是不合群的,比如小孩在一起玩啦,他和他们是没有共同语言的,他显得很幼稚,表达又有困难,跟同学闹矛盾了,有理也说不清。沟通有距离,学习就更不用讲了,经常就几分。”由此看来,该残疾孩子在班级的出现,带来一系列的问题,主要表现在同伴交往和学业上,这也是他的班主任老师最为关注的两个方面。这位老师也提及了班上同学歧视陈某某的现象,并且表明自己也跟同学们宣导了要对这个孩子多加关爱,但是效果并不佳,仍旧存在歧视的现象。

陈某某还出现了一些典型的青春期问题,加之经常发生的人际冲突、生活自理困难等问题给老师增加了负担,加剧了管理方面的困难,挤占了老师很多休息时间。这位老师向访谈者说起，“下课了，我想休息一会儿，他的问题就来了，跟同学之间闹矛盾呀，有时跑到低年级欺负小孩”。尽管老师表示压力很大，但是学校并未为这个班级提供充足的支持。当访谈者问及班上因为安置了特殊学生，班额是否会小于其他班级的时候，这位老师表示，“也差不多，都是五十多个”。不仅班额没有减少，这位老师还明确表示学校没有相关政策支持，“实际行动没有，还是全靠班主任”。随后，访谈者问到学校是否成立心理咨询室，以及是否提供了其他帮助的时候，这位老师回应道，“有，跟孩子聊聊天呀，当时跟他聊的时候他很开心，但是不怎么有效。重要工作还是落在班主任身上”。可见，这位老师认为自己承担了残疾孩子的所有工作，学校并没有提供相应的辅助，这大大增加了班主任的工作量。之后，这位老师也说起，该学生的分数是不算在班级平均分之内的，这样老师才能勉强同意让残疾学生进入普通班级之内。总之，这位老师认为自己因为班上安置了残疾孩子而付出了很多，甚至是在“做雷锋”。其原话是这样的，“有这样一个孩子，老师的工作量无形中增加很多，领导看不到，家长看不到，但是付出了很多，怎么说，做雷锋嘛”。

在面临大班的压力以及考试的竞争之时，这位老师显然将一切问题归结到残疾学生身上，对自己以及其他正常的学生没有进行必要的反思。“他在这个学校老师再怎么照顾，他自身的认知能力比较低，不管是交往还是学习，这种认知能力都达不到。”这位老师还主动谈起陈某某转到特殊学校的原因，“他当时转走主要是有两个问题：一是青春期的行为，对其他女孩子的伤害，这些事我从中做工作抹平，但是难免再出现，其他家长不容许，他自己的家长也害怕，承担不起。二是感觉他在这里也学不到太多东西，（去特殊学校）学学手工呀，政府对他有一些照顾，好一些”。

这位老师认为残疾孩子到普通学校，老师既没有相关知识和技能，又没有来自学校的支持及专业人员的帮助，因此，更倾向于送孩子到特殊学校就读，认为传统的以传授知识为主的普通学校的总体氛围是不适合残疾孩子的，特殊学校更适合这样的残疾孩子。

“我觉得把这些孩子分开教是有好处的。你可以有针对性地教育他，毕竟是层次不一，如果都放到一起，个别的差异就顾不到。在特殊学校，他学学手工，挺快乐的，让他作为一个人来讲，快乐就行。我感觉，他们个体的快乐是最重要的。让他们真正融入社会是不可能的，在学校，有老师的帮助，看似融入了，但是真正走入社会不可能像正常人一样融入。”“在特殊学校，他认知不行，但是他可以参加画画、手工等一些简单的操作活动。这里毕竟是一个以传授知识为主的地方。”

（四）特校班主任访谈

访谈地点：四年级教室。

访谈结果解读：

访谈者从特校班主任张老师那里也获得了一些关于陈某某在普通学校学习与生活情况的信息，与陈某某及其妈妈和普校班主任所描述的有重合之处。例如，张老师说道，“他的妈妈一直坚持（让他留在普校），还因为这个事情，跟老师有冲突”，“主要是学习（问题），还有很多行为问题，他后面的能力越来越跟不上”，“他在普通学校的成绩是跟不上的，成绩也不算在班级平均分里的。老师好像也不管，同学歧视、打他的行为也有”，“老师不怎么管，单独晾在一边，下了课，同学几乎不跟他玩。妈妈为了有人跟他玩，还会犒劳班上一些脾气温和的同学，效果也一般，偶尔跟他玩一下可以，但是时间长了，人家不能够跟你深入地交流，人家的选择面也很多，所以他妈妈说感觉他没有什么知心的朋友”。这些说法都印证了前面三位受访者关于陈某某在普通学校接受融合教育时的一些典型情况。这说明了，无论是陈某某及其妈妈，还是普校班主任以及特校班主任，在该学生所经历的“学业成绩跟不上、同学交往很困难”上基本达成一致。

关于陈某某刚从普通学校转来之后发生的改变，受访者张老师主要提到了以下几点：① 为人活泼，很多人愿意跟他玩，人际关系有了很大改善；② 很好动，爱惹事，变被动为主动，甚至还会欺负别的同学；③ 刚开始适应困难，常规和行为有问题，现在行为规范上变好很多，能够安静坐下听课，也适应了学校的规定；④ 在学习上没有明显进步，唯独写字整齐很多，可以及时完成作业。

但是受访者张老师也谈到了他现存的一些问题，最为关键的就是青春期的问题，当然还有其他一些方面的问题。张老师表示，“现在比较突出的是青春期的问题，来之前没这么厉害。上电脑课会看不好的图片，会盯着发育比较早的女孩看，还会说出来，甚至对有些不太聪明的女孩子，他还会动手”，“喜欢欺负人，抢人家的东西，踹人家，当着班主任的面很乖，当着其他老师的面，能闹很长时间”。但是，受访者也肯定了他的优点，例如“上音乐课的时候，表现很好，喜欢音乐课”。

访谈者也询问了张老师对随班就读的态度问题，在该问题的回答上，受访者表现出对融合教育观念的接受，也认为融合教育是正确的，是发展方向。但是，在实践层面却并不乐观，尤其是配套设施方面很不理想，受访者还强调了对随班就读老师待遇上的倾斜是很重要的，并且还对教师的培训工作提出了一些自己的看法。

“（融合教育）还是值得提倡的，人道主义啦，权利啦！但是恐怕在配套设施上要跟上，有政策和理念是好的，但只是前提之一，还有很多，尤其是普校的班主任的培训很重要，包括知识、观念上。最重要的是待遇上的倾斜，如果待遇提高，对老师心理的调节也是有好处的，他会摆正心态，很好地对待孩子，他会潜移默化地影响班上的学生，再有心地开展一些关爱活动，这是一种双赢的结果，对特殊孩子和普通孩子都有好处”；“配套设施如果不到位，就随班就坐了”；“这些政策、观念是很好的，是文明社会的产物，但是配套的设施要做好，不能停留在口号层面，尤其要注意基层老师的观念，要全员培训，当遇到这样的孩子，再对他们来进行培训，效果会好些”。

当访谈者问到在融合教育背景下特殊教育学校存在的意义之时，张老师对特殊学校的作用进行了极大的肯定。他认为，普通学校难以满足这些残疾孩子的需要，难以解决这些孩子和家长的实际问题。特殊学校则能够为孩子创造一个没有歧视、没有嘲笑的环境，也为家长提供了一个疏通的渠道，因为他的孩子在普通学校是很差的，他就承受了来自普通学校老师和家长的压力，在特校的压力就小很多，至少他有个地方可以释放。此外，特殊学校还为残疾学生提供了很多参加大型活动的机会，这在普通学校是不可能实现的。在特殊学校不能满足特殊孩子哪方面的需求这一问题上，张老师认为特殊学校并没有太多的不利，反而是更适合这些特殊孩子的环境。

“这些孩子智商有那么大的缺陷，能力是很难发展起来的，我也不觉得把他们放在普通学校就能得到很好的发展。普通孩子可能得到的机会更多，但是在普校未必有多有利。这些孩子在我们学校还有机会，能够参加奥运会、省运会，他在别的地方连校运会都参加不了，所以没有觉得有多大不利，挺适合他们的。”

二、郑某某的教育经历

郑某某，智商51，中度智力障碍；适应行为34，属于重度障碍。该生小头畸形，坐立不稳，好动，学习困难。足月顺产，2.6公斤，5岁抽搐发作，有青霉素过敏史。1岁半走路，2岁半学说话，动作笨拙，穿不好衣服，穿鞋左右不分，生活自理能力差。在家里是第二个孩子，其父亲长期酗酒，在郑某某3岁时酗酒致死。该生同样是从普通小学转到特殊学校的。

（一）郑某某的访谈

访谈地点：访谈在放学后的元平特校操场进行，访谈在一周时间内断断续续完成。

访谈结果解读：

同样，郑某某在普通学校有着不愉快的经历，以至于对普通学校怀着憎恨的情绪。他说道："不想(回之前的普通学校)，去就把它拆掉！"在普通学校没有任何成功的体验，有的只是歧视、虐待、嘲笑等，师生关系恶劣、同学关系紧张，没有快乐，只有欺负与冲突，也没有参加考试的机会。"(老师)叫我回去，讨厌死了，他不给我考试，试卷也不要我拿上去，讨厌死了"；"不喜欢别人骂我、踢我、抓我衣服"；"揪耳朵，骂我，最讨厌用黑板擦丢我"。当访谈者问到是否想转回到普通学校去时，郑某某明确地回答说，"不想，普通学校不是太好，因为打架不好，追逐打闹不好，抓别人、踢人不好"，"我数学课不好，老师会揪我耳朵，讨厌数学课，数学一点也不会"，"很多人欺负我，他们说我是傻瓜"。

郑某某在特殊学校的体验则与在普通学校形成了极其鲜明的对比，不仅学业有了进步，也更喜欢学习，更爱讲话，更加有自信，还担任了班级的干部，当然也更愿意留在特殊学校。"我喜欢写作业，考试我考 90 分"；"语文、数学都有进步了，以前不爱说话，现在爱说话了"；"(学习)不难，写完了还要等其他同学"。但是当问到与现在班级里的其他同学的交往时，他反映，"一般都不玩的，玩电脑。他们太小了，一下子就压扁了"。唯独隔壁班有一个学生是能够和他玩到一起的。

（二）家长访谈

访谈地点：访谈在郑某某的家中进行，以自然的、聊天的方式展开。

访谈结果解读：

家长只是在没有选择与其他办法的情况下才会选择特殊学校，实为无奈之举。主要的原因是孩子在普通学校没有受到公平的对待，当然家长也多次提及了孩子的确学不好的情况。来自同学的嘲笑和欺负每每会挫伤郑某某的自尊心，"别人老叫他小头，小头，他就哭"，"在那里，同学会歧视，说那么难听的话，人长大了，是接受不了的，心理肯定有问题"。教师的讲课进度太快，没有考虑到他的特殊需求，并且还会投诉他。"学校进度很快，老师说话也快，他跟不上的"；"那些老师投诉烦死了，几个老师都说教他就像白教一样"；"普通学校不可能提供帮助的，那么多学生，老师不可能单独照顾我的小孩的”。可见，家长认为普通学校教师没有为孩子作出努力，而且整个氛围都是歧视性的，他们在没有办法的情况下才选择特殊学校。

特殊学校不仅为孩子提供了安全、舒适的环境，也使孩子的心理健康得到保障，学习也有了进步。“学习方面，他变了好多，他现在认识好多字了，以前特别不愿意写作业，现在有作业回家马上就做完。”在情绪方面也好了很多，能力得到了发挥，并且还能够帮家里做力所能及的事。妈妈反映，“他现在很开朗的，他叫那些同学排队，指挥他们班上的那些同学，让我很吃惊的。现在什么都不怕了，在家好乖的，帮我做家务事，帮我擦窗、拖地呀。进步很大的哦”，“以前在普通学校，学了四年都没学到什么东西，现在学的也多了”。此外，特殊学校的老师也表现出对郑某某的很多关注，家长的压力也得以减轻。“这里的老师都很好的，反正放到这里来之后，我就觉得很轻松。老师也会经常跟我说小孩的情况。”

当然，妈妈对特殊学校也曾有所顾虑，其中最大的顾虑便是，“担心他模仿别人的奇怪的动作”。当访谈者问及妈妈对郑某某以后的期望的时候，妈妈最大的愿望是能让孩子自立。“当然是希望他能够自立了，也还没想太多，在这里读完职业高中再找工作。”

（三）普校班主任/校长访谈

元平特校的万主任帮忙联系了普通学校的黄老师，黄老师不愿意接受访谈。访谈者打电话过去，通过电话跟黄老师进行了简短的交流。

对普通学校校长的访谈，则是经由笔者在网上找到校长的邮箱，给他发了邮件，后来校长回了电话，通过电话对校长进行了访谈。

访谈结果解读：

普通学校教师直言不讳地说出，普通学校对于随班就读是不重视的，主要精力还是放在考试与升学率方面，也十分关注学校在当地的精英学校的名声。受访者黄老师表示，“（教这样的残疾学生）困难就是我们这些学校主要是为了提高学生的成绩”，“学校要讲究自己的声誉和名誉，有些学校不喜欢这样的学生，很多老师也怕麻烦”。当然，黄老师也表示自己付出了一些努力，但是效果并不明显，并且也无法专门为了一个学生而付出全部，其原话是这样的：“一个班五十多个同学，对他的引导还是有的，但是不能专门为了他；我也做了些努力，但也没有付出全部”；“我也是尽了我的努力，但是感觉没有特别好的效果，无论怎么样，都没办法提高他的成绩”。在这种完全以学生成绩作为衡量一切的标准的学校中，教师的观念中都深深地打上了“追求成绩”的烙印，非常缺乏残疾学生学习与生活的土壤。

普通学校校长站在整个教育体制发展的角度谈及他对融合教育的认识，但是在访谈之初，受访者表现出对“随班就读”一词的陌生感，但是经过访谈者的解释，受访者表示对这方面还是有所了解的。受访的校长明确指出，尽管他也曾参加过一些培训，但是对融合教育的了解也仅停留在观念层面，“我也仅停留在观念层面，但是遇到这样的问题到底该如何操作，我也并不清楚”。当访谈者问到残疾学生是否适合在普通学校就读之时，受访者表示若能得到充足的支持，是可以实现的，但是在当前“以成绩论英雄”的教育大环境下，实现起来还是困难重重的。

“如果有各方面的支持，当然是可以的，但是目前普通学校主要还是以学生的成绩来衡量学校、老师和学生，我们在这样的大环境下，也无能为力，不能因为这些学生影响一个班级的整体教学进度。没有适合学生全面发展的制度，我们就只能找适合这个制度的学生。”

受访者也谈到了招收残疾学生之后遇到的困难，主要表现在教师对于相关知识的欠缺，并且也缺乏教授残疾学生的经验，不了解残疾学生的特殊需求，将残疾学生与普通学生同等看待，造成了双方的痛苦体验。“主要是我们老师以前没有接触过这类小孩，当这些小孩出现各种问题时，我们的老师不了解，会把他们跟班上其他的同学一样看待，当成道德问题、纪律问题来处理，老师会觉得这个学生怎么这么不听话，怎么不能遵守班级纪律，但他不知道这其实是他们的生理问题造成的。老师很困惑，学生也很痛苦。”

校长在受访期间表现出对心理有问题学生的关注和兴趣，多次表达了对专业人员支持的需求，同时也希望能够有专业量表将学生的问题明朗化。校长反映：“我们学校现在这种有心理问题的学生越来越多。我看到你给我的邮件，我就还挺感兴趣的，像你这样深入到我们一线来了解一些实际的问题，确实是很好、很有必要的”；“特别需要你们这些专业人员和我们普通学校多合作，一起来解决这些困难”；“如果有你们专业人员到场和我们学校的老师共同探讨学生的发展问题，那也是很好的，希望我们以后多多合作”。

（四）特校班主任访谈

访谈结果解读：

虽然郑某某在特殊学校很快乐，自信心与人际交往能力得到增强，胆怯的心理逐渐消退，但学习能力事实上却是下降的，因为特殊学校学业要求比普通学校要简单得多，低得多。受访者表示，“老师经常让他帮自己做事，逐渐让他在同学间树立起威信，老师又经常表扬他，上台表演的机会又很多，自信心就树立起来了。但是，来之后也会发现他的学习能力下降了，因为这里的内容都很简单，题目也不难，要求也相应下降了，久了感觉他有点懈怠，学习能力比刚来的时候差了一点”。受访者自己也反思到，“也可能跟我们老师有关吧，我们自己做得不是很到位，对他如果真的做到个别化教育，他应该会有提高。(但是)班上学生程度太参差，要照顾大多数的人，没办法。要班上的学生理解教学内容，老师要做很多的工作，进度就会很慢”。这一方面说明，特殊学校在个别化教育、促进不同学生的发展方面做得还不够；另一方面也说明，普通学校事实上对残疾学生的学业能力发展和提高有积极作用，尽管残疾学生在班上的相对成绩恰恰是与在特殊学校的排名相反。当谈到郑某某与班上其他孩子程度之间的差距问题的时候，受访者表示，“他们班虽然为中度班，但实际上很多孩子没有达到中度的智商和能力。而且待久了，都是这样子相互影响，都比较懒散”，“(差距)前面是很大，但是后面逐渐缩小了”。可见这位特校班主任认为，郑某某来到特殊学校反而限制了其能力的发展。

此外，受访者还表达了郑某某更适合接受融合教育的观点，并且列举了很多融合教育对于郑某某长远发展的好处，同时也点明了特殊学校对于其发展的限制。

“如果他能在普校，家庭、学校、社会能给他营造一个不那么压抑的环境，说实在的，还是普校好一点。如果整个环境都是向上的，接触到的人、听到的话都不会那么枯燥、单调，他肯定会吸收得多一些。来到这个学校，班上的同学，包括老师说的都是那么简单的几句，天天说的都是这些。所以学习能力方面，与其他孩子的差距慢慢缩小，但自理能力和适应能力方面就没有那么明显的改变。”

“因为他不能仅仅就是穷开心，毕竟他毕业后要走进家庭、社会，是没有像这样的一群智障小孩子围着他转的，所以技能、知识面、沟通模式都需要到正常环境里学习。但是，现在(条件)是不具备的，而且他去到一个正常的环境中，是不可能像刚才那样子去指挥别人的，那种沟通方式其实是不正常的。如果针对他，还是希望他到一个正常的环境，学会与人相处的正确的方式。”“如果他真正走进社会，他会有落差感的，他会发现跟这里的处事方式完全不一样。”

之后，访谈者还就郑某某接受普通学校的融合教育需要哪些条件对受访者进行了询问，受访者主要从为郑某某提供支持的不同主体的角度提出了建议。首先，

"家长，要多引导孩子，给他自信，跟其他家长搞好关系"；其次，"老师，不要辱骂孩子，不要给孩子太大的压力，要认可孩子的能力"，同时也不能让其他同学对其有所歧视。

三、中某某的教育经历

中某某，女，1995年出生，肢体障碍，左上肢和右上肢中度残疾，左下肢和右下肢轻度残疾，能自行走动。外观上，四肢稍屈曲，腹部膨隆。曾进行过心包松解手术。

（一）中某某的访谈

访谈地点：福利院个案的宿舍。

访谈结果解读：

中某某同学一句平淡的话"在普通学校我学到的更多的是知识，其他的基本上没有"，描述了普通学校应试教育与精英主义教育的残酷。残疾学生不仅得不到应有的支持和照顾，相反，他们还会受到不公正的待遇。例如，受访者提到，"班上的那些学生都跟我以前看到的学生不一样，他们都很势利的，他们看到我走路和写字的样子就会笑我。嗯，下课后，他们就会跑到我的面前来指指点点"。老师也很少会专门照顾受访者的特殊需求，也不会对某些学生关于残疾的不合理观念加以纠正。中某某能够做的只有尽量地去适应，却改变不了什么。但是，特殊学校却满足不了中某某的学习要求。学习内容因为要照顾大多数同学的需求而降低了难度，并没有为她提供针对性的调整。出于对普通学校课堂的向往和继续向上读书的渴望，受访者接受了福利院提供的去普通学校读书的机会。但是到了普通学校之后，受访者是有一些自卑心理的，例如，她自己表示，"不太敢举手回答，怕答不好"。此外，受访者在普通班级中成绩处于中游，在面对成绩好而且非常努力的学生之时，经受着很大的压力。在所讲授的课程方面，受访者感受到普通学校和特殊学校的巨大差别，"普通学校每堂课要讲好多内容，内容难度也提高了，回家就要自己做作业，找习题做，温习功课。在特殊学校，老师讲得很慢，一个星期学的东西不多，挺轻松的，而且老师讲课也很有趣，比较多地考虑学生的感受"。

中某某对于同学之间的关系有着非常深的体悟，她特别怀念特殊学校的同学之间互相关心与分享以及团结友好的氛围，而对普通学校里面同学之间势利的关系存在诸多抗拒。受访者的原话中提到："班上的那些学生都跟我以前看到的学生不一样，他们都很势利的”，“所以后来对于他们这些势利的人，我也就不怎么爱跟他们接触了，感觉有点抗拒”，但是在之前的特殊学校，“都很好的，他们虽然有各种各样的残疾，但是他们都特别的单纯，大家都像亲兄弟姐妹一样，在一起玩，有好东西一起分享，都特别善良”。这似乎和西方的研究完全不同。西方的研究认为，特殊学校在促进残疾学生社会发展方面比不上普通学校。而本书的访谈结果得出的却是相反的结论，残疾儿童普遍在特殊学校中更有自信并有更积极的同伴关系、人际交往。当然，他们可能在普通学校学到更多的尔虞我诈和世故，这可能从消极的角度有利于他们将来适应复杂的社会。

（二）特校班主任（初中一年级班主任）访谈

访谈结果解读：

特校的班主任认为，特殊学校课程对于中某某太过容易，普通学校的某些课程她又跟不上，所以她的安置是在自身的开心快乐与其长远发展之间的两难抉择。例如，受访者表示，“有些内容对她来说就太简单了，但是更有利于培养她的自信心吧。在我们班学习语文的时候，她很敏感，语文特别好，自信心暴涨”。但是去了普通学校之后，她会因为其他同学比她回答问题要好而变得沉默，走向了自卑的一端，“她去了普校不知道该怎么写论文，我说你以前的作文不是写得很好吗，她说有人比她写得更好”。因此，受访者认为，“这（去普通学校还是特殊学校）是一个两难的选择吧，（但）从她的成长考虑，在我们学校是最好的，因为在我们班过得很开心，也能学到东西，也就是说情绪方面的发展对她来说还是好的”。

但是另一方面，受访者又表示普通学校会使她在知识方面得到成长，也会使她的社交圈子扩大，对她以后社会适应有好处。在被问及中某某去普通学校之后，最大的成长是哪些方面的时候，受访者回答，“知识和人际交往”对于中某某来说是发展最多的，“毕竟聋生是很小的圈子，她以后接触的更多是正常人，如果她逃避那个大圈子，对她以后发展是不利的”。然而，该特校班主任并没有深入了解中某某在转到普通学校之后在人际交往方面遇到的种种困境和内心自卑的体验。访谈者又追问，若想让像中某某这样的学生去普通学校，需要何种帮助，受访者回答道，“知识和心理两方面的辅导很重要”。特殊学校也可以提供一些帮助，例如继续与普通学校和中某某之间保持联系，让她可以有时回来，此外，“可以开展一些融合活动，调节一下他们学校的氛围，让普校的学生多了解这些孩子”。

（三）特校副校长访谈

该副校长曾经教过中某某数学课，因中某某在特校的老师平时事情比较多，就由该副校长利用课间10分钟休息的时间接受了访谈。

访谈结果解读：

受访者对于中某某的详细情况并不是非常了解，便简单地告诉访谈者关于中某某转学以及英语学习方面的情况。中某某只是肢体残疾，但是却被安置在福利院听力部以及特殊学校的智力落后班，显然这两种安置方式都无法满足她的学习需求。受访者表示，“中某某以前在智力一部，但是智力一部那个班级层次不一，程度差异太大，一节课要兼顾大多数学生，上不了什么内容，不适合她。就让她自己看书，看不懂的就问我，但是系统地教就很少有时间。后来就跟听力部的老师商量，当听力部上数学课的时候，就让她跟着去上，她对数学感兴趣，一点就通。她在听力部上英语课，主要是看口型，没有发音”。于是中某某便自己要求转学，并且转学之前并未跟特殊学校的班主任打招呼，这种情况和之前两位受访者所回答的并不一致。

中某某转到普通学校后，“普通学校的老师就再也没有跟我们联系过”，受访者表示，“出去之后，他们的情况怎么样，我就不太清楚了”。

（四）普校班主任访谈

访谈结果解读：

从访谈结果上看，班主任的残疾观和理念与融合教育比较一致，并且也能够站在中某某的立场考虑，激发中某某的学习动力，保护残疾学生的隐私，让同学和残疾学生相互理解而非嘲笑。例如，受访者曾为中某某的未来发展指点迷津，“有次我跟她谈，她身体不行，不能干重活，只能通过读书找个轻松的工作，坐办公室”，“学习方面我谈过，家庭我不谈，除非她自己跟我谈，否则我不问”，“还是有些保护的，她的体检表我是不会公开在班上发的，私下给她。因为别的同学知道后会嘲笑她，这些孩子不知道他们的话会伤害人”。当受访者谈到中某某与班上同学之间的关系的时候，老师认为，“挺好的，不会有人欺负她，我们孩子是挺调皮，但是还是不会很坏地欺负她”。

在谈及中某某从特殊学校转到普通学校发生的变化时，老师认为，她的人际交往和心态变好了一些，“她来这个班上跟她以前在班上接触的人是不一样的，说得好听一点，起码也是正常的人，人际交往、心态更好一些”。刚开始来的时候，“她不愿意讲话，没人在的时候，她会找我讲话”。老师对她的学习情况也是有一些了解的，例如根据她在学校的表现和任课老师的反映，班主任了解到她的数学很不错，英语就不太好，但是她的确是一个非常努力的学生，“她还是挺努力的，想通过读书改变自己的命运”。

班主任认为残疾学生还是应该在正常的环境中学习，因为这能够帮助学生走出封闭的圈子，对以后步入社会还是有帮助的。但是也表示将这样的残疾学生融合到普通学校存在很多困难，最大的困难就是如何形成良好的自我概念，“要把自己摆在一个正常人的位置，就不会有自卑”。此外，融合教育对老师提出了更多的要求，“对于老师来说是要付出很多的，你说学生成绩不好，她对班级的分数是有影响的，因为现在考核就考核这个；又怕学生伤害到他，你还得保护她”。然而，学校对于残疾学生没有任何的支持，与特殊学校也没有联系，教师也是在没有任何档案转交与介绍的前提下接收残疾学生的。

（五）普校副校长访谈

访谈结果解读：

校长对于融合教育持有一种逆来顺受的观念，“特殊学生要求过来，我们都是无条件地接受”，并且对于融合教育更多的是看学生的能力情况，“（接受特殊学生）首先是从学生本身出发，感觉他们有能力在普通学校学习”。虽然在访谈期间受访者也表示了对融合教育的肯定，但是仍旧是有前提条件的。“如果（特殊孩子）能够像正常人一样，到我们普通学校那当然是更好的。”

关于残疾学生在普通学校接受教育的情况，受访者主要谈及了以下几点：① 中某某转过来的时候，学校从他们院里的生活老师那里了解了她的一些情况；② 残疾学生的表现应该算在班级平均成绩中，否则教师会认为残疾学生不是自己班级的学生；③ 应该与特殊学校共同举办一些融合活动，如联谊；④ “跟福利院的联系还是很多的，基本上每两个星期聚在一起一次”，但是这一点和前三位受访者表达的信息是矛盾的，因为前三位基本上表示普通学校在接受了中某某之后很少与福利院进行联系。

在谈及这些残疾学生在哪些方面发展更好之时，受访者表示，首先，“最重要的是心理上，不要把他们看成特殊的孩子，对他们走入社会更加有利”；其次，“跟这些正常的孩子接触，也可能让他自己各个方面都变得正常，在特殊学校，受其他不正常的孩子影响，他会向那方面发展的。我们的一些活动，例如春游、运动会这些活动也会尽量让他们参与”。但是受访者也表达了进行融合教育时存在的困难，他谈到了两个方面，一方面是普通学校师生比相对于特殊学校来说要小很多，无法进行

特别的照顾;另一个方面就是普通学校教师缺乏培训,不知道怎样应对残疾学生的需求。因此,学校应该给予一定的支持。受访者提到了自己对特殊孩子的支持,“老师会在孩子不在班上的时候用委婉的语气跟班上其他的同学说明他的情况,让大家帮助他,给他创造一个比较好的环境”。

四、利某某的教育经历

利某某,男,17 岁。既往病史,唇腭修补手术,去普校前做过整形,但说话依然不清晰。在中山特校读完五年级,转学到普通学校读六年级。

(一)利某某的访谈

访谈地点:福利院。特校黄老师以及他以前的同班同学陪同进行集体访谈。

访谈结果解读:

该同学是因为唇腭裂导致言语困难,这样的孩子被放在以听力残疾和智力残疾为主要教育对象的中山特校,当然不能够满足他的学习要求。利某某反映,“也不是学不到东西,就是感觉太慢了”,“英语虽然学过,但是以前学的很简单,现在单词会读但是不知道意思,听力根本就听不懂;数学差得很远,以前学的多是加减法,现在学分数、乘法和除法”。虽然同学之间互相帮助比较少,并且也没有多少人主动和受访者说话,但是在普通学校里总的来说还是融合得不错的,他还有两个朋友。老师会像对待其他同学一样对待他,“(老师对我)还行,就是有一次测验,作文不会写,空白,被老师批评了”。老师会主动关心受访者,曾经问过受访者之前的事。受访者最主要的问题在于学业成绩,经访谈了解到他现在班级成绩排名为倒数第二,并且不懂的时候也很少主动向别人询问。“很少问,他们也不乐意帮我,我问他们,他们就说不知道。没有(问好朋友),他下课就去玩了,跟同学追追打打。”由此看来,教师没有明确的拒绝和歧视的态度,但是也没有进行针对性的教学调整,没有能够发现他在体育、绘画等方面的特长。

当被问及是否喜欢现在的学校的时候,受访者也表现出比较肯定的态度,他回答道,“还可以吧”,但是又表示,“在特殊学校可以跟同学玩,不会这么无聊。特殊学校的老师,好吃的都留给我们”。普通学校主要是因为“可以学到东西”而受到受访者的喜欢。虽然受访者在班级排名并不理想,但是通过访谈可以了解到受访者属于比较乐观的一派,他认为“学习不重要,最重要的是与人交往”。

(二)特校班主任访谈

访谈地点:班主任家。

访谈结果解读：

班主任对融合教育是秉持积极的态度的，认为轻度残疾学生应该到普通学校就读，重度学生应该到特殊学校，这是一种实用的、有选择性的融合教育态度。她表示，“程度重的来我们特殊学校可以，程度轻的还是随班就读好”，“跟那些正常孩子在一起，接受更广阔的信息，跟正常的孩子在一起对他们以后正常的生活也是有帮助的。跟残疾孩子在一起，生活圈子太小，生活太狭窄了”。利某某到普通学校之后，两方面的能力得到了比较明显的提升，“第一就是朋友交际能力，因为他在我们学校算优秀的，跟同学相处都还挺好，但是他最终还是要融入社会中，跟正常的人交往。跟正常的孩子交流，会对他有帮助，而且他跟正常孩子交往，可以掌握一些更实际的方法，他可以自己去实践、去摸索着为人处事，这个平台是很重要的”，“第二就是学科方面，可以学到更多的知识，现在(特殊)班上分层这么多，中度、重度，并不是每个孩子都照顾得到，内容也浅。到普校，思维的开发，比如课堂上七嘴八舌、合作讨论、词汇的积累、对一些社会事件的看法，不管是自己的观念，还是跟随别人的观念，都会让他学到一些东西”。与之形成鲜明对比的就是特殊学校对于轻度学生的不利之处，“特殊学校的课程偏向于中度和重度的学生，内容偏向于生活和操作能力方面，智力、思维和情感方面的培养比较少，涉及文化知识方面的就不行了。而且轻度的孩子能够容纳更多的东西，随着年龄的增长他也会要求更多的东西，但是特殊学校没办法满足他们的要求”。

班主任认为普通学校班级比较大，学业负担重，对学生关照不可能多，但是，普通学校有利于学生学业的进步与社会交往能力的发展。尽管在班级上残疾孩子的成绩横向比较是落后的，但学业总体的进步大于特殊学校。社会交往能力方面也是如此，尽管可能受到更多的负面对待，交往的范围却扩大了。在这些方面都呈现出矛盾的表现。

在被问及应该为随班就读学生提供何种支持之时，受访者提出了以下几方面的建议：①“多和特殊学校的老师交流，现在特殊学校特殊教育专业毕业的老师会到普通学校为成绩差的学生做个别化辅导”；②“让普通学校的老师了解残障孩子的障碍，给他们讲解一些方法，起码让他们意识到确实有这样一群学生存在，要帮助他们，让他们融入正常群体中去，让他们有这样的心态，不像以前那样完全不理他们”。

（三）特校同学访谈

访谈结果解读：

特殊学校同学认为，利某某在普通学校里很孤独，没有朋友，老师也不理睬他，并且利某某也表示如果有机会回特殊学校，他还是愿意回来的，其原话是这样的："那里的同学不怎么跟他聊天，对他不理不睬的；好像看不起他，不会做题时问别人也没有人愿意搭理他。他们不愿意理他的样子，他就不愿意跟他们玩了"，"有些老师好像也瞧不起他"。从利某某同学的描述中可以看出，这与利某某自己接受采访时的回答是有所出入的，例如，利某某自己表示普通学校还可以，但是他却向他的同学抱怨了很多在普通学校的遭遇，并且表示如果有机会还会考虑回到特殊学校。当被问及利某某的学习成绩的时候，受访者表示他的成绩好差，语文稍微好一些，但是数学一般只能考到20多分，英语每次都只能考零分，经常交白卷。

受访者本人也表示了想去普通学校学习知识的愿望，但是"普通学校不要我，说我腿不方便，怕在学校出安全事故。我爸立了保证书，说出了安全事故，我们自己负责，学校还是不愿意接受"。之后通过熟人的介绍，受访者来到了中山特校，并被特殊学校令人讶异的环境所吸引，最后便留在了特殊学校。

（四）普校校长访谈

访谈地点：校长办公室。

访谈结果解读：

受访的普通学校校长对残疾孩子接受融合教育总的来说还是持支持的态度。校长会选择更有耐心的班主任负责教育他们，也会跟班上的普通孩子说明情况，还会组织一些融合的活动。校长表示："（在分班时）比较少考虑学生这一块，主要是考虑班主任这一块，要选那些有耐心、有经验的班主任。我们会跟班主任做思想工作，老师也就愿意接受了，同时我们也会跟班上的普通孩子说一下残疾学生的情况，让他们大概了解这是一个什么样的情况，要普通孩子多关注和帮助他们。所以这两年我发现这些孩子就融合得比较好。"

校长在谈及采取何种措施帮助这些特殊孩子的时候，用了一句极具号召力的话——"不放弃任何一个"，"老师们也知道不能够以同样的标准来要求他们，多关心、多引导他们，尽力而为"。此外，校长还亲自召开和特殊孩子的座谈会，"让普通学生选择一名特殊学生进行一对一的帮助，可以是高年级的同学来帮助他们，从学习和生活方面关注他们，让他们感受到来自学校的关爱"；还召开与班主任教师的座谈会，让他们“讲讲自己如何教育特殊学生，相互交流经验”。久而久之，校长发现“他们挺活跃的，挺阳光的，老师和同学接纳他们了，他们就会有一种归属感”。

受访的校长也谈到，为了更好地开展学校的融合教育工作，主要希望获得两方面的支持：① 主管部门对学校的评价，因为“这些学生进来后，十分八分都是有的，班级平均分会被拉下来很多，我们又不能严格要求学生考多少分，我们只能让他们感受到温暖，然后慢慢引导”；② 还需要“对老师的培训，对普通老师的一些普及培训，而且是全员的，包括科任老师，培训后他们能够重视和理解这些孩子，可以对他们课堂上出现的问题予以理解”。

（五）普校班主任访谈

访谈地点：校长办公室。

访谈结果解读：

从访谈结果中看出，普校班主任还是能够接纳利某某同学的，并鼓励他和同学们交往，还主动与利某某谈心，跟班上的同学解释关于利某某的情况。从利某某刚转到班上到现在，他和同学之间的关系发生了不小的变化，“一开始，（同学）也不是故意不跟他玩，可能也是听不懂他说话，沟通不了，不知道他在讲什么，就比较少跟他接触”，“现在他跟班上的同学很融洽了”。这表明利某某对于普通学校有个适应的过程，已逐渐为同学所接纳，证明他的融合教育总的来说是成功的。

受访的班主任还看到了利某某的很多优点，例如，“他很爱帮助别人。在军训的时候，他把寝室收拾得井井有条，而且他跟几个女孩玩得很好，会帮助她们”，“一开始就很积极举手回答问题，听习惯了，大家就慢慢能够听懂他了，他比其他学生发言还积极”，“他是很愿意学的那种，然后也很愿意跟我交流，有时候我问他有什么烦恼吗，他说没有，不想增加我的负担”。

在谈到对特殊学生在普通学校学习的看法时，受访者表示，“要看程度吧，像利某某那样各方面发展得比较好，接受能力也行的，在普通学校学习更好一些”。由此看来，在受访者的观念中，融合教育的实施取决于特殊学生的程度，是有条件限制的融合。然而，受访者也明确地表示了融合教育对于利某某的有利之处，“起码是对他的人际交往吧，我发现他刚来的时候，老是喜欢跑到楼下找福利院的孩子玩，就是他那个小圈子，后来我跟他讲，除了这些是你的伙伴，班上的同学也是你的伙伴，然后他就会接触其他的人，其实对他的个性和思想影响还是挺大的”。

这说明普通学校教师的态度很重要，当他能够积极鼓励学生、支持学生的时候，融合教育就能够落到实处。

第四节 残疾儿童教育安置模式效率的思考

一、残疾儿童安置模式的转换受到残疾类型与程度的影响

从全球范围的角度来看，特殊教育经历了隔离式特殊教育体制（特殊学校与特殊班）、回归主流（瀑布式教育服务体系）、全纳教育等不同理论与实践模式的转变。① 我国 20 世纪 80 年代以来实施的随班就读是我国特殊教育工作者根据我国国情探索出的实施特殊教育的一种形式。它改变了我国百余年来以建立特殊学校为唯一发展特殊教育途径的做法，以较经济的方式、较快的速度使特殊儿童就近进入邻近的普通小学接受义务教育。我国形成了适合中国具体国情的发展特殊教育的途径，即，“以一定数量的特殊学校为骨干，以大量设置在普通学校的特殊教育班和吸收能够跟班学习的残疾儿童随班就读为主体的残疾儿童少年教育的格局”②。近年来，各地区又发展了针对重度以及多重残疾学生的“送教上门”“社区教育”等模式，满足不同类型、不同程度的残疾儿童的上学需求。2014 年国务院颁布的《特殊教育提升计划（2014—2016 年）》更明确提出：全面推进全纳教育，使每一个残疾孩子都能接受合适的教育……初步建立布局合理、学段衔接、普职融通、医教结合的特殊教育体系。

然而，从本书的研究结果来看，安置模式的选择是一个非常复杂的过程，并没有文件中写的那样简单。显然，发展型残疾尤其是智力落后以及孤独症等儿童在普通学校的接纳程度偏低。学校与教师没有相关的知识、技能应对他们的需求，同时，他们可能伴随的行为、情绪问题给普通学校带来巨大的挑战。因此，他们是最难以在普通学校生存的学生。由于他们智力、认知以及形象上的差异较大，普通学校教师和学生容易对他们另眼相看，甚至出现歧视、欺负等严重的负面行为。对残疾儿童而言，虽然普通学校应该是更符合他们需求的安置选择，却因为歧视、跟不

---

① Reynolds，M. C.. An historical perspective：The delivery of special education to mildly disabled and at-risk students[J]. Remedial and Special Education，1989，10 (6)：7 - 11.

② 邓猛，朱志勇. 随班就读与融合教育：中西方特殊教育模式的比较[J]. 华中师范大学学报（人文社会科学版），2007(3)：125 - 130.

上等原因而不得不转到特殊学校就读。教师们普遍的意见是，轻度残疾学生在普通学校能够生存，重度残疾或者有情绪行为问题的学生应该到特殊学校就读。

身体残疾或者其他与认知、情绪行为问题无关的残疾学生，能够为普通学校接纳并顺利就读。虽然各种歧视、孤立、学习困难等问题依然存在，总体来看，他们能够从特殊学校转到普通学校，并能够在普通学校中待下去，这已经是融合教育的重大进步了。

这些研究与彭霞光对特殊学校教师随班就读的态度调查结果有所不同。① 总的来说，无论是普通学校还是特殊学校教师，对随班就读的态度都不甚积极，甚至持非常负面的看法；残疾学生自身对普通学校的教育也不满意，甚至出现憎恨的情绪。本书的研究结果与杨希洁的调查结果也不一致。杨希洁以问卷调查的形式对北京、上海、江苏、湖北、贵州、四川、云南、广西、福建等地 47 所普通学校的随班就读特殊学生的教师、家长进行了问卷调查，结果发现：在被调查的随班就读学校中，特殊学生主要为轻中度残疾学生，以孤独症、听力残疾、智力残疾学生居多；残疾学生在随班就读学校中总体发展良好，这证明我国目前的随班就读工作取得了成效。这个积极的调查结果，可以为未来我国继续推行随班就读教育工作提供事实依据。② 而本书的研究并不赞成这样的结论，相反，随班就读效果不好，问题重重，质量堪忧。无论是从普通学校转到特殊学校，还是从特殊学校转到普通学校的学生及相关人员，对普通学校随班就读的质量、教学、管理、文化氛围等各方面评价都不高。对于很多在普通学校待不下去的学生及其家长来说，特殊学校只是无可奈何的选择，是在走投无路的情况下才到特殊学校就读的。

二、特殊学校与普通学校在促进残疾学生学业发展与社会性发展方面存在矛盾

从 20 世纪 90 年代开始，特殊教育研究者就对全纳教育背景下不同教育安置形式的教育效能进行研究，以此寻求支持或者反对全纳教育的实证依据。多数研究者通过对比不同教育安置形式下残疾儿童在学业和社会能力方面的进步，以及调查家长和教师对全纳教育的态度而得出结论。

从全纳教育的支持者与反对者们的主要观点来看，他们的争论并不在于融合

① 彭霞光. 特殊学校教师对随班就读的态度调查研究[J]. 中国特殊教育，2003(2)：10－15.

② 杨希洁. 随班就读学校残疾学生发展状况研究[J]. 中国特殊教育，2010(7)：3－10.

教育的基本理念和目标，而是主要围绕这些理念和目标能否在普通教室里实现，即能否转化为有效的教学实践。①

西方多数研究都得出类似的结论，认为特殊儿童在全纳学校里社会发展与自信方面都进步明显，而在学业进步即教学有效性方面的结果并不能令人满意。

Manset 和 Semmel 对不同的残疾儿童教育模式的相关研究文献进行综合分析，发现只有少数研究表明在全纳教育模式下，轻度学习障碍的学生在阅读、语言上比隔离模式取得更加显著的成就，而多数研究显示二者不存在显著差异。有的研究甚至表明全纳模式的成效比隔离模式差。他们由此得出结论，对于大部分残障学生来说，全纳教育在促进学生学业发展方面的作用并不显著。② 也有研究者将资源教室模式与全纳教育模式和隔离模式进行比较。Marston 对在不同教育安置形式下残疾学生的阅读能力进行了研究，研究者将学生分别安置在普通学校课堂、普通学校和特殊学校相结合课堂、隔离式课堂三种教育环境中接受教育。经过一段时间后对这些学生进行测验发现，在普校与特校相结合的环境下接受教学的学生成绩最好。③

西方多数研究还认为，在社会性发展方面，残疾儿童在全纳教育环境下比在隔离环境中表现出更积极的社会情感、沟通技巧与行为。融合环境可以为残疾儿童的社会性发展提供现实的社会情境，对残疾学生的社会性发展起到积极的作用。例如，Judith Wiener 和 Christine Y. Tardif 从社会接纳、朋友的数量、与最亲密朋友关系的质量、孤独感、社会技巧和问题行为等几个方面比较了不同安置形式下学习障碍学生的表现。研究表明，在普通班级内接受支持（In-Class Support）的学生比在资源教室接受支持的学生更容易被同伴接受，问题行为也比较少；融合班级的残疾学生比隔离班级的学生有着更加满意的朋友关系，也更少有孤独感和行为问题。总之，安置形式的融合度越高，残疾学生的社会情感功能发展就越完善。④ Hunt 和 Goetz 在总结了很多关于全纳教育环境下残疾儿童社会性发展的研究后

① Nelson, J., Ferrante, C., Martella, R.. Children's evaluations of the effectiveness of in-class and pull-out service delivery models[J]. International Journal of Special Education, 1999, 14 (2): 77 - 91.

② Manset, G., Semmel, M. I.. Are inclusive programs for students with mild disabilities effective: A comparative review of model programs[J]. The Journal of Special Education, 1997, 31 (2): 155 - 180.

③ Marston, D.. A comparison of inclusion only, pull-out only, and combined service models for students with mild disabilities[J]. The Journal of Special Education, 1996, 30 (2): 121 - 132.

④ Wiene J, Christine Y T.. Social and emotional functioning of children the learning disabilities: Does special education placement make a difference? [J]. Learning Disabilities Research &Practice, 2004, 19(1): 20 - 33.

认为，在全纳教育中重度残疾学生在同伴接纳、互动和交友等方面能得到较好的发展。① Elbaum 的研究显示，在全纳教育环境中，残疾儿童在社会接纳程度、社会交往技巧和自我价值感方面得到了明显提高。② Granberg 和 Traci 对三位在全纳幼儿园的轻度残疾学生进行个案研究发现，这几位孩子在社会合作和交往方面都表现出积极的行为。③

本书的研究调查结果显示，有两个方面与以前西方及国内相关研究不同：第一，随班就读并没有如同西方融合教育那样给残疾学生带来社会性发展的显著进步。总的来看，随班就读的残疾学生在普通学校里，境遇不令人满意。他们受到同学的嘲笑、教师的漠视甚至歧视，他们没有朋友，处于融合环境中的被拒绝与排斥状态。残疾学生对于普通学校生活不满意。尤其是智力残疾以及有情绪行为问题的残疾学生受歧视现象更为严重。这一点与杨希洁等的研究显然不同。杨希洁发现，特殊学生的学业成就、自信心、社会交往能力状况良好，特殊学生对学校满意度高。④ 第二，随班就读的残疾学生的学业有着明显的进步。相对于特殊学校而言，普通学校学业要求更高，整体学习氛围更浓。而特殊学校的学业要求较低，教师不能够针对学生特点进行个别化教学，所以学习能力较强的残疾学生在特殊学校学业方面"吃不饱"现象严重。总的来看，在普通学校的残疾学生学业成绩表现优于特殊学校。

然而，从横向比较的角度看，残疾学生在普通学校学业与社会发展方面的结果充满矛盾。一方面，残疾学生总的来说在普通学校社会性发展处境不利，受歧视现象严重。但是，普通学校却为残疾学生提供了更为复杂与广阔的生活、学习空间，从长远的角度来看，有利于促进他们的社会交往与社会适应能力的发展。另一方面，虽然纵向来看残疾学生在普通学校学业成绩有进步，但是和其他同学比较，学业成就表现却比较差，甚至处在落后的状态，这影响到残疾学生的自信与自我概念的发展。而在特殊学校，这些学生无论在行为还是学业表现方面都是佼佼者，往往还担任班干部。

---

① Hunt P, Goetz L.. Research on inclusive educational programs, practices, and outcomes for students with severe disabilities[J]. The Journal of Special Education, 1997, 31(1): 3-29.

② Elbaum B.. The self-concept of students with learning disabilities: A meta-analysis of comparisons across different placements[J]. Learning Disabilities Research & Practice, 2002, 17(4): 216-226.

③ Granberg, Traci. Social skill acquisition for students with disabilities in inclusive early childhood classrooms [D]. Long Beach: California State University, 2010.

④ 杨希洁. 随班就读学校残疾学生发展状况研究[J]. 中国特殊教育, 2010(7): 3-10.

三、普通学校教师在学生安置模式转换中的作用显著

西方大量的融合教育研究表明:学校教育者(主要指普通学校校长与教师)对于融合教育的实施起着主导作用,特殊学校教师、资源教师、家长、学生等人员则起着参与、辅助的作用。[①] Pijl 等指出,如果普通学校教师不愿意承担教育残疾儿童的责任,残疾儿童即使被安置于普通教室也会处于被隔离状态。[②] Cook Bryan G.,Cameron David L. 和 Tankersley Melody 研究了 50 个普通小学教师对于残疾学生的态度,发现普通学校教师对待残疾学生的态度与学生残疾的类型和程度高度相关。普通教师往往更关注那些没有行为问题仅有教学需要的残疾学生。然而,这些教师对于部分残疾学生的忽视在本质上不同于在隔离环境中教师对学生的忽视,他们的忽视往往是因为缺乏经验、专业知识与技能所致。[③]

总体而言,西方研究发现:普通教师对于全纳教育的理念大部分是持支持态度的,但如果将残疾学生安排到他们班级里去,他们的态度则会发生消极的变化。这种变化主要是由于普通教师对于教育残疾儿童的准备不足所致。[④]

我国近年来对于随班就读教师的调查研究发现,总的来看,普校教师对于融合教育是持支持态度的,尽管存在一定程度的不够理解或偏见,甚至还有对残疾人拒绝、隔离的倾向。[⑤] 教师对有特殊教育需要的学生在普通班级随班就读的主要忧虑是,学生的学习能力较差、教师专业知识和经验不够、缺少时间和精力、同学关系、教学条件、家长配合、学生的行为问题、教师态度以及相应的政策、人员编制、校领导的关心和支持等。[⑥] 影响特殊学生发展的最主要的积极因素是:教师和学生能够获得专业支持,学校营造的平等和互助的氛围,减轻教师工作负担。[⑦]

总的来看,本书中受访的随班就读教师对于残疾学生在普通学校上学抱着比

---

① Villa, R. A., Thousand, J. S.. Restructuring for caring and effective education: Piecing the puzzle together [M]. Baltimore, Md.: Paul H. Brooks Pub, 2000: 7 - 8.

② Pijl, S. J., Meijer, C. J. W., Hegarty, S.. Inclusive education: A global agenda[M]. London: Routledge, 1997: 32.

③ Cook, Bryan G., Cameron, David L., Tankersley, Melody. Inclusive teachers attitudinal ratings of their students with disabilities[J]. The Journal of Special Education, 2007, 40(4): 230 - 238.

④ 颜廷睿,邓猛.西方全纳教育效果的研究分析与启示[J].中国特殊教育,2013(3):3 - 7.

⑤ 彭霞光.特殊学校教师对随班就读的态度调查研究[J].中国特殊教育,2003(2):10 - 15.

⑥ 韦小满,袁文得.关于普小教师与特教教师对有特殊教育需要学生随班就读态度的调查[J].中国特殊教育,2000(3):31 - 33.

⑦ 杨希洁.随班就读学校残疾学生发展状况研究[J].中国特殊教育,2010(7): 3 - 10.

较消极的态度，教师也不愿意为残疾学生作出改变，认为特殊学校应该更适合残疾学生。主要理由包括：① 普通学校学习要求高，考试压力大，残疾学生跟不上，影响班级总体成绩；② 普通学校班级学生数量大，教师顾不过来；③ 残疾学生的性格与行为问题对于班级其他同学的学习造成不利影响；④ 缺乏相关知识、技能以及专业支持。

但是，不同的教师会对残疾学生的学习生活造成完全不同的影响。本书中两位发展性障碍学生都是在调换了班主任后不得不转到特殊学校的。学生与家长都反映，前面的教师能够创建接纳、关心的氛围，而后来的班主任则不能容忍残疾学生的行为表现，直至将他们逼到特殊学校为止。这一结果充分证明了融合教育研究的共同结论：融合教育的成功最终取决于普通教师。因此，关心普通教师，转变他们的观念，提高他们的专业水平，提供相关的支持，对于融合教育的成败是关键性的。

四、特殊学校与普通学校针对残疾学生的教育质量均不高，彼此缺乏合作

融合教育应该是能够满足所有学生不同学习需求的、高质量的教育与服务，而非仅仅是将残疾学生置于普通学校而不顾。① 根据本书的研究结果，我国随班就读质量不高是显而易见的。普通学校为残疾学生作出的改变极少，多数情况下残疾学生处于无人过问、自生自灭的境地，当然这也是普通学校其他成绩差、没有优异升学潜能的学生的共同境地。少数教师能够鼓励残疾学生自强自立，鼓励其他同学接纳残疾学生，这种状况值得鼓励但并不多见。针对残疾学生随班就读的支持基本上没有，普通学校与特殊学校之间的沟通与合作也很少，双方的不信任、不理解心理严重，二者之间更多的是互相推诿和责备，而非互相支持。

特殊学校虽然对学生关爱较多，氛围更温和，具备较强的人文关怀和各项支持、服务，但教育质量整体不高，特殊学校对于学生学业成就的期待较低，不能给学生提供高质量的教育和成功。因此，我国融合教育的发展应更多地关注特殊学校和普通学校的教学改革，在二者之间架起合作与相互支持的桥梁，创设共同发展、相互合作的专业机制。

---

① 邓猛，潘剑芳. 关于全纳教育思想的几点理论回顾及其对我们的启示[J]. 中国特殊教育，2003(4)：1－8.

在回顾了国内外融合教育研究文献之后，杨希洁总结：一是学生的学业方面，在全纳学校就读的残疾学生比在特殊教育学校就读的学生获得更高的学业成就。二是在自信心发展方面，由于在全纳学校中的残疾学生能获得更多的和普通学生交往的机会，从而习得正确的社会行为模式，发展出自立自助的能力，因此他们对自己的表现更为满意，自信心比特殊教育学校学生强。三是在学生社会交往能力发展方面，尽管与同班的普通学生相比，残疾学生社会技能的发展显得迟滞，但与特殊教育学校中的学生相比，在全纳学校的残疾学生仍然获得了显著进步。四是在学校生活满意度方面，研究者发现残疾学生在班级中的社会地位多处于中等水平，残疾学生能够适应学校生活，有比较高的满意度和归属感。①

这些乐观的结果在本书的研究中并没有得到体现，这可能是因为前面的研究主要采用大规模问卷调查或者访谈的方式，往往关注的是面上的表现，缺乏深入的挖掘与探索。本书通过个案研究的方式，探讨残疾学生在融合与隔离环境之间的转换与体验，或许更能够全面、深入地反映融合教育发展的真正情况。本书的研究结果显示，我国随班就读的效率是低下的，情况并不乐观，有质量的随班就读仍然少见。我国随班就读在管理、教学、评价等方面的问题一直得不到很好的解决，与20世纪80年代刚开始随班就读试验之时相比，除了在入学率登记方面的变化外，并无本质的进展，仍然处于“似搞非搞”的状态，亟待改变。②

经过约二十年的随班就读实践，现在我国特殊教育已经发展到由追求数量向提高质量转化的关键时期。在随班就读今后的发展中，我们不仅应该努力将那些还没有进入学校的特殊儿童招收进来，而且要更加注意提高教育的质量，并注意吸取西方融合教育的经验与教训。因为从总体上来说，虽然西方发达国家融合教育发展的水平较高，但西方融合教育过分重视儿童平等接受教育的权利以及社会适应能力的发展，对儿童学业的发展有所忽略，因而西方（如美国）的融合教育在促进儿童学业进步方面并不能令人满意。而我国随班就读的发展与西方发达国家相比从总体上来说还处于较低水平，人力、资源、相关服务等都不足，出现了随班混读的现象。但从较成功地区的经验来看，与西方恰恰相反，我们似乎太注意对特殊儿童

① 杨希洁.全纳教育环境中学生发展状况的研究[J].中国特殊教育，2009(7)：23-28.

② 邓猛.双流向多层次教育安置模式、全纳教育以及我国特殊教育发展格局的探讨[J].中国特殊教育，2004(4)：1-7.

书本知识的传授、注重他们学习成绩的进步，而对他们社会适应能力、生活技能等各项潜能的发展有所忽视。我们的社会也存在着一些封建残余观念的影响，这些都不利于特殊儿童平等地参与学校与社会生活。因此，我们还需要花大力气宣传特殊儿童的权利，创设平等、和谐的社会文化氛围，使特殊儿童在普通学校、社会里能够获得尊严与尊重，并因地制宜地探索教学方法，使他们的潜能能够得到充分的发挥，使融合教育的目标得以实现。

第六章　残疾儿童融合教育的案例研究

第一节　研究背景

孤独症儿童被誉为"特殊儿童之王"，可见其问题行为的广度和程度均要显著高于其他类型残疾儿童。相关的研究文献也证实，与其他类型残疾儿童相比，孤独症儿童确实会给老师和家长带来较大的挑战与困难。正因为如此，对于孤独症儿童的随班就读，大多数的普通学校教师表现出比其他类型孩子更多的抗拒与恐惧。① 国内有关孤独症儿童随班就读的研究资料和相关报道均显示，我国孤独症儿童随班就读的质量不容乐观。

教育安置的地点决定着残疾儿童教育的质量，是特殊教育的关键问题之一。融合教育思潮不仅使特殊儿童进入普通学校这一趋势在全球范围内得到加强，而且使特殊教育领域讨论的焦点从过去的"教什么"和"怎么教"转移到"哪里教"，即教育环境上面来，因为不同的教育环境(即教育安置)会提供不同形式的课程内容以及教学效果。② 教师的态度与信念更是最具影响力的因素，决定着融合教育的成败。融合教育首先是一种态度，一种价值和信仰系统。如果普通教师不愿意承担教育残疾儿童的责任，残疾儿童即使被安置于普通教室也会处于被隔离状态。研究结果表明，相关人士对于融合教育的态度迥异，这正好为融合教育的支持者与反对者都提供了便利，他们能够各取所需，找到对自己有利的证据来捍卫自己的立场。③ 但不可否认的一点就是，态度与信念的确对融合教育各个方面、要素都有着广泛的影响。

课题组成员一路调研走来，听到和看到的大多是普通学校将孤独症儿童拒之

---

① 熊絮茸. 自闭症儿童教育支持与服务体系现状调查及对策探讨——以江苏省为例[J]. 中国校外教育，2011(8)：37－39.

② Zigmond，N.，Baker，J. M.. Concluding comments：Current and future practices in inclusive schooling[J]. The Journal of Special Education，1995，29(2)：245－250.

③ Villa，R. A.，Thousand，J. S.. Creating an inclusive school[M]. US：Association for Supervision and Curriculum Development，2000.

门外的大量案例以及普通学校教师所表达出的“事不关己，高高挂起”，拒残疾儿童于千里之外的冷冰冰的态度。而长春之行，却为这段时间的失落与不安带来丝丝暖意。其实去长春之前，调研组心里是有预设的。这种预设的存在是因为之前看到和听到的孤独症儿童的随班就读情况都不尽如人意，大家觉得此次调研结果肯定又会如出一辙，大同小异。但是，陪同调研的长春市教育局G老师不经意的一句话，却一下打破了之前的预设。“有一个孤独症孩子家长经常到我那里去表扬平泉小学的一个老师，说她这也好那也好，我都记不清来了多少次了。”为什么一个孤独症家长会经常跑到教育局去表扬普通学校的一位老师呢？这里面一定有故事可以挖掘。于是，课题组一行决定去平泉小学开展此次有关孤独症儿童随班就读现状的调查。

第二节　研究方法设计

一、研究对象选取

研究对象的选择至关重要，“好的个案能向读者生动地表现某一现象，帮助他们理解它的意义”①。因此，在选取访谈研究对象时，经过充分讨论，提出了三条标准：① 所访谈教师一定要具有孤独症儿童教学经验；② 善于沟通，表达能力较强；③ 配合程度高，有接受访谈的意愿。确定好此三项标准之后，与长春市教育局特殊教育专干G老师进行了沟通，并由其确定了访谈对象。

在此之前，G老师全程陪同课题组调研了长春市两所特殊教育学校孤独症儿童教育与康复的情况。之所以选择南关区平泉小学的两位老师，G老师基于这样几个考虑：一是这所学校是一所随班就读试点学校，里面有两名孤独症孩子，符合我们调研的要求；二是在她的印象中，这所学校在孤独症教育方面可能做得不错，因为有个孤独症孩子家长经常跑到教育局去表扬该学校的一位老师，她印象非常深刻（这一点在本章开篇有提到，后来在调研中得到了老师的证实）；三是G老师也想把长春做得最好的随班就读展示给课题组。G老师向课题组保证该校安排的两名老师完全符合上述研究对象选取标准。由于是“自上而下式”的调研安排，所

① ［美］梅雷迪斯·D.高尔，沃尔特·R.博格，乔伊斯·P.高尔.教育研究方法导论（第六版）［M］.许庆豫，等译.南京：江苏教育出版社，2002：446.

以访谈的过程颇为顺利，学校为课题组提供了充分的便利，被访谈教师也非常配合。

2013年9月25日下午，长春市教育局G老师以及两位调研人员一行三人来到了平泉小学。负责接待的是该校的一名副校长。进入学校，首先映入眼帘的是悬挂在该校门厅、走廊以及楼道墙壁上的“速滑高手”“花样滑冰高手”照片，这其中不乏许多鼎鼎大名的国内短道速滑高手，可见该校“冰上运动”的浓厚底蕴。

本调研中个案的主角其实应该是在该校就读的两个孤独症孩子（A在五年级，B在三年级，都是男孩。A二年级时自平阳小学来到平泉小学，目前11岁左右；B自一年级起就一直在平泉小学，目前8岁左右），但是由于两个孩子都有孤独症儿童天生的沟通交流障碍，我们无法通过两个孩子得到直接信息，因此，只能通过两个孩子的班主任及其他老师了解他们的情况。这样一来，两位班主任老师成为此次调研的主角。当然，我们也对两名孤独症孩子进行了现场观察，以佐证教师的言论。

接受访谈的两位班主任老师中：L老师教龄29年，孤独症儿童教育经验3年左右，大专学历，汉语言文学专业毕业，带A同学两年左右；S老师教龄27年，孤独症儿童教育经验5年左右，本科学历，也是汉语言文学专业毕业，自B同学进入平泉小学就一直是他的班主任。两位老师均为语文老师，小学高级教师，女性。

L老师个子不高、微胖，说话语速较快，但稍显逻辑性不够，是长春市教育局G老师所提及的经常有孩子家长去教育局表扬的那位老师，从跟她的交流中也能明显感觉到她对这个孤独症孩子的爱心与包容。

S老师打扮相对时髦，严谨、知性的装束下，所展现的年龄远低于她的实际年龄。说话比较柔和，相较于L老师更具条理性，但表达不多（可能是大多数时间L老师抢先回答的缘故）。

二、研究材料的收集

访谈研究之初，课题组设计了一份半结构化的访谈大纲，以便提供问题的索引，使访谈脉络清晰。大纲是课题组在文献研究的基础上，结合研究内容，并由多位特殊教育领域的专家和一线工作人员共同修订完成的。访谈时并没有严格按照访谈提纲进行，而是根据受访者的回答，不断地追问、澄清与扩充。

本次调查中，收集资料的方式以访谈为主，辅以部分现场观察。访谈时间大约持续了2个小时，访谈地点安排在该校一楼的会议室。访谈前征得了两位老师的许可，进行了录音。长春市教育局特教专干 G 老师和该校副校长一道陪同课题组进行了此次访谈。其实，我们本来不太愿意他们待在访谈现场，担心他们的出现可能会影响两位老师的回答，但基于之前 G 老师所描述的该校可能做得比较好的考虑，我们并没有请他们离开访谈现场。事实证明，他们的在场并没有影响两位老师的回答，相反，倒是补充了部分重要的信息。课题组首先向两位老师介绍了此次访谈的目的，然后了解了学校招收孤独症儿童的一些基本情况，接着就开始了正式的访谈调查，收集了完整的录音资料。

访谈结束，两位班主任、G 老师和该校的副校长与我们一道前往两个孩子所在班级进行现场观察。由于正是上课时间，不便直接进入教室，以防影响教师正常教学。因此，S 老师先进去他们班将 B 同学带了出来。在教室门口，我们跟 B 同学做了简短的交谈。这也是我们第一次见 B 同学。B 同学微胖，看起来比较腼腆，不主动说话，但可以跟人进行简单的交流。在 S 老师的引导下，B 同学跟我们打了招呼，有老师询问他中午吃了什么，他也能准确地回答。但据 S 老师讲，B 同学机械记忆能力比较好，但大多数情况下无法理解要记的东西的含义是什么（这基本符合孤独症孩子的典型特征，即存在语用、语义方面的障碍）。在交谈的几分钟内，B 同学没有表现出任何的问题行为，并且对我们的问询表现得很配合。之后由于快到放学时间了，我们又迅速去了 A 同学所在的班级，不凑巧的是，已经放学，无法观察 A 同学在课堂中的表现情况。正在我们觉得比较遗憾的时候，孩子的姥姥来学校接孩子，给我们的访谈又增加了新的资料。

A 同学的姥姥年近 50 岁，略显苍老。原本孩子是由他奶奶负责照看、陪读的，但是奶奶生病住院，姥姥暂时接替了奶奶的工作。在向 A 同学姥姥说明我们此行的目的之后，调查组在教学楼四楼楼梯口跟孩子姥姥进行了交流与资料收集。A 同学外表看上去比较机灵，与我们交谈时表现得极为兴奋，口中不断重复“笑死我了，笑死我了，你说可笑不可笑”之类的话语。重复这个话是因为他们班主任被板凳绊了一下，这原本在正常儿童那里可以一笑而过的话题，却引发了他经久不衰的兴趣，继而发展成为重复性的话语并伴随大笑。据他班主任讲，这句话他已经重复了一个月有余，并且逢人就讲，且很容易使自己的情绪失控。在我们跟他姥姥对话的那段时间里，若不是姥姥以“学校会不要你”这类的词“恐吓”他，他可能还会不断地重复下去。从这也可以看出，A 同学其实对学校生活还是比较看重的，内心还是比较认同目前所处的环境。

因为是放学时间，所以楼梯口聚集着大量准备放学回家的孩子，看着我们几个老师围着一个孤独症孩子问这问那，其他放学回家的孩子都露出了好奇的眼神，都围着我们看，但没有人上来跟我们交流，因为他们的老师在旁边。

三、资料的分析方法

Lincoln 和 Guba 指出，为了确保研究的信度，必须至少有两个人对数据进行审阅。本部分的研究中，分析数据和成文过程相互交织。首先，由两名进入现场的研究者分别将语音材料逐字逐句地进行转录，然后相互对照，判别一致性；接着，依据访谈提纲中涉及的问题，再由两名研究者仔细分辨材料，将符合每个问题的答案归并整理，再次进行相互对照，判别一致性。编码，归类，再编码，再归类，不断在资料分析与成文过程中重复。归类的过程也是研究结果形成的过程。

第三节　研究结果

一、平泉小学的基本情况：冰上运动特色鲜明

平泉小学始建于 1953 年，是长春市一类一级学校、长春市短道速滑学校、长春市花样滑冰学校、吉林省体育人才基地学校、国家级传统体育项目学校。短道速滑、花样滑冰是平泉小学的优势和特点。多年来，该校历届领导都依托这个基础和优势，努力打造冰上运动的学校品牌。该校先后为我国输送了一大批优秀的冰上人才，冰坛世界冠军李佳军、陈露、梁文豪均为平泉小学毕业生，杨飞、魏继光、林悦、李雨桐、刘爱迪、孙永存这 6 位冰坛全国冠军同样毕业于平泉小学。不难看出，该校是一个冰上运动的特色学校，冰上运动氛围浓厚。从学校楼道、楼梯的主题布置中也能充分感受冰雪运动的氛围。这也是学校最强势的品牌之一。

二、孤独症儿童的基本情况：大同小异

了解两个孤独症儿童的基本情况，对本部分的研究至关重要。尤其通过了解两名班主任老师对这两个孤独症孩子的印象，不仅可以帮助我们结合现场观察判断孤独症孩子的基本信息，还可以在教师的表述中了解他们对待孤独症孩子潜在的态度。

L老师对A同学的描述："A同学平时经常陶醉在自己的世界中，安静的时候会自己摆弄自己的东西。但时间不会太长，安静一会情绪就会爆发。会经常性地大喊大叫，即便是带出教室到走廊里面也一时半会平静不下来，需要很长的时间情绪才能平复。最近又查出了癫痫，有一次抽搐发作。与其他孩子沟通交流能力比较差，但孩子个人的语言表达能力却非常不错。机械记忆能力非常好，可以写出单字词，不可以写出完整的句子。""很容易受到刺激，并且这个刺激在别人看来是再正常不过的事情。"L老师在叙述这个问题时为我们提供了几个典型的事件。

典型事件一："一天，我在教室里被凳子绊了，差点摔倒，就因为这件事情，他好几天过不来劲儿，嘴里不断地重复'老师要摔死了，老师要摔死了'，并且逢人就讲这句话，不断地重复了好多天才罢休。"

典型事件二："班里有一个同学不小心从凳子上摔下来了，他看了，非要自己也从凳子上摔下来一次，不摔不罢休。后来他奶奶告诉我，那天晚上他回到家之后不睡觉，非要一遍遍地从凳子上摔下来，最后谁也没办法，全家人看着他一直把一个塑料小板凳坐碎了，他的情绪才安静下来。"

典型事件三："前一段时间学校进行消防演练，不是有烟吗？这孩子就说平泉小学着火了，并且见着所有人，不管认不认识，都会说这句话。这件事持续了将近一个月。"

可以看出，A同学的情绪问题、异常兴趣和刻板行为表现得非常明显，且程度较重。另外，孤独症儿童经常伴有的癫痫等问题在A同学身上也非常明显，并且日益严重。A同学的优点主要在于其表达能力很好，但仅限于自我表达，而非沟通性交流，机械记忆能力超强。比如，L老师有一段对于A同学的描述："绝大部分的孩子让他们在课上(语文课)当堂背诵一些东西可能都完成不了，但是A同学不仅可以背得出来，并且非常熟练。"

在听L老师描述的过程中，我们也注意到了L老师言语表达中所投射出的感情色彩，总体而言，L老师对A同学的描述始终带着一种包容、同情的感情，偶尔也能听出失落与无奈，但失落与无奈的比重远小于包容、同情与理解的比重。L老师也向我们描述了她所总结的目前孩子问题比较严重的原因，"家长比较内疚，觉得孩子有问题，对孩子的问题行为不忍心管教"。

S老师对B同学的描述与L老师对A同学的恰好相反："我们班这孩子不闹

腾，大多数时候倒是非常安静，不怎么说话，表达能力很差，只能进行简单的交流。偶尔情绪也会爆发，但表现形式不是失控型的大喊大叫。学习能力比较差。上课基本是坐着，老师让回答问题也只是默不作声。我从一年级接手B同学，感觉他各方面都还可以，问题行为没有那么多，我也能相对比较好地对他进行控制，随着年龄的不断增长，感觉问题行为越来越严重了。”

S老师为我们描绘了一个B同学发生问题的场景：“有一天我在上课，也不知道为什么，B同学开始情绪不太稳定了，站起来就上我跟前来了，对着我反复地说，‘老师我要跳墙，老师，我要跳墙’！但没有任何的过激行为，安抚了好一会，他情绪慢慢平静下来了。”在描述B同学时，L老师经常会主动帮助S老师补充，甚至是直接抢过来自己回答我们的问题。之中还插了一句，“但我们班孩子比他们班孩子聪明”，可以明显看出L老师对自己班级A同学的些许自豪。

小结：通过L老师和S老师简短的描述，可以看出两个孩子在大的方面具有同一性，即都具备孤独症儿童的一些典型特征，但是在具体的表现形式和程度上，二者却表现出较大的差异性。比如，B同学尽管在情绪控制上也存在问题，但是其表达的方式与A同学迥然不同。总体而言，A同学问题行为的广度和程度均要高于B同学。我们也可以通过L老师和S老师在描述两个孤独症孩子问题时所表现出的情绪状态来大概地推测两位老师的心理状态：同情、理解、包容，夹杂着很多无奈。

三、学生的入校：迫于行政压力的妥协

孤独症儿童入学难的问题在各地屡见不鲜。2012年，原来就读于深圳一所普通小学的一位孤独症儿童李孟被19名普通学生家长联名写信抵制，由此引发的“孤独症儿童入学难”问题持续发酵。对于特殊儿童随班就读，普通学校推诿、正常儿童家长抵制的现象在各地多有发生。在本案例中，两位孤独症儿童的入学也颇费周折。

“家长领着孩子去了好多学校，都不接收。”(S老师)

“很多家长带着孩子找过区里面，也找过市里面，都没用，后来折腾得不行了，教育局出面开始解决一部分孩子的就学问题了。”(L老师)

“当时区里告诉我们是无条件接收。”(L老师)

“A同学不是个例，之前大批孤独症儿童被家长联名拒绝在校外，非常多，我们

也会经常收到这样的联名抗议。"长春市教育局G老师补充道："后来，教育局意识到这个问题需要解决的紧迫性，就开始协调就近接收的问题。"

从上述简单的对话中不难看出孤独症孩子入学的艰辛。一部孤独症孩子的就学史，无不浸透着家长们辛酸的抗争历程。部分家长比较幸运，在这场抗争中如愿以偿，但大部分家长依旧苦于无路可寻，继续在公立普通学校大门之外徘徊。正如在一所特殊教育学校访谈时一位家长所言："随班就读应该是义务教育工作的一部分，教育部门不积极参与进来，融合教育怎么能够推进？仅凭家长的一己之力，不可能解决残疾孩子的入学问题。"

我们欣喜地看到，长春市教育局已经开始有所作为，并且力度空前。课题组调查了近三年长春市教育局有关残疾儿童入学的一些政策和措施，欣喜地发现：

2010年10月，长春市教育局下发了《落实〈长春市特殊教育三年发展规划〉，推进长春市特殊教育快速发展具体实施意见》的通知，长春市要求每个区都要建一个"特殊教育辅读班"。各区要根据本区特殊儿童少年分布情况，确立一所小学，开办"特殊教育辅读班"。各市（县）、区要在2012年底前确立1—2所学校开办"特殊教育辅读班"。另外，三年内，每个区至少有两所幼儿园、康复机构以及特殊教育学校增设学前班，接收3—6岁残疾儿童（智障、孤独症、脑瘫）接受学前教育。这样，长春市用三年的时间形成了科学、合理的特殊教育学校网络，使所有有就学能力的智障、脑瘫、孤独症儿童都能就近接受义务教育。

在特殊教育经费方面，长春市三年内投入5 000万元，实施特殊教育提升工程。此外，每年将安排60万元专项经费，各市（县）、区政府每年要安排不低于10万元的专项经费，并保证全部落实到位。

2011年1月26日，《长春市2011年民生行动》正式出台，长春市委、市政府向760万长春市民作出107条承诺，其中有4条提到了孤独症。

其中第21条中提出，"为孤独症儿童康复机构提供训练补贴"；第26条中提出，"组建关爱孤独症儿童、关爱城区农民工子女、关爱农村留守儿童、社区民生服务四支志愿队伍"；第41条中提出，"全面启动社区儿童孤独症筛查项目，每个城区建立1所孤独症筛查与康复指导中心"；第61条中提出，"市孤独症儿童教育康复中心办学规模达到300人左右，对有需要的3—6岁听障、视障、智障、孤独症、脑瘫等残疾儿童开展学前教育"。

或许，A同学和B同学是幸运的。但幸运的背后，一定孕育着深刻的变革。孤独症儿童受教育权利的获得，与家长坚持不懈的抗争有很大关系；深层次的，更是社会意识的觉醒与政府职能的完善。

四、教师的心路历程：由担忧、恐惧到包容、欣赏，但时刻伴随安全隐忧

对于普通学校教师来说，随班就读犹如一趟充满挑战的旅程。起程之前，各种担惊受怕，各种抗拒；起程之后，努力适应，克服困难，从容应对；旅程结束，有的老师收获的是喜悦的成就，有的老师是无力与愧疚，有的老师依旧是抗拒与反对。

(1) 初接班的反应：担忧、恐惧。

“非常有压力，感觉任务艰巨，担子很重，心里非常忐忑，怕完成不了任务，怕耽误孩子，也怕其他家长和孩子有意见。”(S老师)

“怕教不好，生怕孩子有什么事，也怕照顾不周，辜负了学校领导对我们的信任。”(L老师)

“我们没有专业的知识，对这类孩子也不了解，不知道该怎么办。”(S老师)

(2) 在路上：包容、欣赏。

在回答目前他们带孤独症孩子的心理感受这个问题时，其实，两位老师首先浮现在脸上的是苦笑和欲言又止的表情(可能有一肚子牢骚，当着学校领导和教育局领导的面不方便讲)。而旁边在座的G老师一句“是不是觉得回头一看也挺有成就感”的话，引起了她们的强烈回应，此时两位老师脸上的苦笑、欲言又止一扫而空，取而代之的是滔滔不绝的叙说与洋溢的兴奋之情。

L老师眉飞色舞地描述：“有的时候，他能背下一首诗或者什么事情做得比较好的时候，我都会迅速地让同学马上鼓掌，心里可高兴了！”

S老师补充道：“其实都不用说，班里的同学只要看到他回答问题答对了，都会自发性地鼓掌，表扬他，班里已经形成了这样一个氛围。我心里的确很有成就感，非常高兴，也非常温暖。”

(3) 时刻伴随：安全隐忧。

“说实话，时刻担心的是他们的安全。伤着自己了怎么办？伤着其他孩子了怎么办？我们如何向别的家长交代？”(L老师)

“孩子现在大了，手上没轻没重的，打我一下我都受不了，其他小孩子更受不了，一旦发生伤害性事件，怎么办？或者自己把自己摔了，撞了，怎么办？谁来负

责？可以说，我们的神经天天在紧绷着。”(S老师)

(4) 心底的声音：多难啊！

“各个方面都受影响。作为老师，我们有良心和责任心在这里，但是说心底话，多难啊！”(L老师)

几段描述不难看出两位教师接收孤独症孩子到自己班上的心路历程和其中的变化，从刚开始的担心、恐惧到现在的包容、欣赏。总体来看，这种变化随着与孤独症孩子的接触和对孤独症孩子了解的深入在不断向着好的方面发展。但从访谈中也不难看出，两位老师心中仍然有着深深的隐忧，而其中最主要的是对孤独症孩子和其他正常孩子的安全问题的担心，甚至是长期的担惊受怕。

五、普通学校的改变：由推诿、拒绝到有限的支持保障

多数普通学校表示，拒绝孤独症儿童入校，原因主要是师资力量不够，教师没有相应的知识储备，不知如何开展有效的教学，还有正常学生家长的拒绝、排斥。平泉小学最初也是如此。

“当时教育局跟他们领导谈的时候，学校领导也以没有专业老师，师资力量不强，不具备条件等理由来推脱，局里的决定是无条件接受。他们这才收下了。”(G老师)

从S老师和L老师的访谈中，我们清楚地看到了学校态度的转变。

L老师：“刚开始学校也就是把这个工作交给了我们，我们也就只能自己摸索，学校提供的支持非常有限，大多数情况下，领导只是见面了问问，其余时间基本不会理会。现在是全方位的支持，不管是学校领导还是其他老师，都对我们班这个孩子照顾有加，非常包容。”

对于这两个孩子的包容，L老师举了一个例子。

“我们班A同学前段时间有个习惯，就是在学校无论见到哪个老师，都会去拍拍他问一句，‘你教什么的’。重复地问倒是没有什么问题，但是有时候却有不合适的身体接触，比如有时候可能会直接去拍老师的屁股。”

S老师补充道：“的确是这样，刚开始的时候的确是关注得很少。现在你看，我们学校的心理老师也参与到了对这个孩子问题行为的矫正中来，并且孩子还非常喜欢她。所有任课老师都对他们非常照顾。课上、课下都能提供一些力所能及的帮助。”

在之后对A同学的现场观察中，的确不时地会有其他老师跟A同学打招呼，A同学也高兴地回应。

不难看出，平泉小学对两位孤独症孩子的教育，已经不再是两位老师的“孤军奋战”，而变成了全校老师的“团队作战”。但目前学校所能够做到的依然只是帮助两名孤独症孩子“身体”上的融合，也即只能让他们进入学校，但相关的康复和训练干预措施依旧缺乏，是一种有限的融合。

六、班级环境的创设：各种有利资源的调动

1. 座位安排

对随班就读残疾儿童座位的安排，某种程度上可以反映教师对这些儿童的关注度与接纳度。从本案例中的两位孤独症儿童的座位安排上，可以看出两位老师的良苦用心。

“我把他安排在了第一排，放在我眼皮底下，因为他的问题行为比较多，经常上课听着听着就站起来要走，在我跟前我好控制他。”(L老师)

“我倒没把他安排在第一排，因为他的问题行为相对少些，而是安排在了第三排，同时前后左右也给他安排了表现比较好的同学，一来让他们在学习上帮助他，二来也让他们在课堂上帮助他，还有我考虑离老师近一点，万一有什么事老师可以迅速处理。”(S老师)

可见，对于孤独症孩子的座位，两位老师都针对孩子各自的特点做了精心安排。

2. 班级氛围创设

同伴关系是发展孤独症孩子社会交往能力的最有效途径。两位老师在发展孤独症儿童的同伴交往和同伴关系方面也颇为用心。

“排斥？坚决没有！班里的同学都对他特别关心，特别照顾。”L老师回答得斩钉截铁。S老师也附和得温柔而有力量：“特别好，真的。我们经常告诉班里的其他孩子，这位孩子需要帮助，孩子们都很积极……我们会经常鼓励其他孩子在玩的时候拉着他一起玩耍。”“任何班级活动都让他参加，这么长时间，班里从来没有一个同学欺负过他。”L老师还自豪地感慨：“自从这个孩子来我们班之后，班里同学互帮互助的行为明显多了。”

可见，孤独症孩子的进入，受益的可能不仅仅只有孤独症孩子，普通孩子的积极行为也在不断增多。

3. 其他特殊的照顾

除了前述的特殊的座位安排和包容理解的同伴关系创设之外，两位教师还分别针对孤独症孩子的不同问题，安排了特殊的“小助理”，帮助解决孤独症孩子的生活、安全和课堂行为管理等问题。比如L老师的做法是，“给A同学安排几个生活小助理，下课他跑到哪里，就有同学跟到哪里，照顾他的安全问题”。S老师的做法则是，“座位的前后左右都安排几个表现好的同学，课堂上有什么问题的时候帮帮他或者协助老师管理，疏导他的一些问题行为和情绪问题”。另外，L老师还专门安排了同学帮A同学“放学收拾书包，做他下楼梯的安全保障”等。总之，“我们的确从头至尾做了不少工作”(S老师)。

七、家长资源的利用：普特家长共同参与

在融合教育的推进过程中，家长的配合是残疾儿童实现良好融合的重要支撑。家长的配合既包括残疾儿童家长的坚守与坚持，也包括正常儿童家长的理解与包容。本案例中，平泉小学两位班主任的做法值得借鉴。

“我每次开家长会的时候，都会感谢这些家长，感谢他们的孩子，谢谢他们对A同学的包容”(L老师)，看似简单的一句话，其实是对正常孩子家长隐形工作的肯定与鼓励，对他们理解、包容这名孤独症孩子最好的强化。事实上，L老师也收到了很好的效果：“在我的班里，从来没有家长表达过对这名孩子的反对，相反，是尽可能地为他们提供帮助。”

“我也是会在平时注意鼓励其他同学帮助B同学，然后通过家长会把这些好人好事传达到正常孩子家长那里，促进他们对B同学的理解、包容。”(S老师)相较于L老师，S老师的方法似乎更高明。她把对正常孩子助人行为的鼓励当成了一个巧妙的杠杆，顺利地撬开了正常孩子家长对孤独症孩子的理解、包容之门。

对于A同学之所以能随班就读，L老师还特意提到了家长的坚持与努力：“A同学的奶奶70多岁高龄，有高血压，却经常来学校陪读，带着孩子坚持康复训练，他的父母都未必能做到。这一点，我既佩服又感动，可以说，这个孩子今天到这个程度，就是因为他有个好奶奶。”

八、教学的调整：摸索中前行

1. 小部分兼顾，大部分放任

“别人能写十个字，你能把一个字写出来，写得像个字就行。”(L老师)

“课程教学内容没有专门的变化，考试不对成绩做要求，对他的课堂学习程度也没有硬性规定。”（S老师）

“不可能针对他一个人设计专门的教案和教学思路。我只能在要求正常孩子达到一个目标时，如果我认为他达不到，我会告诉他你可以达到比这低一点的目标，只是降低一下难度，或者缩减一下范围。”（L老师）

2. 重心放在了自理能力的培养与训练上

“A同学由于在智力水平上还可以，他奶奶有时候看到孩子表现不好还比较着急，我就劝她别给同学施加太多压力，在学习上不要对他期望过大，而应在培养自立、自理能力以及与人沟通的能力上多下功夫。回家以后不用写作业，不需要完成像其他孩子那样的作业。多训练孩子穿衣服、整理碗筷、铺叠被子等基本的生活技能。最起码能让他们走出去，到人群中正常沟通。”（L老师）

九、教师的两难：孤独症儿童随班就读的困境

1. 干扰正常教学

“你也别说，接受这样的孩子从各个方面讲都有很大的影响。你想想，我正在那讲课呢，他在那‘咣’来一下子，那你肯定得停下来。有些时候，一节课好几次这样的情况，整堂课几乎都没办法往下继续了。”（S老师）

“对正常上课肯定有很大影响。一堂课，如果他出现了什么问题，就要调节他的情绪或者处理他的问题，很影响我的课堂教学；再一个也会影响其他孩子的学习，他一爆发，全班孩子的注意都被吸引过来了。”（L老师）

“对班级其他孩子的成绩影响也比较大。”（S老师）

2. 安全问题特别牵扯精力

“下课以后我得派孩子跟着他，如果不跟着、不带着，他不知道回来，有危险也不知道躲避。冬天，我们这楼顶上都挂着冰溜子，他就站在下面玩，可危险了。所以我得经常安排同学陪着他，我也得不时地去看看他在不在班里。很牵扯精力。”（L老师）

“情绪一爆发，满走廊疯跑，抓都抓不回来，可吓人了。”（S老师）

3. 没有专业知识，也没有专业人员支援

“我只接受过一次短期的培训，知道长春市原来还有这么多孤独症孩子。现在对这个孩子，我也精力有限，只能偶尔上上网，看看书，查查别人怎么做的，自己摸索。”（L老师）

“我到目前为止还没有接受过一次培训，对孤独症儿童的了解仅限于目前我带的这个孩子。”(S老师)

“自己摸索，也不知道该怎么弄，到目前为止还没有专业人员帮过我们，有时候遇到难题也只能自己到网上找找，或者翻翻书，但效果不是很好。”(S老师)

4. 效果不太理想

“学习方面有点提升，但不大。比如，现在作业上有的时候能记清，有的时候也能安静地写，能听听课，但落实到笔上还是不行。总体来说好的方面是有，但是我感觉他越来越严重了，比如说他发病的次数变多了，程度也越来越重了。”(S老师)

“感觉他情绪方面问题更严重了，发病次数也更多了。比如说有一次做眼保健操，他怎么也控制不住，就一直笑，我只好把他带到楼道里，让他平复心情再回教室，类似这样的事情很多。学习方面还是老样子，机械记忆能力特别好，但是要让他说什么意思，或者让他自己写一段话，还是不行。”(L老师)

“刚开始来的时候什么都不懂，感觉现在会模仿了，但是问题是他不像正常孩子，取其精华，去其糟粕，他是好的赖的都学，但模仿的是什么自己并不知道，不会选择性模仿。”(L老师)

可以看出，由于缺乏训练干预，虽然孤独症儿童在学习能力方面有所提升，但问题行为方面并没有得到有效的控制。

十、教师对安置的态度：不尽相同

1. 安置地点与编班方式选择

对于孤独症儿童教育安置地点的选择，两位老师意见有统一之处，也有不一致之处。统一之处体现在两位老师都不太支持孤独症儿童来像他们这样准备不足的学校就读，因为“没有专业师资配备、没有专业支持，靠某一个或者某几个教师单打独斗根本解决不了问题”，为孤独症儿童所提供的融合教育支持很有限，融合效果并不理想。

L老师说道：“随班就读出发点很好，但就我目前带的情况来看，效果并不是很理想，毕竟我们不是专业教师，也没有经过专业培训，关键是一个班级还有好多其他孩子，我不可能做到单独针对他，只管他一个人，你还得面对全班同学。所以很多时候会忽略对他的正确引导。”

不一致之处体现在两位老师对孤独症儿童的教育安置选择态度不一。L老师认为,"孤独症儿童最好去特殊教育学校,可以按照能力不同进行分层次、分班教学",反对建设专门的孤独症学校;而S老师的意见则与L老师不同,她认为,"孤独症儿童应该去康复训练机构接受专业的训练",或者"去专门的孤独症学校"。

而对于编班的方式,两位老师的认识比较一致,都比较赞同孤独症儿童单独编班,而不与其他类型的特殊儿童混合编班。他们认为,"跟不如他的孩子在一起,肯定不会利于他的发展"。

2. 孤独症儿童教育康复发展建议

两位老师在孤独症儿童未来教育安置的发展建议中,都谈到了孤独症儿童的转衔安置问题,也表达了对他们未来生活的担忧。

"他们从我们这毕业了,到哪里去?我们不知道。"(L老师)

"希望国家能给这些孩子多些关注,给他们创造一些条件支持他们的生活。父母不可能跟他们一辈子,也不能把他们直接甩给国家,最好能让他们自立、自理,独立生活。"(L老师)

"我们教他们也是有年限的,最重要的是要让他们走入社会,融入社会,有个崭新的生活。"(S老师)

第四节　残疾儿童融合教育的反思

一、孤独症儿童融合的水平

Pijl与Meijer指出融合有六个不同的水平:① 物理空间的融合,特殊儿童与正常儿童在共同的物理空间学习、交流;② 名称的融合,不再使用具有歧视性的标签;③ 管理的融合,特殊教育立法、学籍管理、支持与服务不再独立于普通教育之外;④ 社会性融合,特殊儿童平等参与学校与社区活动、生活;⑤ 课程的融合,特殊儿童与正常儿童在同一教室使用同样的课程(并不排除必要的调整),并取得学业上的成功;⑥ 心理融合,普通教师与学生接纳个别差异,认为有不同的需要是正常的事情。[①]

多数的特殊教育专家,如Booth和Ainscow都认为这六个水平可以简化为三个层次:物理空间的全纳、社会性的全纳以及课程的全纳,而课程的全纳成为全纳

① Pijl S. J., Meijer C. J. W.. Does integration count for much? An analysis of the practices of integration in eight Countries[J]. European Journal of Special Needs Education, 1991, 6 (2):100-111.

教育最高也是最难实现的目标。① Raymond研究发现，决定残疾儿童安置环境的关键，是安置环境是否能提供最适合残疾儿童的特殊教育课程。② Kirk和Gallagher则更进一步指出，要使残疾儿童真正从隔离的环境中彻底脱离，并非单纯地更换安置环境即可解决问题，更重要的是要辅以相关服务，其中包括课程设计的改变，不同教学方式以及评估方式的运用等。③ 我国台湾学者林翠英也指出，融合教育的关键不在于物理空间的改变，而在于教学品质的整体提升。④

在本案例中，尽管两位孤独症儿童在该校师生的共同努力下，其物理空间的融合、名称的融合以及心理的融合已经基本实现，表现为普通学生、教师、学校领导以及正常儿童家长这四类与他们关系最密切的群体已经完全接纳他们在普通学校随班就读，并能在各自的能力范围内提供保障和支持。但在最为核心和关键的课程融合方面，由于各种因素的影响和限制，学校目前仅迈开了非常小的步子，两位老师大部分时间仍仅重视正常儿童的教学内容设计，而很少照顾到两名孤独症儿童的学习。显然，该校两位孤独症儿童的随班就读依然是较低层次的融合。

二、孤独症儿童融合教育的效果

对于融合教育效果的判断，多数研究者都倾向于从残疾儿童社会性发展和学业成就两方面来衡量。西方的大多数研究都发现，残疾儿童在融合学校里社会发展与自信方面都进步明显，而在学业进步即课程融合方面的效果并不能令人满意。⑤ 比如，Salend和Dunhaney发现，融合教育情境中的残疾学生和正常学生互动频繁，有较高的社会支持和深厚的友谊，社会技能获得了进步。不过他们也发现，这种互动质量会随着年级的增高而降低，另外，残疾学生在融合环境下的学业成就，很大程度上要看残疾学生自身的障碍程度以及是否获得了个别化的教育。⑥

---

① Booth, T., Ainscow, M.. From them to us: An international study of inclusion in education[M]. London: Routledge, 1998.

② Raymond, E. B.. Learners with mild disabilities: A characteristic approach (3rd ed.)[M]. Boston: Allyn & Bacon. Inc, 2004.

③ Kirk, S. A., Gallagher, J. J.. Educating exceptional children (6th ed.)[M]. Boston, MA: Houghton Mifflin, 2001.

④ 林翠英.融合教育的有效教学设计[J].特教园丁，2004，19(3)：31－34.

⑤ Baker, J. M., Zigmond, N.. The meaning and practice of inclusion for students with learning disabilities: Themes and implications from the five cases[J]. The Journal of Special Education, 1995(2): 163－180.

⑥ Salend, S. J, Dunhaney, L. M.. The impact of inclusion on students with and without disabilities and their educators[J]. Remedial and Special Education, 1999, 20(2): 114－126.

我国有关随班就读效果的调查也发现了类似的结论。钱丽霞对北京、天津、江西、湖北、江苏等地的校长、行政管理人员、专家进行调查,发现残疾学生在普通班级中能获得一定发展,尤其是社会交往能力发展更为突出,但残疾学生的自律性和主动性发展不足。[①] 杨希洁研究发现,我国随班就读的残疾儿童在学业成就、自信心、社会交往能力方面发展良好,对学校满意度高;在各类残疾学生中,听力残疾和智力残疾学生在校适应状况最好,而孤独症学生适应状况最差;轻度残疾学生比中度残疾学生适应状况更好。[②]

从本案例中的两位孤独症儿童的发展状况来看,基本与国内学者的研究一致:① 社会交往能力得到了一定发展,但提升的幅度并不大,大多数的同伴关系仍然为被动交往——"主要是正常孩子主动拉他玩,他很少有主动性";② 问题行为依然突出,并且呈现加剧之势,学校适应能力依然较弱;③ 学业成就进步依旧不明显。

三、孤独症儿童融合教育的困难与所需支援

从本书的研究结果来看,两位教师在孤独症儿童融合教育过程中所遇到的困难和问题主要包括:① 缺乏专业知识与专业技能,尚无法有效地管理孤独症儿童的情绪和行为问题,大多情况下遇到问题只能"求助于陪读的家长或者将孤独症儿童暂时请出教室,等情绪恢复了再进来","目前还没经过专业的培训"。② 缺乏适当的教学策略,"不知道怎么教他们,教什么内容,如何变化"。③ 教师工作量大,安全问题牵扯主要精力,难以兼顾孤独症孩子的教学。"最担心的是安全出问题","班里孩子五六十个,我不可能只管他们一两个,虽然他们有的时候表现得的确不错"。④ 缺乏支援,大多数时候处于"单兵作战"。"对于这两个孩子的教学管理,大部分责任主要在我们身上,学校其他老师也有参与,但很少,仅限于问问,关心关心",并未形成支援随班就读的合力。这些访谈结果与国内研究者的研究结果基本一致。例如杨希洁研究发现,随班就读教师遇到的问题主要包括周围同事不理解、工作量大、精力有限、缺乏相关支持等。[③④]

融合教育在学校实现与否很大程度上取决于学校与教师能否得到足够的支持与资源。Werts 等指出,如果教师实际得到的资源与支持和他们对资源与支持的需

---

① 钱丽霞,江小英.对我国随班就读发展现状评价的问卷调查报告[J].中国特殊教育,2004(5):1-5.

② 杨希洁.随班就读学校残疾学生发展状况研究[J].中国特殊教育,2010(7):3-10.

③ 杨希洁.一位成功的随班就读数学教师的个案研究[J].中国特殊教育,2005(1):44-49.

④ 杨希洁.四川与云南部分地区进一步开展随班就读工作的环境分析[J].中国特殊教育,2011(5):10-23.

要之间的差距越小,融合教育就越可能获得成功。[1] Salend 曾构建了一个沟通网络来整合各种支持和资源,以形成影响学生发展的合力。其网络中包括家庭、同伴、社区、专业性组织、普通学校教师、特殊教育学校教师、辅助性支持人员、志愿者等。[2]本调查中,目前该校两名班主任老师获得的资源与支持仅限于:① 正常儿童在生活学习上的帮助;② 残疾儿童家长的全力配合;③ 普通儿童家长的包容与理解;④ 本校领导和同事的极有限支持。到目前为止,尚未获得的支持包括:① 系统性的培训(一位老师有短暂的培训经历,一位老师没有任何培训经历);② 特殊教育学校教师的支持和支援;③ 辅助性支持人员的帮助(如康复训练师、助教等);④ 专业组织及社区支援等。可见,为该校随班就读提供的资源和支持仍然非常有限,这很大程度上会导致该校两名孤独症儿童融合的推进受到严重阻碍。

四、教师对孤独症儿童态度的变化

杨希洁对一名普通学校教师对残疾儿童随班就读的态度变化过程做了个案研究,分析发现,普通学校教师对随班就读的态度变化过程大致可以分为三个阶段:拒绝—接受—热爱。[3] 我国台湾地区学者苏燕华等人也有类似的结论,他们对普通学校教师初接残疾儿童进入班级的反应做了访谈分析,结果发现,普通教师在首次面对融合教育任务时,有人愿意,有人担忧、抗拒,有人矛盾交织。但无论老师们首次接班时持何种态度,在融合教育的实施过程中却都表现出努力做好自身心理调适、积极网罗各种资源支持残疾儿童融合等行动。从本书的研究结果来看,普通学校教师(主要为班主任)对孤独症儿童随班就读的态度大致经历了担忧、恐惧到包容、欣赏的过程,这与前述两位研究者的结论基本一致。与之稍有不同的是,本书的研究发现,在孤独症儿童的融合教育过程中,教师对安全问题尤为担心,这可能源自孤独症儿童情绪行为问题比较突出之故。

---

① Werts M. G., Wolery M., Venn M. L., et al. Effects of transition-based teaching with instructive feedback on skill acquisition by children with and without disabilities[J]. Journal of Educational Research, 1996, 90(2):75 - 86.

② Salend, S. J.. Effective mainstreaming: Creating inclusive classrooms (3rd ed.)[M]. New Jersey: Prentice-Hall, Inc, 1998.

③ 杨希洁. 一位成功的随班就读数学教师的个案研究[J]. 中国特殊教育, 2005(1): 44 - 49.

第七章　普特融合之特殊教育模式的地区性探索

融合教育在实施的过程中因各国历史、文化、教育体制等多方面的差异而各有特点。目前没有任何一个国家的做法能够为其他国家发展融合教育提供一个标准的蓝本或范例，各个国家需要根据本国的国情探索适合自己的融合教育模式。但不可忽视的是，融合教育思想使传统的隔离式特殊教育体系受到公开的怀疑与挑战。西方各国传统的隔离式特殊教育机构体系已经崩溃，全纳教育，即在普通教室教育残疾儿童似乎逐步成为各国特殊教育的主要选择。这对于特殊教育体系的层次结构与安置模式产生了颠覆性的影响。

我国2014年颁布的《特殊教育提升计划(2014—2016年)》中明确规定:初步建立布局合理、学段衔接、普职融通、医教结合的特殊教育体系……探索建立特殊教育学校与普通学校定期举行交流活动的制度，促进融合教育。普通教育与特殊教育之间的协调与融合，显然是我国特殊教育体系发展与完善过程中的重要一环，并且二者之间协调与融合的过程也会因各地经济、文化、教育发展情况的不同而有所不同。事实上，从20世纪80年代以来，各地就在不断探索特殊学校、特殊班、资源教室、巡回辅导，以及普通班融合教育、社区协同融合等多部门、多服务模式之间的多元选择及协同发展，建立符合当地实际的特殊教育发展体系，促进融合教育的本土化发展。

本书编者重视因地制宜进行特殊教育多元安置模式选择与调整的探索，以为我国特殊教育体系的建立与完善奠定实证研究的基础。课题小组选择了不同地区进行大样本的调查、小规模的跟踪访谈，并选取试验点进行特殊教育安置模式的试验改革。鉴于篇幅和试验进展情况的考虑，本章仅呈现了广东省佛山市南海区的“三结合”(特殊学校、特殊班、随班就读)试验的基本情况与经验。希望能以小见大，通过一个地区的微观实践，反映我国特殊教育体系建设中的关键要素和共同规律。

第一节　研究背景

为了进一步全面贯彻落实《义务教育法》和《残疾人教育条例》，深入推进区域教育现代化建设，满足残疾儿童少年对优质特殊教育的需求，切实保障残疾人受教育的权利，根据广东省、佛山市有关文件要求和《南海区残疾人事业残疾儿童、少年"十一五"发展纲要》精神，乘着佛山市南海区创建"广东省教育综合改革示范区"和"国家教育体制改革试点"的发展东风，南海区政府于 2009 年 10 月建成了一所寄宿制的特殊教育学校——佛山市南海区星辉学校。加上普通学校原有的 10 个特教班和普通班中的随班就读生，南海特殊教育实现了全区覆盖，该区开始以"特殊教育学校、特教班、随班就读三结合"模式布局特殊教育资源，按户籍人口就近布局可供选择的特殊教育资源。

佛山市南海区星辉学校是一所由区教育局直接管理、面向中轻度智障儿童、实施九年一贯制义务教育的公办学校。学校占地面积约 8 000 平方米，建筑面积 8 592 平方米。学校在发展过程中，得到了区政府、各部门和社会人士的大力支持，并在经费投入上给予了政策性的优惠：学生的生均公用经费按不低于普通学生生均公用经费标准的 10 倍拨付；人员经费按区直学校教师待遇足额按时拨付；专项经费充足，软硬件设施完善，相继建立了电脑室、家政室、美工室、感觉统合训练室、精细动作训练室、客房服务训练基地等功能场室，配套完善了相关的设备设施。

有了良好的硬件环境，学校迈出了内涵化发展步伐，树立以生为本的教育理念，以"让每一个孩子幸福成长"为办学目标，以"求稳定、谋发展、挖内涵、创特色"为发展思路，以教师队伍建设为重点，以课程建设和有效教学为抓手，采取"三结合"的发展模式，创新普教和特教融合的教育方式，为特殊儿童健康成长提供适合的教育，不断提高教育教学质量。

结合当地残疾学生分布广、交通不便、学生残疾程度与种类不一等实际情况，在反复讨论、调查的基础上，佛山市南海区在北京师范大学特殊教育系相关专家的专业引领下，开展"特殊学校＋特殊班＋随班就读"模式的试验，布点规划做到均衡、合理。星辉学校是全区仅有的一所特殊学校，办学规模 100 人；各镇(街道)按每 10 万户籍人口开设 1 个特教班的标准布局特教班；各义务教育阶段学校向户籍人口开设随班就读学位。目前南海区义务教育阶段在读特殊儿童约 175 人，其中星辉学校 50 人、特教班 73 人、随班就读 52 人，特教工作者 85 名，智障儿童的入学率达到 91%。

2010 年 5 月，南海区依托星辉学校成立了南海区特殊教育指导中心。至此，南海特殊教育已具备完善的特殊教育体系，形成了"三结合"特殊教育网络(即"特

殊学校＋特教班＋随班就读”)，满足了区内特殊儿童的入学需求。特殊教育指导中心承担起指导全区特殊儿童的教育、教学和管理工作，定位为特殊教育的管理中心、指导中心、研究中心、培训中心、资源中心、服务中心。具体工作有：承担对普校中有特教对象的学校领导、老师的短期培训工作；指导各镇(街道)特教班教师的教育和教学研究工作；指导全区普通班中的随班就读工作，进行巡回辅导活动；建立全区特殊儿童受教育档案，进行特殊教育的地方教材建设；承担特殊儿童家长的辅导、咨询工作。

在指导中心的协调、组织下，南海区明确指导中心、特殊教育学校、普通学校、特教班、随班就读班级各自的工作职责，建立相应的管理制度，规范相关的工作和管理。以特殊教育指导中心的成立为契机，南海区建立了区特殊教育工作领导小组，并有专人分管工作，形成区、镇、校(普校、特校)三级管理网络。

第二节　“三结合”特殊教育模式的地区性探索

南海区自实施创建“广东省教育综合改革示范区”方案以来，对特殊教育事业发展进行了整体规划，形成了“一所特殊教育学校、十个特教班、合理的随班就读学校”的“三结合”布局，满足了特殊儿童求学的不同需求，并以区特殊教育指导中心为抓手，促进不同形式特殊教育的均衡发展。

一、建立特殊教育“三结合”模式，完善管理机制

特殊教育指导中心从无到有，又逐步完善架构，建立了区教育局—区特教指导中心—学校三级行政管理体系，明确了各级部门各自的目标与任务。在政策上，推动以区为主布局特殊教育学校，以镇(街道)为主布局特教班，各镇(街道)按每10万户籍人口开设1个特教班的标准布局特教班，以义务教育阶段学校为主向户籍人口开设随班就读学位。这种“三结合”模式为特殊儿童提供多元选择教育场所的机会。指导中心则面向特殊儿童提供个案咨询服务，介绍特殊教育学校、特教班、随班就读学校的不同特点，让家长在专业的指导下，为孩子选择适合的教育方式。具体运行管理机制如图7-1所示。

特教指导中心的内部管理走上规范化的轨道。在区教育局的指导下，特殊教育指导中心制订了《关于各镇(街道)开设特殊教育班的意见》《南海区完善全纳教

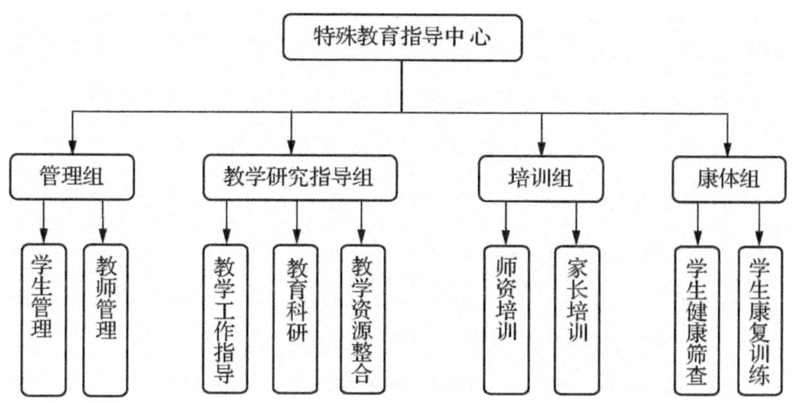

图 7-1 南海区特殊教育指导中心运行管理机制

育行动计划》等相关扶持政策。在经费上，区财政给予每个特教班 6 万元/年的专项经费补助，普通学校随班就读学生生均公用经费不低于普通学生的 3 倍，并提供额外的资源补助。在师资配备上，严格按上级规定配置教师，并给星辉学校配置弹性编制的老师，以确保指导中心有充足的人力资源对全区特教工作定期提供专业支援，包括每年一次工作调研、完善全区特教档案、资源教室建设、师资培训、送教上门、个案咨询、课题研究等。在评价上，对特教班、随班就读的学生实行多元评价，其文化课考核成绩不纳入各类考试统计，有效地减轻教育行政部门对学校综合评价上的压力，保证了其对开设特教班和开展随班就读工作的热情，并根据特殊教育的特点，建立了对教师的综合考核评价制度。

指导中心定期召开全区特殊教育工作会议，建立了以指导中心为核心的特殊教育网络化管理体制和服务机制，成立了巡回指导小组，配备专职巡回指导教师，指导各学校建立健全特殊学生受教育档案，对特教班、普通学校随班就读工作进行定期督促、检查和考评，建立管理网络，实施网络化管理。指导中心的管理组、教研指导组、培训组和康体组的各小组负责人制订组内实施计划，明确方向和责任，推进指导中心的常规管理工作，完成年度工作计划和重点项目的推进。

指导中心制定了特殊学生筛查标准、规范性流程(遵循申请—上报—审核—备案程序)，通过摸底筛查、学校申请、家长签字等完整程序，对特殊学生给予认定，使整个筛查认定工作更为规范、有效。

为了全面了解南海区的特殊教育现状，指导中心开展了资料的收集工作，对全

区各校特教班和随班就读工作的开展情况进行了全面的了解，并建立特殊教育指导中心的学生档案目录，指导各个学校的教师建立特殊学生学籍档案和成长记录袋，做好资料的搜集工作，并进行跟踪管理，解决了由于人员变动所带来的资料缺失问题，有效地保证了工作的延续性，便于开展研究工作。

指导中心建立了特殊需要学生学籍管理制度，解决特教班、随班就读的特殊学生界定不明确、不规范，学籍混乱等问题。

指导中心编写了《南海区特殊教育名师评选和管理办法》等多个规范性文件或管理制度，对特教班、普通学校随班就读工作进行定期督促、检查和考评。

特教指导中心成员每年都对所有开设特教班的学校进行实地考察，查看特教班的设施设备、查阅资料，并与负责特教班的教师和管理人员进行交流，全面了解全区特教班、随班就读的办学条件，学生的受教育情况及教师在工作上遇到的困难。同时，通过听课、访谈、观察、调查问卷等方式针对学生、教师、课程、教学、教研科研五个方面进行调查，并完成了 2011、2012 年《关于南海区特教班教育现状的调查报告》，从整体上对南海区特教班的基本情况进行了总结和分析。指导中心还对特殊教育巡回辅导中的相关问题进行汇整与回复，对特教班教学和管理给予指导性建议。根据调研的实际情况和收集到的信息，指导中心着手进行了随班就读工作指导手册的编辑准备工作，意在为从事一线随班就读工作的领导、教师提供指导性的、可操作性的信息，为基层学校开展随班就读工作提供业务支持，提高随班就读工作效率。

指导中心定期召开全区特殊教育工作会议，建立了以指导中心为核心的特殊教育网络化管理体制和服务机制。2011 年，召开了全区的特殊教育工作交流会，包括本书作者在内的与会特教专家充分肯定了南海区特殊教育工作定位准确、运作规范、初见成效。

（一）特殊教育指导中心建设

区特殊教育指导中心承担全区特殊教育资源管理、师资及家长培训、教育科研和康复教育的任务，充分发挥特殊教育学校的资源优势，合作共享，促进不同形式特殊教育的均衡发展。

(1) 办好示范基地，推广教育成果。星辉学校是南海特殊教育发展的风向标，区教育局以适度超前的思想把该校打造为特殊教育研究中心、师资培训基地、特殊教育示范基地，辐射全区。

(2) 指导中心以星辉学校期末家长开放日为契机，开展了多层次、多形式的课堂教学观摩和研讨活动，组织特教班教师进行听课，并推广该校成功的教学经验。

(3) 建立共享机制，实现共同成长。

首先，在星辉学校建设全区特殊教育学生实践基地和教育康复中心，设置感觉统合训练室、多感官综合训练室、语言训练室、心理疏导个训室等系列康复训练室，为全区特殊儿童提供具有针对性的、专业性的康复训练。

其次，建立开放窗口，创造均等机会。“特殊教育指导中心”这个栏目的开设，为星辉学校与区内的其他特教班教师提供了一个互相学习的平台，能更好地开展特教教育和教研活动。

最后，开展粤港交流，开阔国际视野。在特殊教育指导中心的支持和帮助下，星辉学校加盟了“视像中国”网络远程教育，利用网络开展远程交流与协作，并与香港的恩慈特殊学校结成姊妹学校，开展交流活动，吸纳香港地区的特殊教育经验。星辉学校将继续与境内外特殊教育学校加强交往，结成联盟，共同探讨特殊教育发展，并与特教班进行先进理念的分享。

特殊教育指导中心发展规划如下。

第一阶段：2009 年至 2014 年。到 2010 年，成立南海区特殊教育指导中心，完善架构，明确职责，进行特教班和随班就读学校与学生的调研，在此基础上进行整体规划，构建网络化管理系统；建立特殊儿童筛查机构和流程，对全区特殊儿童进行筛查；根据教师的需求对普校中有特教对象的学校领导、老师进行短期培训；办好区特殊教育学校，建一幢能容纳 100 个学生住宿的学生宿舍楼，解决特教学校学位紧缺的问题；星辉学校与特教班、随班就读校点共同招生，让义务教育阶段适龄残疾儿童入学率达 97%以上，发挥星辉学校在特殊教育中的骨干和辐射作用。

到 2012 年，完善各校的档案和资料管理，建立全区特殊教育学校、特教班和随班就读学生的受教育档案；组织形式多样的师资培训，定期委派教师到特教班、随班就读学校进行巡回辅导；为每个孩子建立个别化教育计划，促进教育质量的提高；建立特殊教育资源中心，进行特殊教育的地方教材建设；承担特殊儿童家长的辅导、咨询工作；加强对特教学校、特教班、随班就读校点的指导，确保特殊教育教学的质量；星辉学校建一幢功能楼，进行劳动基地建设，完善康复训练的设施设备，使特殊学生在获得知识技能、补偿身心缺陷的同时，潜能得到发展。

到 2014 年，以特殊教育专业化和科学的康复训练为突破口，改革特殊教育课程教材和教学方法，加强特殊教育教学研究，指导特教班、随班就读的教科研工作，力争在区内特殊教育教学质量和内涵发展方面获得较大的提高；加快特教教师的专业化发展，培养一支特殊教育骨干教师队伍；深化特殊教育改革，促进特殊教育与普通教育同步、健康、优质发展。

第二阶段（3年规划，中期规划）：以科学的运作模式为基础，特殊教育指导中心组织机构完善、职责分明、分工协作，有序地指导全区特殊儿童的教育、教学和管理工作，充分发挥管理中心、指导中心、研究中心、培训中心、资源中心、服务中心的作用；有组织、有计划地对普校中有特教对象的学校领导、老师进行短期培训，指导各镇（街道）特教班教师的教育和教学研究工作，指导全区普通班中的随班就读工作，进行巡回辅导活动；建立全区特殊儿童受教育档案和成长档案，做好特殊儿童家长的辅导、咨询工作，创设有利于特殊儿童发展的支持性环境，积极发挥社区和家长在特殊教育中的合力作用。

第三阶段（长期规划）：以先进的教育理念和科学的管理模式为指导，特殊教育指导中心各组织机构有效运作。特殊教育管理中心有计划地指导全区特殊儿童的鉴定和复查工作，指导各学校建立健全特殊学生受教育档案，定期对特教班、普通学校随班就读工作进行检查和考评。特殊教育研究和培训中心通过开展多层次、多形式的课堂教学观摩和研讨活动，搭建普通学校和特殊教育学校的经验交流和教学研讨平台，打造特教名师和名立项课题。特殊教育康体和服务中心统筹调配有关教育资源，有计划地对全区康复技术骨干实施培训，积极开展学术交流和实用性康复技术研究。同时，基本完善全区特殊儿童的家长咨询服务平台，完善区特色特殊教育网络。

（二）特殊学校的建设

区委区政府各部门，以适度超前的理念建设特殊学校，几年来，政府和社会各界大力支持，不断加大投入力度，新建学生综合楼，扩大办学规模，按教育要求配备功能教室，购买教育康复设备，建设教育康复中心，填补了南海区特殊儿童教育康复项目的空白，扩大了资源覆盖面。同时，投入资金建设特教指导中心专用活动室，配备软硬件，为实现“协调发展、个性支持、资源共享”做好充分的准备。

（三）特教班的资源配置

指导中心通过调查研究发现，特教班的资源配置存在设施设备较为落后的问题，无法满足教学需求：教室面积偏小导致学生活动场所受到限制；基本没有个训室、康复区，不能满足学生的特殊需求等。为解决这些问题，指导中心编写了《南海区特教班设施设备配置标准》，以创设满足特殊儿童特殊需要的学校物理环境。2012年，指导中心对特教班设施设备进行再次调查，统计发现，南海区特教班的设施设备都已按标准配置齐全，学生的学习环境得到了很大的改善，基本满足了学生的教学和康复需求。

（四）资源教室的建立

资源教室是沟通普通教育与特殊教育的桥梁。对多数轻度残障学生而言，资源教室与普通教育的结合是一种最少限制的教育措施。为了有效推进南海区特教资源建设，进一步推进区资源教室的整体布局，指导中心在星辉学校举办了资源教室建设会议，对全区特教资源教室进行合理规划，详细解读建设标准，并组织建设学校参观广州市海珠区三滘小学资源教室。指导中心对筹建资源教室的镇（街道）学校进行了专题调研，中心成员还对资源教室的建设进行实地指导。为了切实发挥资源教室的功能，规范资源教室的运作，指导中心建立了资源教室的复查制度，加强建设和运作的监督。

目前，南海区各镇（街道）在特殊教育指导中心的帮助下已建成了8个标准化的资源教室，有效地改变了特教班老师过去借用普通学生的教材给特殊儿童"满堂灌"的教学现状。同时，通过师资培训、送课上门、活动竞赛、推进学校联盟建设、搭建交流平台、实现校际教育资源的统筹利用，整体提升了教育质量，有效推动了区域内特殊教育的均衡发展。

（五）专业师资力量的培训

为了了解特教班的师资状况，指导中心对全区的特教班师资进行了问卷调查。调查发现，特教班专业师资缺乏。教师的学历偏低，缺乏特教专业知识，教学技能不足，相关工作经验缺乏，教学水平参差不齐。教师外出学习和专项培训机会较少，很难自我提升，导致教师专业化程度较低。

针对这些问题，指导中心有针对性地制订了教师继续教育培训计划，并推出教师培训菜单。指导中心投入十几万元，先后派出150人次到北京、香港、澳门、南京、重庆、广州、深圳、中山、珠海等省内外特殊教育发达地区进行考察与培训，邀请多位特教专家为全区特教教师进行专题讲座。

指导中心还联合镇（街道）教育局推出镇聘特教专业教师制度，通过为有条件的学校推荐专业教师等办法，有效地解决了特教班专业师资缺乏的问题。

二、实施融合教育，促进普特教育和谐发展

特教班和随班就读是具有中国特色的融合教育方式，既扩大了可利用的教育资源，又创设了融合的环境，有利于激发学习者的潜力，是积极有效的方法。过去，有些随班就读和特教班的学生在普通中小学里有一种“寄人篱下”的感觉，特教班的课堂被隔离开来，特殊儿童成了其他同学眼中的“另类”，特殊教育老师找不到自信，特殊儿童失去了自尊。在区教育局和特殊教育指导中心的引导下，这些学校通过优化育人环境，创设接纳支持的氛围，优化学校管理体制，创造普特融合的环境，促使特殊孩子和普通孩子互动共进，获得有效融合，实现了变“特殊孩子是学校的负累” 为“特殊孩子是学校的育人资源”的跨越。

三、提供个性化支持，实施个别化教育

特殊教育的宗旨是以融合教育理念为基础，让每一位学生都获得适合的教育。为此，星辉学校建立了与高等院校和兄弟学校的合作关系，在专家的指导下，确立了“三个适合”的指导方针，即：适合的教育环境、适合的学习内容、适合的指导帮助。在《培智学校义务教育课程设置实验方案》和《新课标》的指引下，确立了“以学生为本，不以能力为上”的指导思想，从儿童的权利与需求出发，该校尝试启动了个性化发展课程研究，并进行分层教学的探索，最大限度地为不同层次的学生提供适合他们个别差异的学习时空和学习平台，突破原有的包班制上课模式，建立分层走班、主题分科的课堂模式。

（一）分层走班、主题分科

每一个特殊教育对象都是一个特殊的个体，都有个性化的学习需求。“让每一个特殊需要学生获得适合自身条件的发展”，是星辉学校的教育追求。该校以学生发展为根本，以适应学生差异为前提，以学生现有水平为基础，以满足其个体发展需要为目的，以主题教学为依托，以分层分组为手段，以学习反馈为载体，形成了“走班制”的教学模式。① 目标设定。每个生命都是独特的，只有真实了解他们的能力现状特点，才能制定个性化教育目标。考虑学生的学习能力和年龄特点，在学生能力评估基础上制定目标，立足于每个学生的最近发展区，让每个学生都得到最适合的教育目标。② 内容选择个性化、生活化。个性化，以学生的不同水平为依据，建立教材资源库，为学生提供针对性、个性化的学习内容；生活化，内容从生活

中来，在生活情境中教，解决生活问题，提升生活质量。③ 组织形式。对于初入学、尚未建立行为规范的学生采取包班制教学；对于有基本的学习能力和已建立良好行为规范的学生采用“走班制”教学，即日常管理在一个固定的班级（称为行政班），教学活动根据学生的不同学科能力水平和年龄特点，为其选择适合自身发展的层次小组，学科教室和教师固定，学生流动到适合的教学班级。④ 教学策略“三同三异”：同内容，异难度；同教学，异辅导；同布置，异作业。⑤ 教学评价。采用弹性、动态评价，在此基础上，每年调整教学班。

以主题活动统整教学目标的教学形式是培智学校课堂教学的主要方式。星辉学校实施主题分科教学，结合学生的培养目标、生活环境、年龄特点、兴趣形成主题框架，按照“目标—主题”的模式在主题活动的统领下开设了生活适应、生活语文、生活数学、音乐、美术、体育、电脑等课程，还开设了展能活动、生活课程、康复课程。根据学生的教学层次，各学科制订教学计划表，选取教学内容，进行教材创编，教材的安排灵活弹性，使学生能学、愿学，提升了学生的学习主动性。逐步积累形成教材资源库，供老师们根据学生的需求选取适合的教材。

由于同班级同年龄段学生存在极大的能力差异，如果单纯按照年龄进行分班，就无法满足不同能力层次学生的发展需求，教学将面临极大的困难和挑战。为此，实施分层走班、主题分科的模式，能让每个学生在原有的知识、技能和适应力基础上得到进一步提升。

（二）教康结合、潜能开发

该校教师以发展学生为原则，关注他们成长的每一个细节，了解学生的身体发展状况，挖掘学生的兴趣爱好和特长，提供量身的教育、康复环境和条件，帮助他们补偿缺陷，支持他们尽展所能。

特殊需要儿童的健康成长，需要家庭、学校、社区多途径、多学科、跨专业人员的支持与配合。在南海区残疾人联合会等部门的支持下，星辉学校建立了“教康结合康复中心”，开展“教康结合”康复项目，即由南海区社会福利院派出专业康复治疗团队进驻学校，对有需要的智障儿童、孤独症儿童及运动功能障碍儿童开展康复治疗。让学生在接受专业教师优质教育的同时，由专业的康复治疗师配合开展康复训练，补偿其身体缺陷，改善其身体功能，提高其参与社会生活的能力，达到“教育”与“医学”的有效结合。

该校的“展能课程”以《培智学校义务教育课程标准》为指导，从学生“个性化”

的需要出发，找准每个儿童的潜能开发点，根据学生的优势、兴趣和能力水平，利用下午一小时活动时间，开设高尔夫、篮球、舞蹈、串珠、美术、家政、电脑等项目的展能小组，配以专业化的师资力量，同时利用各个节日以及融合活动机会，为学生搭建展示平台，让学生感受快乐，提升自信，提高能力。

第三节　特教班教育模式的地区性探索

一、调查背景和目的

特殊教育是整个基础教育的重要组成部分，是教育发展、社会发展的一个重要标志和窗口。加强特殊教育工作，保证弱势群体的受教育权利，是南海区全面贯彻落实《义务教育法》和《残疾人教育条例》的具体表现，是依法保障残疾儿童少年提高自身素质、增强社会适应能力、真正融入社会生活的重要措施，有利于实现教育公平与社会公正。

南海区特殊教育指导中心作为该区特殊教育的管理和科研机构，为全区的“特教班、随班就读、特殊教育学校”架起一座沟通的桥梁，让全区的特殊教育管理工作逐步走向规范化和科学化。

本书旨在对设有特教班的学校进行调研，了解特教班学生的受教育情况；收集信息，积累资料，建立健全特殊学生受教育档案；加强沟通，了解特教班教师存在的难题和困惑；就特教班学生课程实施和教育教学活动进行研讨，分析存在的问题，提出改进建议。

二、调查对象和方法

本次调查涉及全区 10 个特教班，19 名特教班的教师，72 名特教班的学生。调查采用走访、听课、谈话、观察、收集资料、发放和回收调查问卷表等方法。其中，针对学生、教师、课程和教学四个方面，发出调查表共 104 份，收回调查表 104 份，有效调查表 104 份，回收率和有效率均达 100%。

三、调查结果分析

（一）特教班硬件设施设备现状

由于特殊学生身体上的弱态、接受能力的迟缓、理解能力的受限以及各种不同的缺陷,因而对他们的教育不能只是知识性的灌输,而更应注重体验式教学、在"做中学",这就需要整个教育环境和教学设施设备的辅助,也就对特教班的硬件设备提出了更高的要求。基于特殊学生的教学需求,特殊班的教学设备主要包括:常规设备(黑板、讲台、桌椅、柜具等),多媒体设备(电视、音箱、DVD、录放机、电脑等),生活运动设备(厕所、睡室、多功能健身器材等),康复训练设备(助视器、助听器、触觉活动组合器材等),教具学具资源(全套教材,适用的图书、卡片、音像资源与教学软件,学生个案资料以及与特殊教育相关的图书、期刊、参考书等)五个方面,具体要按照特教班学生实际需要而配置。

通过本次调查了解到,全区10个特教班有固定的教室,教室内基本配有电视、DVD、电脑等多媒体设备,有适用的图书、卡片、音像资源与教学软件,部分特教班的教室内设有睡室、个训室、游戏康复区等(见表7-1,图7-2至图7-6)。

表7-1　南海区各特教班内的设施设备表

特教班所在学校	学生人数	教室内硬件设施设备							
		常规设备(黑板、桌椅等)	多媒体设备(电视、DVD等)	学生电脑台数	学生睡室	游戏个训室	运动康复区	教具学具资源	教师办公室
丹灶罗行小学	7	有	有	7	有	有	无	有	无
丹灶第二小学	9	有	有	9	有	无	有	有	无
桂城街道叠滘第二小学	5	有	无	无	无	无	无	有	无
西樵镇第一小学	7	有	有	7	无	无	无	有	无
西樵镇大桐堡小学	7	有	有	无	无	无	无	有	有
九江儒林第二小学	8	有	有	8	无	有	无	有	无
盐步中心小学	6	有	有	无	无	无	无	有	有
黄岐小学	10	有	有	无	有	有	有	有	有
里水镇麻奢小学	8	有	有	无	无	无	无	有	有
大沥镇城区小学	5	有	有	无	有	有	有	有	无
学生总人数	72								
合计(%)	—	100%	90%	40%	40%	40%	30%	100%	40%

可见,全区特教班100%有常规设备和教具学具资源,多媒体设备和学生电脑

也有一定比例的投入，而学生个训室、运动康复器材和特教班教师的办公室还有待完善。其中，部分特教班的教室内设有特色的个训室、康复区等。

图 7－2　丹灶罗行小学特教班设置的午休室

图 7－3　丹灶罗行小学特教班设置的游戏个训室

图 7－4　丹灶第二小学特教班设置的运动康复区

图 7－5　黄岐小学特教班设置的学生活动区

图 7－6　黄岐小学特教班设置的教师办公室

（二）特教班教师基本情况

教师专业化是现代教育发展的要求和必然趋势，不断提高教师专业化水平是实施科教兴国战略的现实需求。特殊教育有别于普通教育，特教教师不是任何具备了一定学历的人就可从事的，他们必须具备一定的特殊教育专业知识和教育技能。通过本次调查我们了解到，全区 10 个特教班都实行包班制，配有专任教师，具体情况见表 7－2。

表 7－2　南海区特教班专任教师简介

特教班所在学校	专任教师人数	专业	学历
丹灶罗行小学	1	特殊教育	大专
丹灶第二小学	3	汉语言文学	大专
		计算机及应用	人专
		汉语言文学	中专
桂城街道叠滘第二小学	2	中文	大专
		数学	中师
西樵镇第一小学	1	中文	大专
西樵镇大桐堡小学	2	汉语言文学	本科
		中文	中师
九江儒林第二小学	1	幼教	中师
盐步中心小学	3	汉语言文学	本科
		电子商务	本科
		教育技术	本科
黄岐小学	2	音乐教育	大专
		中文	中师
里水镇麻奢小学	2	中文	大专
		无	初中
大沥镇城区小学	2	中文	本科
		计算机及应用	中技

该区特教班专任教师中仅有 1 名教师是特殊教育专业毕业（即特殊教育专业的教师仅占 5%），其他专业中中文占 32%、汉语言文学占 21%、计算机占 11%；特教班专任教师的学历，大专以上占 63%，其中本科学历仅占 26%。可见，该区特教班的教师专业化水平和学历普遍偏低，特教教师队伍建设有待加强。

在专任教师人员分配上，根据相关制度和特殊学生的教育需求，特殊教育师生比是1∶2.5左右。该区特教班有19名专任教师，72名学生，师生比是19∶72(约1∶3.8)，可见，特教班的教师人员比较紧缺。

（三）特教班学生基本情况

该区特教班共有72名学生，均存在不同程度的智力障碍，其中还有唐氏综合征、脑瘫、肢体残疾、听觉障碍等类型的学生，具体情况见表7-3。

表7-3　南海区特教班学生基本信息

<table>
<tr><th rowspan="2">特教班所在学校</th><th colspan="2">学生人数</th><th rowspan="2">年龄范围</th><th rowspan="2">特殊类别</th></tr>
<tr><th>男</th><th>女</th></tr>
<tr><td rowspan="2">丹灶罗行小学</td><td rowspan="2">6</td><td rowspan="2">1</td><td rowspan="2">8—13岁</td><td>1脑瘫</td></tr>
<tr><td>6智力障碍</td></tr>
<tr><td rowspan="4">丹灶第二小学</td><td rowspan="4">6</td><td rowspan="4">3</td><td rowspan="4">10—17岁</td><td>1脑瘫</td></tr>
<tr><td>1癫痫</td></tr>
<tr><td>1听觉障碍</td></tr>
<tr><td>6智力障碍</td></tr>
<tr><td rowspan="2">桂城街道叠滘第二小学</td><td rowspan="2">4</td><td rowspan="2">1</td><td rowspan="2">8—13岁</td><td>3肢体残疾</td></tr>
<tr><td>2智力障碍</td></tr>
<tr><td rowspan="2">西樵镇第一小学</td><td rowspan="2">5</td><td rowspan="2">2</td><td rowspan="2">10—20岁</td><td>1聋哑</td></tr>
<tr><td>6智力障碍</td></tr>
<tr><td>西樵镇大桐堡小学</td><td>3</td><td>4</td><td>8—12岁</td><td>7智力障碍</td></tr>
<tr><td rowspan="2">九江儒林第二小学</td><td rowspan="2">6</td><td rowspan="2">2</td><td rowspan="2">6—14岁</td><td>1视觉障碍</td></tr>
<tr><td>7智力障碍</td></tr>
<tr><td rowspan="2">盐步中心小学</td><td rowspan="2">3</td><td rowspan="2">3</td><td rowspan="2">8—13岁</td><td>1肢体残疾</td></tr>
<tr><td>5智力障碍</td></tr>
<tr><td rowspan="4">黄岐小学</td><td rowspan="4">7</td><td rowspan="4">3</td><td rowspan="4">9—14岁</td><td>1癫痫</td></tr>
<tr><td>1学习障碍</td></tr>
<tr><td>2肢体残疾</td></tr>
<tr><td>6智力障碍</td></tr>
</table>

（续表）

特教班所在学校	学生人数		年龄范围	特殊类别
	男	女		
里水镇麻奢小学	6	2	9—17 岁	2 脑瘫 2 多动 2 聋哑 2 孤独症
大沥镇城区小学	3	2	12—14 岁	5 智力障碍
合计	49	23	6—20 岁	1 视觉障碍 1 听觉障碍 1 学习障碍 2 多动 2 孤独症 2 癫痫 3 聋哑 4 脑瘫 6 肢体残疾 50 智力障碍

该区特教班共 72 名学生，男女生比为 49∶23（约 2.1∶1），年龄跨度比较大，从 6 岁到 20 岁。学生中有 50 名是智力障碍，其他都是多重障碍（包括多动、孤独症、聋哑、听障和视障等）。可见，特教班学生中多重障碍者占 31%，这些学生将需要更多的教育成本和更多的支持性环境。

（四）特教班课程实施现状

该区特教班基本采用普教的课程，包括语文、数学、体能、音乐、美术等基础课程，部分特教班根据学生的实际开发了一些特色课程，如书法、太极扇、毽球等，具体情况见表 7－4。

表 7－4　南海区特教班课程

特教班所在学校	上课节数/天	科目	科目课时	使用教科书	校本教材开发(特色课程)
丹灶罗行小学	6	语文 数学 体能 美工 社交 音乐 自理 写字 游戏	5 5 5 2 2 2 3 2 2	小学人教版教材(自选章节) 佛山启聪教材	无
丹灶第二小学	6	语文 数学 常识 活动 美术 音乐 电脑 英语	5 5 5 4 3 3 2 2	小学人教版教材(自选章节) 佛山启聪教材	无
桂城街道叠滘第二小学	6	语文 数学 体育 美术 音乐 电脑	9 8 5 3 2 2	小学人教版教材(自选章节)	无
西樵镇第一小学	6	生活语文 生活数学 美术 体育 音乐 活动 书法 生活适应 劳动技能	7 7 2 2 4 2 2 2 2	无	无

(续表)

特教班所在学校	上课节数/天	科目	科目课时	使用教科书	校本教材开发(特色课程)
西樵镇大桐堡小学	6	生活语文 生活数学 体育 生活技能 音乐 美术 电脑 健康教育 沟通训练 活动 手工制作	5 5 3 4 2 2 2 2 1 3 1	无	毽球
九江儒林第二小学	3	语文 数学 体育 电脑	5 5 2 3	小学人教版教材(自选章节)	无
盐步中心小学	6	语文 数学 英语 体育 活动 音乐 美术 电脑 班队 书法 科学 综合活动 品德与社会	6 5 3 3 2 1 3 2 1 1 1 1 1	小学人教版教材(自选章节)	书法
黄岐小学	6	语文 数学 音乐 美术 体育 英语 生活适应	3 2 1 1 1 1 1	小学人教版教材(自选章节) 佛山启聪教材	歌曲、舞蹈、太极扇

（续表）

特教班所在学校	上课节数/天	科目	科目课时	使用教科书	校本教材开发（特色课程）
里水镇麻奢小学	6	生活语文 生活数学 美术 体育 音乐 活动	7 7 4 2 4 6	无	无
大沥镇城区小学	7	生活语文 生活数学 生活技能 健身活动 说话 写字 综合活动 唱歌 电脑 听故事 看动画片 看图画画 清洁活动	2 2 5 5 3 3 3 2 2 2 2 2 2	小学人教版教材（自选章节）	无

该区特教班中70%采用小学人教版教材，30%无教材，采用人教版的根据学生情况自选章节或简化相应的内容进行教学，教学侧重于语文、数学等基础知识的灌输，较为忽视技能和生活自理能力方面的培养，技能和生活自理能力课程仅占9%。除此之外，部分学校开发了一些特色课程并普及到特教班，如毽球、书法、歌曲、太极扇等，取得了一定的成效。

四、存在问题与建议

该区特教班整体上呈现出良好的发展态势，但特教班发展现状与全区特殊教育事业发展、特教教师专业发展和满足特殊学生实际需要都有一定的距离，主要表现在以下几个方面。

（1）特教班设施设备较为落后，投入经费不足，教室面积偏小，导致学生活动场所受到限制，基本没有个训室、康复区等。硬件设施是学校课程实施的基本保证，特殊教育的发展必须依靠政府和政策的支持，必须建立稳定的特殊教育办学经费投入机制，扶持特殊教育事业发展。

(2) 特教班专业师资缺乏,教师的学历偏低。特教班教师缺乏特教专业知识,教学技能不足,相关工作经验缺乏,教师之间的教学水平参差不齐。教师外出学习和专项培训机会较少,很难自我提升,导致教师专业化程度较低。

(3) 学生进入特教班的条件、筛选基准和具体操作流程不够清晰和完善。上级对于特殊学生接受九年义务教育没有具体的定义和操作办法,导致特教班招生和学生毕业时都出现一些学生年龄严重偏差的问题。

(4) 现有的培智课程结构过于强调学科本位,课程内容和课程结构缺乏科学性、合理性和整体性,不能很好地适应特殊学生的差异性,普遍出现特教班老师不知教什么内容的现象,需进一步推进特教课程改革。

针对上述存在的问题,提供几点建议和设想。

(1) 学校要保证特殊教育经费真正投入到特教班,支持和重视特教班。学校也可以广开渠道,积极争取多方资源和支持,改善特教班的硬件设施设备。除了继续做好特教班设施设备的配置外,还要重视管理及应用,要注重管理制度的建设,还要注重教育教学设备和康复设备的应用情况,督促和指导特教班用好这些设备,提出切实有效的应用指标,以体现其使用效益。除此之外,从学校的整体环境出发,建立平等、关爱、友善的师生、生生关系,将特殊教育融入学校文化建设。充分利用和开发各种有助于特殊学生学习的教育资源,创设无障碍的、促进学生发展的良好环境。创设这种融合教育的环境,既可以培养普通班学生的关怀、互助情感,又可以提高特教班学生的沟通、交流能力。

(2) 高质量的教师队伍是全面推进素质教育和发展高质量特殊教育的基本保证。可以让特教教师接受分领域、多元化的培训,以提高培训的效率。特教指导中心应组织开展多层次、多形式的课堂教学观摩和研讨活动,加强特殊教育学校和特教班的经验交流和教学研讨,不断提高教师教育教学水平。通过开展特殊教育课题研究,不断提高全区特殊教育的教育科研水平。

(3) 上级部门应该明确特殊学生接受九年义务教育的具体操作办法,让特教班招生有据可依。同时,出台政策,争取家长支持,解决特教班大龄学生的毕业问题。特殊学生毕业后的发展可以有几个考虑:继续接受职前培训,去残疾人劳动所、福利工厂工作以及在家自理,可以根据学生程度开设相应的课程和教学内容。

(4) 相比普通教育的课程改革来说,培智学校的课程改革更具艰巨性,如果没有充分的准备,课程改革不可能得到预期的效果。应成立课程小组并邀请专家等进行帮助、指导，综合审视全区特教的课程体系，从宏观和微观两方面进行综合考虑，制订详细、科学的课程改革实施计划和方案，使特教的课程改革有条不紊地进行下去。

此外，特殊教育课程改革的全面铺开要求教师必须从传统的角色中走出来，成为新课程的研究者、实施者和创造者。转变教师观念，培养和发展特教教师的创新和独立获取知识的意识与能力，提高他们实施素质教育的综合能力，这点非常重要。学校应充分依托教研部门的技术指导，系统规划和开展有质量、针对性强的校本教研活动，搞好教师的校本培训工作。同时，学校还应引导教师积极开展教学方法研讨、改革和创新，引入国内外先进的教育理念和技术手段，不断为特教课堂注入活力。

主要参考文献

一、英文参考文献

1. Ashman, A. , Elkins, J.. Educating children with special needs[M]. New York: Prentice Hall, 1994.

2. Ballard, K.. Researching into disability and inclusive education: participation, construction and interpretation[J]. International Journal of Inclusive Education, 1997, 1 (3):243 - 256.

3. Creswell, J. W.. Research design: qualitative, quantitative, and mixed methods approaches (2nd ed.)[M]. Thousand Oaksl, Calif. : Sage Publications, 2003.

4. Crockett, J. B. , Kauffman, J. M.. The least restrictive environment: Its origins and interpretations in special education [M]. Mahwah, N. J.: Erlbaum, 1999.

5. Croll, P. , Moses, D.. Ideologies and utopias: Education professionals' views of inclusion[J]. European Journal of Special Needs Education, 2000, 15 (1):1 - 12.

6. Deng, M. , Manset, G.. Analysis of the "Learning in Regular Classrooms" movement in China [J]. Mental Retardation, 2000, 38 (2):124 - 130.

7. Duvdevany, I. , Ben-Zur, H. , Ambar, A.. Self-determination and mental retardation: Is there an association with living arrangement and lifestyle satisfaction? [J]. Mental Retardation, 2002, 40 (5):379 - 389.

8. Farmer, T. W. , Acker, R. M. , Pearl, R. , Rodkin, P. C.. Social networks and peer-assessed problem behavior in elementary classrooms: Students with and without disabilities[J]. Remedial and Special Education, 1999, 20(4):244 - 256.

9. Friend, M. , Bursuck, W.. Including students with special needs: A practical guide for classroom teachers (2nd ed.) [M]. Boston: Allyn and Bacon, 1999.

10. Gerber, S. D.. To secure these rights: The Declaration of Independence and Constitutional Interpretation [M]. New York: New York University Press, 1995.

11. Getzel, E. E., Thoma, C. A.. Experiences of college students with disabilities and the importance of self-determination in higher education settings[J]. Career Development for Exceptional Individuals, 2008, 31 (2):77 - 84.

12. S. Graham, K. Harris, L. Swanson. Handbook of Learning Disabilities [M]. New York: Guilford, 2003.

13. Jobling, A., Moni, K. B., Nolan, A.. Understanding friendship: Young adults with down syndrome exploring relationships[J]. Journal of Intellectual & Disability, 2000, 25 (3):235 - 245.

14. King-Sears, M. E.. Best academic practices for inclusive classrooms[J]. Focus on Exceptional Children, 1997, 29(7):1 - 23.

15. Kirk, S. A., Gallagher, J. J., Anastasiow, N. J. Educating exceptional children (7th ed.) [M]. Boston: Houghton Mifflin Co., 1993.

16. Lian, M-G. J.. Assessment of children with disabilities for educational programming [G]. Normal, IL: University Communications, Illinois State University, 2000.

17. Lipsky, D. K., Gartner, A.. Inclusion and school reform: Transforming America's classrooms[M]. Baltimore, Md: P. H. Brookes Pub. Co., 1997.

18. Manset, G., Semmel, M. I.. Are inclusive programs for students with mild disabilities effective: A comparative review of model programs [J]. The Journal of Special Education, 1997, 31(2):155 - 180.

19. Maria Oreshkina. Education of children with disabilities in Russia: On the way to integration and inclusion[J]. International Journal of Special Education, 2009,24 (3):110 - 120.

20. Marston, D.. A comparison of inclusion only, pull-out only, and combined service models for students with mild disabilities[J]. The Journal of Special Education, 1996, 30 (2):121 - 132.

21. Meyen, E. L., Skrtic, T.. Exceptional children and youth (3rd ed.)

[M]. Denver: Love Publishing Com,1988.

22. Miller, K., Fullmer, S. L., Walls, R. T.. A dozen years of mainstreaming literature: A content analysis[J]. Exceptionality, 2004, 6 (2):99－109.

23. Minke, K. M., Bear, G. G., Deemer, S. A., Delaware, S. M.. Teachers' experiences with inclusive classrooms: Implications for special education reform[J]. The Journal of Special Education, 1996, 30 (2):152－186.

24. Nelson, J., Ferrante, C., Martella, R.. Children's evaluations of the effectiveness of in-class and pull-out service delivery models[J]. International Journal of Special Education, 1999, 14 (2):77－91.

25. Poon－McBrayer, K. F., Lian, M. J.. Special needs education: Children with exceptionalities[M]. Hong Kong: Chinese University Press, 2002.

26. Pulliam, J. D., Van Patten, J. J.. History of education in America (9th ed.)[M]. Upper Saddle River, NJ: Pearson Education, 2006.

27. Sabbatino, E. D., Macrine, S. L.. Start on Success: A model transition program for high school students with disabilities[J]. Preventing School Failure, 2007, 52(1):33－39.

28. Salend, S. J., Duhaney, G.. The impact of inclusion on students with and without disabilities and their teachers[J]. Remedial and special education, 1999, 20 (2):114－126.

29. Scholtes, V., Vermeer, A., Meek, G. Measuring perceived competence and social acceptance in children with cerebral palsy[J]. European Journal of Special Needs Education, 2002, 17 (1):77－88.

30. Scott, B. J., Vitale, M. R., Masten, W. G.. Implementing instructional adaptations for students with disabilities in inclusive classrooms[J]. Remedial and Special Education, 1998, 19 (2):106－119.

31. Skrtic, T. M.. Behind special education: A critical analysis of professional culture and school organization[M]. Denver, Colo.: Love Pub. Co., 1991.

32. Sleeter, C. E.. Learning disabilities: The social construction of a special

education category[J]. Exceptional Children, 1986, 53(1):46－54.

33. Smith, B. J.. The federal role in early childhood special education policy in the next century: The responsibility of the individual[J]. Topics in Early Childhood Special Education, 2000, 20 (1):7－13.

34. Smith, T. C., Polloway, E. A., Patton, J. R., Dowdy, C. A.. Teaching students with special needs in inclusive settings (3rd ed.)[M]. Boston: Allyn and Bacon, 2001.

35. Stangvik, G.. Beyond schooling: Integration in a policy perspective[A]. In S. J. Pijl, C. J. W. Meijer, S. Hegarty. Inclusive education: A global agenda [M]. London: Routledge, 1997.

36. Stainback, W., Stainback, S.. A rationale for the merger of special and regular education[J]. Exceptional Children, 1984, 51(2):102－111.

37. Telford, C. W., Sawrey, J. M.. The exceptional individual (2nd ed.) [M]. Englewood Cliffs, N. J.: Prentice-Hall, 1972.

38. Van Reusen, A. K., Shoho, A. R., Barker, K. S.. High school teacher attitudes toward inclusion[J]. The High School Journal, 2001, 82(4):7－20.

39. Villa, R. A., Thousand, J. S.. Restructuring for caring and effective education: Piecing the puzzle together[M]. Baltimore, Md.: Paul H. Brooks Pub, 2000.

40. Winzer, M. A.. The history of special education: From isolation to integration[M]. Washington, D. C.: Gallaudet University Press, 1993.

41. Wood, J. W., Lazzari, A. M.. Exceeding the boundaries: Understanding exceptional lives[M]. New York: Harcourt Brace & Com, 1997.

42. Yang, H. L., Wang, H. B.. Special Education in China [J]. The Journal of Special Education, 1994, 28 (1):93－105.

43. Yell, M. L., Shriner, J. G.. The IDEA amendments of 1997: Implications for special and general education teachers, administrators, and teacher trainers[J]. Focus on Exceptional Children, 1997 30 (1):1－19.

44. Zigmond, N., Baker, J. M.. Concluding comments: Current and future practices in inclusive schooling[J]. The Journal of Special Education, 1995, 29(2):

245 - 250.

45. Zionts, P.. Inclusion strategies for students with learning and behavior problems: Perspectives, experiences, and best practices[M]. Austin, Tex.: Pro-Ed, 1997.

二、中文参考文献

1. 陈琳.发展变革中的俄罗斯特殊教育[J].中国特殊教育,2004(4):87-91.

2. 陈云英,等.中国特殊教育学基础[M].北京:教育科学出版社,2004.

3. 崔凤鸣.美国《残疾人教育法》与残疾人高等教育[J].比较教育研究,2006(10):70-72.

4. 邓猛.从隔离到全纳:对美国特殊教育发展模式变革的思考[J].教育研究与实验,1999(4):41-45.

5. 邓猛.双流向多层次教育安置模式、全纳教育以及我国特殊教育发展格局的探讨[J].中国特殊教育,2004(6):1-7.

6. 邓猛,周洪宇.关于制定《特殊教育法》的倡议[J].中国特殊教育,2005(7):3-6.

7. 邓猛.关于全纳学校课程调整的思考[J].中国特殊教育,2004(3):1-7.

8. 邓猛,肖非.全纳教育的哲学基础:批判与反思[J].教育研究与实验,2008(5):18-23.

9. 邓猛,肖非.特殊教育学科体系探析[J].中国特殊教育.2009(6):25-30.

10. 邓猛,肖非.隔离与融合:特殊教育范式的变迁与分析[J].华中师范大学学报(人文社会科学版),2009(4):134-140.

11. 邓猛.融合教育与随班就读:理想与现实之间[M].武汉:华中师范大学出版社,2009.

12. 邓猛,郭玲.西方个别化教育计划的理论反思及其对我国特殊教育发展的启示[J].中国特殊教育,2010(6):3-7.

13. 邓猛,王麟.特殊儿童教育[M].北京:中央广播电视大学出版社,2011.

14. 邓猛,苏慧.融合教育在中国的嫁接与再生成:基于社会文化视角的分析[J].教育学报,2012(1):83-89.

15. 邓猛,刘慧丽.全纳教育理论的社会文化特性与本土化建构[J].中国特殊

教育,2013(1):15-19.

16. 杜林,雷江华.芬兰特殊教育的发展及启示[J].现代特殊教育,2013(1):60-61.

17. [美]弗罗斯特.西方教育的历史和哲学基础[M].吴元训,等译.北京:华夏出版社,1987.

18. 甘昭良,方向阳.残疾人职业教育的问题与对策[J].职业教育研究,2009(7):16-17.

19. 顾定倩.试论我国特殊教育义务教育立法的发展[J].特殊教育研究,1993(4):1-9.

20. 侯晶晶.论人性观的嬗变对特殊教育的影响[J].现代特殊教育,2001(4):14-15.

21. 华国栋.残疾儿童随班就读现状及发展趋势[J].教育研究,2003(2):66-69.

22. 黄伟.我国残疾人高等教育公平研究[J].中国特殊教育研究,2011(4):10-15.

23. 焦云红,唐键,赫红英,等.河北省城市普通幼儿园学前特殊教育调查与分析[J].中国特殊教育,2004(2):91-94.

24. 李可.加强视觉障碍儿童的学前家庭教育至关重要[J].辽宁商务职业学院学报(社会科学版),2004(2):60-61.

25. 李拉.专业化视野下的随班就读教师:困境与出路[J].教育理论与实践,2012(23):34-36.

26. 李泽慧.近二十年我国随班就读教师培养研究回顾与反思[J].中国特殊教育,2010(6):8-12.

27. 刘俊卿.我国特殊教育学校职业教育发展的历史经验、现实问题及未来选择[J].中国特殊教育,2011(3):3-7.

28. 刘贤伟.美国残疾学生转换服务法规与转换模式的研究——美国保证残疾中学生向学校后过渡对我国的启示[J].比较教育研究,2008(2):17-21.

29. 刘全礼.特殊教育导论[M].北京:教育科学出版社,2003.

30. 李继刚.美国特殊教育立法及对我国的启示[J].中国特殊教育,2008(8):11-14.

31. 卢茜，雷江华. 美国高校残疾人服务特点及对我国高校的启示[J]. 中国特殊教育，2010(9)：27－32.

32. 罗亦超. 今日俄罗斯的特殊教育[J]. 教育研究与实验，1999(1)：31－35.

33. 马宇. 美国残疾人高等教育支持体系的特点及其启示[J]. 现代特殊教育，2012(6)：60－62.

34. 牟晓宇，昝飞. 美国残疾人职业康复[J]. 社会福利，2011(3)：33－34.

35. 牟映雪. 中国特殊教育演进历程及启示[J]. 中国特殊教育，2006(5)：37－41.

36. 孟万金. 辉煌特教六十年：为新中国六十华诞献礼[J]. 中国特殊教育，2009(9)：3－7.

37. 牛永红. 俄罗斯积极推行全纳教育[J]. 比较教育研究，2009(3)：91－92.

38. 彭霞光. 中国全面推进随班就读工作面临的挑战和政策建议[J]. 中国特殊教育，2011(11)：15－20.

39. 朴永馨. 聋童教育概论[M]. 合肥：安徽教育出版社，1992.

40. 朴永馨. 特殊教育辞典[M]. 北京：华夏出版社，1996.

41. 朴永馨. 残疾人高等特殊教育的产生和发展[J]. 中国听力语言康复科学杂志，2004(7)：4－5.

42. 朴永馨. 特殊教育学：第二版[M]. 福州：福建教育出版社，2007.

43. 朴永馨. 科学发展，与时俱进：学习第四次全国特殊教育工作会议文件及国办发〔2009〕41 号文件[J]. 中国特殊教育，2009(6)：12－16.

44. 钱丽霞，江小英. 对我国随班就读发展现状评价的问卷调查报告[J]. 中国特殊教育，2004(5)：1－5.

45. 石学云. 俄罗斯特殊教育与中国特殊教育若干问题的比较研究[J]. 中国特殊教育，1998(3)：42－44.

46. 童欣，曹宏阁，康顺利. 分析借鉴美、俄聋人高等全纳教育经验——以美国国家聋人工学院和俄罗斯鲍曼技术大学聋人中心为例[J]. 中国特殊教育，2009(4)：30－35.

47. 王炳照，郭齐家，刘德华，等. 简明中国教育史[M]. 北京：北京师范大学出版社，1990.

48. 汪海萍. 论加强特殊教育立法的必要性与可行性[J]. 中国特殊教育，2007

(7):2－6.

49. 王雁,莫春梅.论我国教育硕士专业培养体系中增设特殊教育专业的必要性与可行性[J].教师教育研究,2009(6):15－19.

50. 王洙,杨希洁,张冲.残疾儿童随班就读质量影响因素的调查[J].中国特殊教育,2006(5):3－13.

51. 韦小满,袁文得.关于普小教师与特教教师对有特殊教育需要学生随班就读态度的调查[J].中国特殊教育,2000(3):31－33.

52. 肖非.中国的随班就读:历史·现状·展望[J].中国特殊教育,2005(3):3－7.

53. 肖非,刘全礼.智力落后教育的理论与实践[M].北京:华夏出版社,1993.

54. 肖非,戚克敏.搞好随班就读是解决残疾儿童教育问题的关键[J].中国特殊教育,2009(5):3－4.

55. 谢敬仁,钱丽霞,杨希洁,等.国外特殊教育经费投入和使用及其对我国特殊教育发展的启示[J].中国特殊教育,2009(6):17－24.

56. 熊絮茸.自闭症儿童教育支持与服务体系现状调查及对策探讨——以江苏省为例[J].中国校外教育,2011(8):37－39.

57. 徐云,施旒英,汪文鋆,等.弱智儿童教育经验精选[M].杭州:浙江教育出版社,1990.

58. 颜廷睿,邓猛.西方全纳教育效果的研究分析与启示[J].中国特殊教育,2013(3):3－7.

59. 杨希洁.随班就读学校残疾学生发展状况研究[J].中国特殊教育,2010(7):3－10.

60. 杨希洁.四川与云南部分地区进一步开展随班就读工作的环境分析[J].中国特殊教育,2011(5):10－23.

61. 余强.美国学前阶段特殊教育全纳安置模式述评[J].外国教育研究,2008(8):44－48.

62. 于松梅,侯冬梅.美国《障碍者教育法》的演进及其特殊教育理念[J].辽宁师范大学学报(社会科学版),2008(4):78－80.

63. 宗占国,庄树范.创建中国特色的残疾人高等教育[J].中国高教研究,2005(4):46－49.

64. 张福娟，马红英，杜晓新. 特殊教育史[M]. 上海：华东师范大学出版社，2000.

65. 张丽莉. 关注学前特殊需要儿童　发展学前特殊教育事业[J]. 现代特殊教育，2010(12)：12－14.

66. 张燕. 北京市学前特殊教育的调查与思考[J]. 中国特殊教育，2003(4)：57－61.

67. 钟经华，孙颖，张海丛. 北京市普通中小学教师对随班就读态度的调查[J]. 现代特殊教育，2011(9)：12－14.

68. 周甲禄，邓猛，袁朝. 中国残疾儿童教育纪实[M]. 武汉：湖北少年儿童出版社，1997.

69. 朱宁波. 关于残疾人高等教育形式之探析[J]. 中国特殊教育，2001(3)：14－20.

70. 朱楠，赵小红，刘艳虹. 随班就读学校氛围案例研究[J]. 中国特殊教育，2009(3)：24－28.

附录　调查问卷与访谈提纲

附录1　中国特殊教育结构体系调查提纲

一、受访者背景信息

姓名：________　　性别：________　　年龄：________

下表根据实际情况填写：

高校教师	所在省市： 单位：	职称： 学历： 学位：	任教科目： 工作年限：
特校教师	所在省市： 学校：	职称： 学历： 学位：	教龄： 任教科目： 授课年级：
家长	家庭地址：	学历： 学位： 孩子数量： 残疾孩子类别与数量：	残疾孩子年龄： 残疾孩子就读学校： 残疾孩子就读年级：

二、请详细回答下列问题

1. 你怎么看我国特殊教育层次结构(即从学前教育到义务教育、高中阶段教育、高等教育以及职业教育)？这个体系有何特点？

____

2. 我国特殊教育层次结构是否合理？例如，其规模、比例等是否合理？为什么？

____

3. 我国特殊教育层次结构之间的衔接是否合理？例如，幼小衔接、义务教育小学到初中的衔接、初中到高中以及高中到高等教育的衔接等是否协调？为什么？

____

4. 我国残疾儿童少年从学校到社会之间的衔接存在什么问题？为什么？

____

5. 对于改善我国残疾儿童少年教育层次结构体系，你有何建议？

____

附录 2　普通学校随班就读教师教育安置态度与教学实践调查问卷

尊敬的老师：

您好！为了了解**特殊儿童（残疾儿童）**在特殊学校（班）和普通学校两种不同安置形式下的生存状况，特此向特殊儿童普通学校的科任老师发放此调查问卷。问卷内容只限于研究使用，所有的信息都将保密，不会对您产生任何不利的影响，谢谢您的合作！

一、教师基本信息

1. 您的性别：□男　□女

2. 您的年龄：□25 岁以下　□25—35 岁　□36—45 岁
□46—55 岁　□56 岁以上

3. 目前所在学校：________________________________

4. 所在省区：________省________市________县（区）

5. 您的教龄：□5 年及以下　□6—10 年　□11—15 年
□16—20 年　□20 年以上

6. 您的职称：□初级　□中级　□高级　□特级

7. 您的最高学历：□中师及以下　□专科　□本科　□硕士　□博士

8. 毕业专业：____________________

9. 教龄________年，从事随班就读教育的年限________年

10. 教过残疾儿童的类别与数量：视力残疾，________；听力残疾，________；智力落后，________；肢体残疾，________；脑瘫，________；孤独症，________；其他，________

11. 您目前任教的学科：________

12. 您目前授课的年级：________；是否为班主任：□是　□否

二、学生在普通教室的发展情况(请在合适的选项处打√)

学生在普通教室的表现	完全不同意	比较不同意	不确定	比较同意	完全同意
1. 残疾学生上课认真听讲					
2. 残疾学生上课积极回答问题					
3. 残疾学生上课不会干扰课堂秩序					
4. 残疾学生在班上是受欢迎的					
5. 残疾学生与老师、同学人际关系良好					
6. 残疾学生在班上有自己的好朋友					
7. 残疾学生在班上是受关注的					
8. 残疾学生在班上情绪好,很少发脾气					
9. 残疾学生在班上问题行为少					
10. 残疾学生对学校的生活是满意的					
11. 残疾学生在学校学习是开心的					
12. 残疾学生来学校是自信的					

三、对特殊儿童安置方式的态度(请在合适的选项处打√)

对特殊儿童安置方式的态度	完全不同意	部分不同意	不清楚	部分同意	完全同意
1. 特殊儿童应该在特殊学校上学					
2. 特殊儿童在普通学校能够学到更多的知识					
3. 普校设立的特殊班的教学环境比普通班更适合特殊儿童					
4. 轻中度特殊儿童应该在普通教室接受教育					
5. 特殊学校比普通学校更有利于特殊儿童心理健康发展					
6. 普校设立的特殊班能够提供比普通班更专业化的教育和康复					
7. 重度特殊儿童应该在特殊学校接受教育					

（续表）

对特殊儿童安置方式的态度	完全不同意	部分不同意	不清楚	部分同意	完全同意
8. 普通学校设立的特殊班比特殊学校更有利于特殊儿童学业发展与进步					
9. 特殊儿童在特殊学校能接受到更专门的教育和训练					
10. 特殊学校对特殊儿童的社会交往与情感发展有消极影响					
11. 特殊儿童应该在普通教室里接受教育					
12. 特殊学校有专业化的教师和专业人员进行高质量的教育和康复					
13. 特殊儿童最好和特殊儿童在一起生活、学习					
14. 普通学校比特殊学校更有利于特殊儿童社会交往能力的发展					
15. 特殊儿童在特殊学校比在普通学校得到老师更多的关注					
16. 特殊学校有适合特殊儿童的专业设备和环境，对特殊儿童更有利					
17. 普通学校教师没有时间和精力教育特殊儿童					
18. 特殊儿童在普通学校自尊与自信会提高					
19. 普通儿童会因为特殊儿童进入课堂而影响学习					
20. 让特殊儿童进入普通班对教学工作本来就很重的教师来说是不公平的					
21. 普校设立的特殊班比特殊学校更有利于特殊儿童社会交往能力的发展					
22. 特殊儿童在普校设立的特殊班比在普通学校得到老师更多的关注					
23. 普校设立的特殊班比特殊学校更有利于特殊儿童心理健康发展					
24. 特殊儿童在普通学校会受到同伴的歧视和欺负					
25. 普通学校教师缺乏教育特殊儿童的知识和技能					
26. 普通学校设立的特殊班比特殊学校和普通班更适合特殊儿童					

四、教学调整(请在合适的选项处打√)

教学调整	从不这样做	偶尔这样做	不清楚	有时这样做	经常这样做
1. 我为特殊儿童制订个别化教学计划					
2. 我使用个别化教学的方法来教学					
3. 我调整教学的节奏、控制课程的进度以适应特殊儿童					
4. 我降低特殊儿童的教学目标、要求					
5. 我使用小组讨论、合作学习的方法来帮助特殊儿童					
6. 我为特殊儿童投入足够的教学时间和精力					
7. 我对特殊儿童进行各种形式的个别辅导					
8. 我常和其他教师共同探讨如何教育特殊儿童					
9. 我安排"小伙伴"帮助班上的特殊儿童					
10. 我教给特殊儿童与正常儿童交往的技巧					
11. 我对特殊儿童使用弹性的评价标准并据此布置作业、表扬学生					
12. 我鼓励正常儿童积极与特殊儿童交往					
13. 我鼓励正常儿童与特殊儿童互相帮助、互相学习					
14. 我对特殊儿童的行为表现进行及时监督、反馈					
15. 当特殊儿童学习上遇到困难时,我能够理解并提供帮助					
16. 我会针对特殊儿童的能力设计问题,给他们回答问题的机会					

其他相关想法或者建议:

附录3 特殊学校教师教育安置态度与教学实践调查问卷

尊敬的老师：

您好！为了了解**特殊儿童（残疾儿童）**在特殊学校（班）和普通学校两种不同安置形式下的生存状况，特此向特殊儿童特殊学校的科任老师发放此调查问卷。问卷内容只限于研究使用，所有的信息都将保密，不会对您产生任何不利的影响，谢谢您的合作！

一、教师基本信息

1. 您的性别：□男 □女

2. 您的年龄：□ 25 岁以下 □ 25—35 岁 □ 36—45 岁 □ 46—55 岁 □ 56 岁以上

3. 目前所在学校：________________

4. 所在省区：________省________市________县（区）

5. 您的教龄：□ 5 年及以下 □ 6—10 年 □ 11—15 年 □ 16—20 年 □ 20 年以上

6. 您的职称：□初级 □中级 □高级 □特级

7. 您的最高学历：□中师及以下 □专科 □本科 □硕士 □博士

8. 毕业专业：________________

9. 教龄________年，从事特殊教育的年限________年

10. 教过残疾儿童的类别与数量：视力残疾，________；听力残疾，________；智力落后，________；肢体残疾，________；脑瘫，________；孤独症，________；其他，________

11. 您目前任教的学科：________

12. 您目前授课的年级________；是否为班主任：□是 □否

二、学生在特殊学校的发展情况(请在合适的选项处打√)

学生在特殊学校的表现	完全不同意	比较不同意	不确定	比较同意	完全同意
1. 残疾学生上课认真听讲					
2. 残疾学生上课积极回答问题					
3. 残疾学生上课不会干扰课堂秩序					
4. 残疾学生在班上是受欢迎的					
5. 残疾学生与老师、同学人际关系良好					
6. 残疾学生在班上有自己的好朋友					
7. 残疾学生在班上是受关注的					
8. 残疾学生在班上情绪好,很少发脾气					
9. 残疾学生在班上问题行为少					
10. 残疾学生对学校的生活是满意的					
11. 残疾学生在学校学习是开心的					
12. 残疾学生在学校是自信的					

三、对特殊儿童安置方式的态度(请在合适的选项处打√)

对特殊儿童安置方式的态度	完全不同意	部分不同意	不清楚	部分同意	完全同意
1. 特殊儿童应该在特殊学校上学					
2. 特殊儿童在普通学校能够学到更多的知识					
3. 普校设立的特殊班的教学环境比普通班更适合特殊儿童					
4. 轻中度特殊儿童应该在普通教室接受教育					
5. 特殊学校比普通学校更有利于特殊儿童心理健康发展					
6. 普校设立的特殊班能够提供比普通班更专业化的教育和康复					

（续表）

对特殊儿童安置方式的态度	完全不同意	部分不同意	不清楚	部分同意	完全同意
7. 重度特殊儿童应该在特殊学校接受教育					
8. 普通学校设立的特殊班比特殊学校更有利于特殊儿童学业发展与进步					
9. 特殊儿童在特殊学校能接受到更专门的教育和训练					
10. 特殊学校对特殊儿童的社会交往与情感发展有消极影响					
11. 特殊儿童应该在普通教室里接受教育					
12. 特殊学校有专业化的教师和专业人员进行高质量的教育和康复					
13. 特殊儿童最好和特殊儿童在一起生活、学习					
14. 普通学校比特殊学校更有利于特殊儿童社会交往能力的发展					
15. 特殊儿童在特殊学校比在普通学校得到老师更多的关注					
16. 特殊学校有适合特殊儿童的专业设备和环境，对特殊儿童更有利					
17. 普通学校教师没有时间和精力教育特殊儿童					
18. 特殊儿童在普通学校自尊与自信会提高					
19. 普通儿童会因为特殊儿童进入课堂而影响学习					
20. 让特殊儿童进入普通班对教学工作本来就很重的教师来说是不公平的					
21. 普校设立的特殊班比特殊学校更有利于特殊儿童社会交往能力的发展					
22. 特殊儿童在普校设立的特殊班比在普通学校得到老师更多的关注					
23. 普校设立的特殊班比特殊学校更有利于特殊儿童心理健康发展					
24. 特殊儿童在普通学校会受到同伴的歧视和欺负					

（续表）

对特殊儿童安置方式的态度	完全不同意	部分不同意	不清楚	部分同意	完全同意
25. 普通学校教师缺乏教育特殊儿童的知识和技能					
26. 普通学校设立的特殊班比特殊学校和普通班更适合特殊儿童					

四、教学方法（请在合适的选项处打√）

教学方法	从不这样做	偶尔这样做	不清楚	有时这样做	经常这样做
1. 我为特殊儿童制订个别化教学计划					
2. 我使用个别化教学的方法来教学					
3. 我和其他教师共同合作，对特殊儿童进行协同教学					
4. 我利用各种教学辅助工具（例如直观教具、玩具、图片等）针对特殊儿童进行教学					
5. 我根据学生的能力高低实行分层教学					
6. 我常和学生的监护人沟通，将学生的学校教育和家庭教育结合起来					
7. 对于特殊儿童的问题行为，我会进行耐心的指导与纠正					
8. 对于特殊儿童的正面行为，我会进行积极的支持与引导					
9. 当学生学习上遇到困难时，我能够理解并及时提供帮助					
10. 我根据学生的能力水平弹性布置作业					
11. 我对学生的表现进行及时监督、反馈					
12. 我根据学生特点对教室空间（例如座位、间隔等）进行调整					

其他相关想法或者建议：

附录 4　普通学校特殊班教师教育安置态度与教学实践调查问卷

尊敬的老师：

您好！为了了解**特殊儿童（残疾儿童）**在特殊学校（班）和普通学校两种不同安置形式下的生存状况，特此向特殊儿童的普通学校和特殊学校的科任老师发放此调查问卷。问卷内容只限于研究使用，所有的信息都将保密，不会对您产生任何不利的影响，谢谢您的合作！

一、教师基本信息

1. 您的性别：□男　□女

2. 您的年龄：□ 25 岁以下　□ 25—35 岁　□ 36—45 岁
　　□ 46—55 岁　□ 56 岁以上

3. 目前所在学校：________________

4. 所在省区：________省________市________县（区）

5. 您的教龄：□ 5 年及以下　□ 6—10 年　□ 11—15 年
　　□ 16—20 年　□ 20 年以上

6. 您的职称：□初级　□中级　□高级　□特级

7. 您的最高学历：□中师及以下　□专科　□本科　□硕士　□博士

8. 毕业专业：________________

9. 教龄________年，从事特殊教育的年限________年

10. 教过残疾儿童的类别与数量：视力残疾，________；听力残疾，________；智力落后，________；肢体残疾，________；脑瘫，________；孤独症，________；其他，________

11. 您目前任教的学科：________

12. 您目前授课的年级：________；是否为班主任：□是　□否

二、学生在特殊班的发展情况（请在合适的选项处打√）

学生在特殊班的表现	完全不同意	比较不同意	不确定	比较同意	完全同意
1. 残疾学生上课认真听讲					
2. 残疾学生上课积极回答问题					
3. 残疾学生上课不会干扰课堂秩序					
4. 残疾学生在班上是受欢迎的					
5. 残疾学生与老师、同学人际关系良好					
6. 残疾学生在班上有自己的好朋友					
7. 残疾学生在班上是受关注的					
8. 残疾学生在班上情绪好，很少发脾气					
9. 残疾学生在班上问题行为少					
10. 残疾学生对学校的生活是满意的					
11. 残疾学生在学校学习是开心的					
12. 残疾学生在学校是自信的					

三、对特殊儿童安置方式的态度（请在合适的选项处打√）

对特殊儿童安置方式的态度	完全不同意	部分不同意	不清楚	部分同意	完全同意
1. 特殊儿童应该在特殊学校上学					
2. 特殊儿童在普通学校能够学到更多的知识					
3. 普校设立的特殊班的教学环境比普通班更适合特殊儿童					
4. 轻中度特殊儿童应该在普通教室接受教育					
5. 特殊学校比普通学校更有利于特殊儿童心理健康发展					
6. 普校设立的特殊班能够提供比普通班更专业化的教育和康复					
7. 重度特殊儿童应该在特殊学校接受教育					
8. 普通学校设立的特殊班比特殊学校更有利于特殊儿童学业发展与进步					

（续表）

对特殊儿童安置方式的态度	完全不同意	部分不同意	不清楚	部分同意	完全同意
9. 特殊儿童在特殊学校能接受到更专门的教育和训练					
10. 特殊学校对特殊儿童的社会交往与情感发展有消极影响					
11. 特殊儿童应该在普通教室里接受教育					
12. 特殊学校有专业化的教师和专业人员进行高质量的教育和康复					
13. 特殊儿童最好和特殊儿童在一起生活、学习					
14. 普通学校比特殊学校更有利于特殊儿童社会交往能力的发展					
15. 特殊儿童在特殊学校比在普通学校得到老师更多的关注					
16. 特殊学校有适合特殊儿童的专业设备和环境，对特殊儿童更有利					
17. 普通学校教师没有时间和精力教育特殊儿童					
18. 特殊儿童在普通学校自尊与自信会提高					
19. 普通儿童会因为特殊儿童进入课堂而影响学习					
20. 让特殊儿童进入普通班对教学工作本来就很重的教师来说是不公平的					
21. 普校设立的特殊班比特殊学校更有利于特殊儿童社会交往能力的发展					
22. 特殊儿童在普校设立的特殊班比在普通学校得到老师更多的关注					
23. 普校设立的特殊班比特殊学校更有利于特殊儿童心理健康发展					
24. 特殊儿童在普通学校会受到同伴的歧视和欺负					
25. 普通学校教师缺乏教育特殊儿童的知识和技能					
26. 普通学校设立的特殊班比特殊学校和普通班更适合特殊儿童					

四、教学方法(请在合适的选项处打✓)

教学方法	从不这样做	偶尔这样做	不清楚	有时这样做	经常这样做
1. 我为特殊儿童制订个别化教学计划					
2. 我使用个别化教学的方法来教学					
3. 我和其他教师共同合作,对特殊儿童进行协同教学					
4. 我利用各种教学辅助工具(例如直观教具、玩具、图片等)针对特殊儿童进行教学					
5. 我根据学生的能力高低实行分层教学					
6. 我常和学生的监护人沟通,将学生的学校教育和家庭教育结合起来					
7. 对于特殊儿童的问题行为,我会进行耐心的指导与纠正					
8. 对于特殊儿童的正面行为,我会进行积极的支持与引导					
9. 当学生学习上遇到困难时,我能够理解并及时提供帮助					
10. 我根据学生的能力水平弹性布置作业					
11. 我对学生的表现进行及时监督、反馈					
12. 我根据学生特点对教室空间(例如座位、间隔等)进行调整					

其他相关想法或者建议:

附录5 残疾学生家长安置模式态度的访谈提纲

提纲一 特校转入普校残疾学生家长访谈提纲

一、家长信息

孩子父亲的文化程度：(　　)

孩子母亲的文化程度：(　　)

A. 研究生及以上 B. 大学本科 C. 大专 D. 中专

E. 高中 F. 初中 G. 小学及以下

孩子父亲的工作单位：(　　)

孩子母亲的工作单位：(　　)

A. 行政机关 B. 事业单位 C. 企业 D. 个体

E. 军人 F. 老师 G. 农民 H. 无业

I. 其他

家庭月平均总收入：(　　)

A. 1 000元以下 B. 1 000至2 000元

C. 2 000至3 000元 D. 3 000至4 000元

E. 4 000至5 000元 F. 5 000元以上

家庭类型：(　　)

A. 核心家庭(父母与子女两代组成的家庭)

B. 主干家庭(祖、父、孙三代人构成的家庭)

C. 单亲家庭 D. 再婚家庭 E. 寄养家庭

有几个小孩：________

孩子在家的主要抚养者(可多选)：(　　)

A. 妈妈 B. 爸爸 C. 奶奶 D. 爷爷

E. 外婆 F. 外公 G. 保姆 H. 家庭教师

I. 其他(请填写：________)

二、孩子信息

性别：________　年龄：________　智力水平：________
何时进入特殊学校：____________　转学前在特殊学校读几年级：__________
何时进入普通学校：____________　孩子进入普通学校读几年级：__________

三、学校过渡相关信息

孩子小的时候为什么没有去普通学校？
现在为什么把孩子转入普通学校？
是怎样和普通学校取得联系的？
和特殊学校的老师商量过吗？
孩子自己愿意吗？
转学时，普通学校的老师主动向您了解过孩子的发展情况吗？
孩子进入班级后，老师有没有主动和您沟通孩子的发展情况？
孩子刚进入普通学校的时候，遇到哪些方面的问题？您是怎么帮助他的？
您跟孩子的老师了解过孩子在学校的情况吗？

四、孩子在学校的发展状况

孩子进入普通学校后，学习成绩怎么样？
孩子有没有跟您说过在学校的学习情况？
孩子回到家里后有人给他补习功课吗？
孩子在普通学校跟班上的同学相处得怎么样？班上的同学会欺负他吗？
孩子跟您分享过班上快乐的事情吗？
孩子有没有向您抱怨过？
孩子进入普通学校后，有进步吗？
您认为特殊孩子更适合在哪种学校学习？为什么？
（从孩子的情绪的健康、自信心、人际交往能力、社会适应能力等方面考虑）
您对孩子的将来有什么样的期望？
您认为特殊孩子要顺利地在普通学校学习，需要哪些方面的支持？

提纲二　普校转入特校残疾学生家长访谈提纲

一、家长信息

孩子父亲的文化程度：(　　)

孩子母亲的文化程度：(　　)

A. 研究生及以上　B. 大学本科　C. 大专　D. 中专

E. 高中　F. 初中　G. 小学及以下

孩子父亲的工作单位：(　　)

孩子母亲的工作单位：(　　)

A. 行政机关　B. 事业单位　C. 企业　D. 个体

E. 军人　F. 老师　G. 农民　H. 无业

I. 其他

家庭月平均总收入：(　　)

A. 1 000 元以下　B. 1 000 至 2 000 元

C. 2 000 至 3 000 元　D. 3 000 至 4 000 元

E. 4 000 至 5 000 元　F. 5 000 元以上

家庭类型：(　　)

A. 核心家庭(父母与子女两代组成的家庭)

B. 主干家庭(祖、父、孙三代人构成的家庭)

C. 单亲家庭　D. 再婚家庭　E. 寄养家庭

有几个小孩：________

孩子在家的主要抚养者(可多选)：(　　)

A. 妈妈　B. 爸爸　C. 奶奶　D. 爷爷

E. 外婆　F. 外公　G. 保姆　H. 家庭教师

I. 其他(请填写：________)

二、孩子信息

性别：________　年龄：________

何时进入普通学校：____________转学前在普通学校读几年级：____________

何时进入特殊学校：____________孩子进入特殊学校读几年级：____________

三、学校过渡相关信息

刚开始为什么要把孩子放在普通学校？
为什么要把孩子转入特殊学校？是谁提出来的？您愿意吗？孩子愿意吗？
您对孩子转入特殊学校有什么样的看法？
转学时，特殊学校的老师主动向您了解过孩子的发展情况吗？
孩子进入班级后，特校的老师是否主动跟您沟通过孩子的发展情况？

四、孩子在学校的发展状况

孩子在普通学校读书时，学习成绩怎么样？
孩子以前在普通学校有好朋友吗？
孩子以前在普通学校受欢迎吗？
孩子喜欢在普通学校学习吗？
孩子在普通学校读书时，情绪怎么样？
孩子适应特殊学校的生活吗？
孩子进入特殊学校后，喜欢学习吗？
孩子跟您谈论过特殊学校的生活吗？
孩子喜欢在特殊学校学习吗？
孩子进入特殊学校后，有变化吗？
您认为特殊孩子适合在哪种学校学习？为什么？
（从孩子的情绪、自信心、人际交往能力、社会适应能力的发展等方面考虑）
您对孩子的将来有什么样的期望？
您认为特殊孩子要能够在普通学校生存，需要提供的支持有哪些？

附录6 残疾学生教师安置模式态度的访谈提纲

一、特校转入普校残疾学生教师的访谈提纲

1. 特校老师

(1) 个人信息

教龄：________ 专业背景：________

是否在普通学校工作过？ ________

(2) 学生发展情况

孩子以前在班上的发展情况怎么样？

受老师和同学关注多吗？

孩子要转入普通学校，您事先知道吗？

孩子普通学校的老师和您有过联系吗？

孩子去普通学校后跟您联系过吗？

如联系过，跟您说过他在学校的学习情况吗？一般说些什么？

(3) 对两种学校的态度

您认为特殊学生更适合在哪种学校学习？为什么？

（从特校和普校的比较、各自的优势方面深入访问）

特殊学生中间插入普通学校适合学生的发展吗？

现行的普通教育考试制度适合特殊学生的发展吗？

您支持特殊学生进入普通学校吗？

特殊学生要在普通学校顺利地接受教育，需要哪些方面的支持？

2. 普校老师

(1) 学生情况

孩子来您的班级，您事先知道吗？

学校向您提供了孩子以前的发展情况吗？

您跟孩子以前的老师和家长了解过孩子的情况吗？

您愿意接受孩子在您班上学习吗？

孩子的学习成绩怎么样？

他上课认真听讲吗？

孩子课下向您请教过问题吗？

他的学习成绩会算在班级平均分里吗？

您在讲课时会照顾到他的特殊情况吗？

孩子在班上的人际关系怎么样？有人愿意跟他玩吗？班上的同学会欺负他吗？

孩子与刚进班级相比，有什么变化？

(2) 支持条件

教育特殊学生存在哪些困难？

学校是否给予了您特殊的支持？

(3) 对特殊学校和普通学校的态度

把特殊学生放在普通学校学习合适吗？为什么？

您认为特殊学生更适合在哪种学校学习？为什么？

您认为对于特殊学生来说，哪方面能力的学习最重要？

您怎么看待特殊学生中途从特校转入普校这种现象？

特殊学生要在普通学校顺利地接受教育，需要有哪些方面的支持？

二、普校转入特校残疾学生教师的访谈提纲

1. 特校老师

学校向您提供了孩子以前的资料吗？

普通学校的老师或孩子的家长跟您沟通过孩子的情况吗？

您跟孩子以前的老师和家长了解过孩子的情况吗？

孩子刚去您的班级时，他适应新的班级吗？您给他提供过一些帮助吗？

孩子的学习成绩怎么样？

班上的同学喜欢他吗？

老师和同学对他的关注多吗？

孩子刚进班级时，情绪怎么样？

孩子与刚进班级相比，有什么变化？

与普通学校相比，特殊学校更有利于孩子哪些方面能力的发展？

特殊学校会限制孩子的发展吗？

您认为特殊孩子更适合安置在哪种学校？

特殊学生要在普通学校顺利地接受教育,需要哪些方面的支持?

2. 普校老师

孩子在您的班级读了几年?

孩子的学习情况怎么样?

孩子在班上的人际关系怎么样?

孩子存在哪些方面的问题?

孩子给您带来的最大困扰是什么?

孩子转校的重要原因是什么?

特殊学生是否适合在普通学校学习?

特殊学生在普通学校学习存在哪些方面的困难?

您在教育特殊学生的过程中,遇到的最大困难是什么?

特殊学生要在普通学校顺利地接受教育,需要哪些方面的支持?

附录7　普、特学校之间流动的残疾学生访谈提纲

提纲一　从特殊学校转入普通学校学生访谈提纲

一、基本资料

年龄：________　性别：________

转学前在特殊学校读几年级？

转学后在普通学校读几年级？

转入普通学校是谁提出的，家长或学校问过你的意见吗？你自己愿意吗？

二、两种安置形式中，学生各项能力发展情况对比

● 学业发展

1. 课程

在特殊学校上过哪些课？你最喜欢特殊学校的哪些课？为什么？

在普通学校上的课有哪些？你喜欢普通学校的哪些课？为什么？

特殊学校的课和普通学校的课有什么区别？

（提示：哪个难一些？特殊学校每个星期学的内容比普通学校多吗？）

2. 学习成绩

在特殊学校你的学习成绩怎么样？

转入普通学校后，学习跟得上吗？

在普通学校学习，哪些科目最难？为什么？能考多少分？

在普通学校哪些科目成绩比较好？能考多少分？

在普通学校你在班上排多少名？

3. 课堂表现

在特殊学校听课认真吗？

有没有经常回答问题？自己主动举手回答问题吗？

回答问题有没有得到过老师的表扬？

在普通学校听课认真吗？

当你听不懂老师讲的内容的时候，你做什么了？

课堂上有没有回答过问题？是老师叫你还是自己主动举手的？

回答问题后老师表扬过你吗？

你觉得在特殊学校学习，哪些地方不太好？

转入普通学校后，学习方面哪些地方让你感到不适应？

你更喜欢在哪个学校学习？

在哪个学校学习收获的知识更多？

● 人际关系

1. 师生关系

普通学校的老师关心你吗？

课下有没有问过你的情况？问你什么了？问的次数多不多？

当你学习上遇到困难时，老师有没有帮助过你？怎么帮的？

老师有没有让班上的同学多关心你？

老师批评过你吗？为什么批评你？

你更喜欢哪个学校的老师？

2. 同伴关系

在普通学校，下课后你做些什么？会跟同学一起玩吗？是他们主动跟你玩的吗？

你跟同桌的关系好吗？

你学习上遇到困难的时候，有没有问过同学？他们愿意帮助你吗？

在普通学校有好朋友吗？有几个？他们的学习成绩好吗？

在普通学校你愿意参加集体活动吗？

普通学校的学生有没有欺负你？

特殊学校有几个好朋友？

你喜欢跟特殊学校的同学一起玩吗？

你喜欢现在班上的老师和同学吗？

哪个学校的老师和同学对你好一些？

● 情绪行为

在特殊学校学习开心吗？在普通学校呢？

你会害怕班上同学知道你是从特殊学校转过来的吗？有人问你吗？你怎么说的？

在普通学校有人嘲笑你吗？

在普通学校学习,压力大吗?你怎么解决的?

在特殊学校你有没有和同学闹过矛盾?

在普通学校有没有伤心难受的时候?是因为什么事情呢?这样的次数多吗?

在普通学校你觉得自己是受老师和同学喜欢的吗?

● 社会技能

你以前的学校离家远吗?是自己独自去上学吗?走路还是坐公交车?

你现在的学校离家远吗?是自己独自去上学吗?走路还是坐公交车?

特殊学校举办的集体活动你参加过吗?得过奖吗?喜不喜欢参加这些集体活动?

普通学校举办的集体活动你参加过吗?喜不喜欢(想不想)参加这些集体活动?如果没有参加是什么原因?

在哪个学校接触社会的机会多一些?

你觉得自己在哪个学校进步更快一些?

在普通学校你最大的收获是什么?

在普通学校你遇到些什么样的困难?你最希望得到哪些帮助?

你想回特殊学校学习吗?

提纲二 从普通学校转入特殊学校残疾学生访谈提纲

一、基本资料

年龄:________ 性别:________

现在在特殊学校读几年级?________

二、两种安置形式中,学生各项能力发展情况对比

● 学业发展

1. 课程

在普通学校上的课有哪些?你喜欢普通学校的哪些课?为什么?

在特殊学校上过哪些课?你最喜欢特殊学校的哪些课?为什么?

2. 上课方式

哪个学校的课更有趣?有趣在哪里?

3. 学习成绩

在普通学校你的学习成绩怎么样？排多少名？

在普通学校哪些科目成绩比较好？能考多少分？

转入特殊学校后，学习跟得上吗？在班上排多少名？

4. 课堂表现

在普通学校听课认真吗？

课堂上经常回答问题吗？自己主动举手过吗？

回答问题后有没有得到过老师的表扬？

你喜欢老师对你的表扬吗？

当你听不懂老师讲的内容的时候，你一般会怎么做？

在特殊学校上课认真吗？

5. 学习知识量

在哪个学校学到的知识更多？

你更喜欢在哪个学校学习？为什么呢？

● 人际关系

1. 师生关系

普通学校的老师关心你吗？

当你学习上遇到困难时，老师有没有帮助过你？怎么帮的？

普通学校老师批评过你吗？为什么批评你？

哪个学校的老师对你更好？

你更喜欢哪个学校的老师？

2. 同伴关系

在普通学校，下课后你做些什么？同学愿意跟你一起玩吗？

你学习上遇到困难的时候，有没有问过同学？他们愿意帮助你吗？

在普通学校有好朋友吗？有几个？

转学后想不想念以前学校的同学？

普通学校的学生欺负过你吗？

在特殊学校你有几个好朋友？

哪个学校的老师和同学更喜欢你一些？

你更愿意和哪个学校的同学一起玩？为什么？

● 情绪行为

你在普通学校学习的时候开心吗？在特殊学校呢？

普通学校的学习会让你有压力吗？

普通学校哪些地方让你不喜欢？

在普通学校有没有伤心难过的时候？是因为什么事情呢？这样的次数多吗？

有不想去上学的时候吗？

转入特殊学校前，你听说过特殊学校吗？接触过特殊学生吗？

你刚开始怎么看待你班上的同学？现在呢？

转入特殊学校后，你适应特殊学校的氛围吗？

特殊学校哪些地方让你很难接受？老师有帮助过你吗？

你会害怕别人知道你在特殊学校学习吗？有人问过你吗？你怎么说的？

在哪个学校学习让你更有自信？

● 社会技能

普通学校举办的集体活动你参加过吗？喜不喜欢（想不想）参加这些集体活动？

特殊学校举办的集体活动你参加过吗？喜不喜欢参加这些集体活动？